Taekwondo
Technik – Training – Selbstverteidigung

Willy Pieter / John Heijmans

Taekwondo
Technik – Training – Selbstverteidigung

Meyer & Meyer Verlag

Die Deutsche Bibliothek – CIP-Einheitsaufnahme

Pieter, Willy:
Taekwondo : Technik, Training, Selbstverteidigung / Pieter / Heijmans.
Übers.: Jürgen Schiffer. / Aachen : Meyer und Meyer, 1995
Einheitssacht.: Scientific Coaching of competitive Taekwondo athletes <dt.>
ISBN 3-89124-255-7
NE: Heijmans, John

Alle Rechte, insbesondere das Recht der Vervielfältigung und Verbreitung sowie das Recht der Übersetzungen, vorbehalten. Kein Teil des Werkes darf in irgendeiner Form – durch Fotokopie, Mikrofilm oder ein anderes Verfahren – ohne schriftliche Genehmigung des Verlages reproduziert oder unter Verwendung elektronischer Systeme verarbeitet, gespeichert, vervielfältigt oder verbreitet werden.

© 1995 by Meyer & Meyer Verlag, Aachen
Entwurf Titelseite: Walter J. Neumann, N & N Design, Aachen
Foto Titelseite: Bongarts, Hamburg
Fotos und Graphiken Innenteil: Willy Pieter, Rotterdam
Druck: Druckerei Queck, Jüchen
Printed in Germany
ISBN 3-89124-255-7

Inhaltsverzeichnis

Vorwort 7

Kapitel I 11
Einleitung 11
Taekwondo-Forschung 12
Das Oregon-Taekwondo-Forschungsprojekt 13

Kapitel II 25
Systematisches Taekwondo-Training 25
Erholung und Abtrainieren 34
Übertraining 42

Kapitel III 48
Periodisierung im Taekwondo 48

Kapitel IV 75
Ausdauertraining im Taekwondo 75
Energieversorgung der Arbeitsmuskeln 75
Ausdauertests 79
Vorsaison (Vorbereitungsperiode) 81
Hauptsaison (Wettkampfperiode) 92
Übergangsperiode 98

Kapitel V 101
Krafttraining im Taekwondo 101
Muskelkontraktionen 103
Krafttrainingsarten 105
Krafttests 108
Ergebnisse der Taekwondo-Forschung 109
Krafttrainingsprinzipien 111
Bedarfsanalyse 114
Vorsaison 115
Wettkampfsaison 126
Übergangsperiode 128

Kapitel VI 132
Techniktraining im Taekwondo 132
Das Erlernen von Taekwondo-Techniken 133
Mechanische Prinzipien 136
Ergebnisse aus der Taekwondo-Forschung 145
Vergleich mit anderen Sportlern 148
Richtlinien für das Techniktraining 148
Periodisierung des Techniktrainings 151
Angriff und Abwehr 153

Kapitel VII 157
Psychologische Vorbereitung auf Taekwondo-Wettkämpfe 157
Wettkampfangst 159
Ergebnisse der Taekwondo-Forschung 162
Vergleiche mit Vertretern anderer Sportarten 164
Empfehlungen 167
Stimmungsprofil 167
Ergebnisse der Taekwondo-Forschung 170
Vergleiche mit anderen Sportlern 172
Empfehlungen 175
Psychologische Fertigkeiten zur Steigerung der Leistung 177
Periodisierung des psychologischen Trainings 181

Kapitel VIII 188
Taktisches Training im Taekwondo 188
Kampfdistanz 189
Übungen zur Verbesserung der optimalen Schlagdistanz 191
Unterschiedliche Tritte für unterschiedliche Kampfdistanzen 194
Schritte 197
Offensiv- und Defensiv-Manöver 203
Beispiele für einen taktischen Plan 209
Trainingsrichtlinien für die taktische Vorbereitung 211
Periodisierung des taktischen Trainings 214

Kapitel IX 217
Anatomie der Gelenke 217
Schultergürtel/-gelenk 218
Ellenbogen- und Speiche-Ellen-Gelenk 219
Handgelenk 221
Das Hüftgelenk 223
Kniegelenk 224
Sprunggelenk und Fuß 226

Kapitel X 229
Verletzungen im Taekwondo 229
Verletzungsarten 230
Verletzungen der Körperteile 235
Gewichtsverlust, Dehydration 244
Alternatives Trainingsprogramm für verletzte Sportler 245
Verletzungsprophylaxe 249

Vorwort

Dieses Buch ist die erste, auf wissenschaftlichen Prinzipien und Forschungsergebnissen basierende Publikation in einer westlichen Sprache zum systematischen Taekwondo-Training. Obwohl Taekwondo sich zu einem internationalen Sport mit nationalen und internationalen Meisterschaften entwickelt hat, basierte das Training von Taekwondo-Kämpfern bislang hauptsächlich auf „Meisterlehren". Dies liegt u.a. an der mangelnden wissenschaftlichen Ausbildung von Taekwondo-Trainern, dem Mangel an wissenschaftlicher Forschung im Taekwondo sowie am Widerwillen von Trainern, abweichende Meinungen anzunehmen.

Willy Pieter und John Heijmans haben in den vergangenen Jahren zusammen mit ihren Kollegen systematische Taekwondo-Forschung betrieben und somit versucht, der Vermittlung dieser Kampfsportart eine wissenschaftliche Basis zu geben. Dieses Buch ist das Resultat vergangener und gegenwärtiger Forschungsarbeiten. Es ist ein Buch speziell für Trainer leistungsorientierter Taekwondo-Kämpfer. Die Zielgruppe sind vor allem Trainer, die mit erwachsenen Taekwondo-Kämpfern arbeiten. Zwar sind die meisten in diesem Buch genannten Prinzipien und Ergebnisse auch auf jugendliche Taekwondo-Kämpfer anwendbar, dieser Sportlergruppe gilt jedoch nicht das Hauptinteresse. Das Training junger Taekwondo-Kämpfer erfordert ein Wissen, das dieses Buch nicht vermitteln will und kann. Dieses Thema verdient eine eigene Abhandlung.

In Kapitel I, II und III werden die Grundlagen geschaffen, auf denen die weiteren Ausführungen basieren. Das einleitende erste Kapitel reißt die im Zentrum dieses Buches stehenden Grundaussagen an. Gleichzeitig wird das umfassende Forschungsprojekt vorgestellt, das die Daten für einige der Kapitel lieferte. Kapitel II behandelt Trainingsprinzipien, die dem Trainer helfen, ein Trainingsprogramm für seine Athleten aufzustellen. In Kapitel III wird der zyklische Charakter des Trainings beschrieben, und es wird gezeigt, wie er sich im Taekwondo-Training niederschlägt.

In Kapitel IV, V, VI, VII und VIII legen die Autoren die in Kapitel II und III vermittelten Informationen detaillierter dar. Dies bedeutet, daß die in Kapitel II genannten Trainingsprinzipien und -elemente (u.a. Erholung und Abtrainieren vor dem Wettkampf, Übertraining) mit der in Kapitel III vermittelten Information (u.a. Peaking, allgemeiner Trainingsplan, Jahrestrainingsplan, Makrozyklus, Mikrozyklus, Erstellen eines Jahresplans) kombiniert werden. Die folgenden Trainingskomponenten werden behandelt: Ausdauer (Kapitel IV), Kraft (Kapitel V), Technik (Kapitel VI), psychologische Komponenten (Kapitel VII) und taktische Komponenten (Kapitel VIII).

Die letzten beiden Kapitel dieses Buches vermitteln grundlegende Informationen zur Anatomie der Gelenke (Kapitel IX) und diskutieren Verletzungen im Taekwondo-Training und -Wettkampf (Kapitel X). Anatomisches Wissen dient nicht nur der zielgerichteteren Gestaltung des Technik- und Krafttrainings, sondern ist auch für die Verletzungsprophylaxe sinnvoll.

Danksagungen

Neben unseren Kollegen und den jungen und erwachsenen amerikanischen Taekwondo-Sportlern, die sich zwischen 1987 und 1991 bereitwillig zur Verfügung stellten, sind wir Trainern aus der ganzen Welt zu Dank verpflichtet, die bereitwillig unsere Fragen beantworteten und mit uns über ihre Probleme mit Taekwondo-Sportlern diskutierten. Wir danken auch den Sportlern, die so bereitwillig ihre Vorstellungen, Frustrationen, Ängste und Hoffnungen mit uns teilten. Ein Dankeschön sagt der erste Autor (WP) an die ausgeschiedenen und noch aktiven Sekretärinnen und Sekretäre sowie leitenden Direktoren des Taekwondo-Verbandes der USA (United States Taekwondo Union/USTU) (der Name des leitenden Direktors hat sich von Zeit zu Zeit geändert, aber die Arbeit blieb trotzdem die gleiche), die bei der Datensammlung im Rahmen des Oregon Taekwondo-Forschungsprojekts *(Oregon Taekwondo Research Project = OTRP)* eine große Hilfe waren.

Besonderer Dank gilt in diesem Zusammenhang Michael Weintraub, Pam Janelle, Debra Kopp und Robert Fujimura. Ein besonderes Dankeschön an Pam und Debbie für ihre Unterstützung und die Gespräche, die wir führten. Robert, danke für Deine Hilfe und Dein Engagement hinsichtlich der Ergebnisse des Projekts und Deiner Empfehlungen. Das Feedback, das ihr alle uns gegeben habt, wird zur Verbesserung des Projekts in der unmittelbaren Zukunft beitragen. Eine Dankeschön an die Trainer Sang Chul Lee und Dae Sung Lee für die Rekrutierung und Motivierung der Sportler, am OTRP teilzunehmen. Ohne die Kooperation der Trainer und Sportler wäre keine Forschung im Taekwondo möglich gewesen und als Ergebnis hätten wir unser Wissen nicht erweitern können. Ein besonderer Dank gilt den (ehemaligen) Sportlern May Pejo, Debra Holloway, Kim Dotson, Lynette Love, Sam Pejo, Tim Connolly und Doug Fuechsel für ihre Anregungen und Hilfe. Dem USTU gebührt Dank für die Unterstützung des OTRP, und ein Dank gilt auch allen Turnier-Direktoren zwischen 1988 und 1991 für ihre Erlaubnis, bei nationalen Turnieren und Mannschafts-Qualifikationswettkämpfen Verletzungsdaten zu sammeln.

Dem ehemaligen Vorsitzenden des Sportmedizinischen Komitees der USTU, French Anderson, M.D., gebührt aufrichtiger Dank vom ersten Autoren dieses Buches für seine Ermutigung, mit dem OTRP zu beginnen, und dem gegenwärtigen Vorsitzenden, Samuel Pejo, M.D., gilt Dank für sein nie endendes Interesse sowie seine Ermutigung und Unterstützung zur Durchführung des OTRP, wie auch für seine wertvolle Hilfe bei der Erhebung der Verletzungsdaten. Sam, ich (WP) hoffe, daß wir schon bald einige der Ziele erreichen werden, über die wir uns in Griechenland geeinigt haben. Marianette und Charles Bailey, dank für Eure Hilfe, Unterstützung und für Euer Interesse am OTRP. Die Erhebung der Verletzungsdaten bei den Turnieren wäre ohne Euch so nicht möglich gewesen. Als Repräsentanten der Eltern der von uns getesteten jungen Sportler danken wir Gary und Ann Hunsicker für ihr Interesse am OTRP.

Es braucht nicht eigens erwähnt zu werden, daß die Unterstützung und Anregungen der Sportwissenschaftlichen Abteilung des Olympischen Komitees der USA in Colorado Springs, CO, für uns enorm wertvoll waren. Danke, Jay T. Kearney, Ph.D., Chef der Abteilung für Sportwissenschaft; ein Dank auch an: Steven Fleck, Ph.D., Chef der Abteilung für Sportphysiologie; Sarah Smith, Ph.D., Chefin der Abteilung für Sportbiomechanik; Shane Murphy, Ph.D., Chef der Abteilung für Sportpsychologie; den verstorbenen Sportphysiologen Peter Van Handel, Ph.D.; die Computer-Abteilung und all die wissenschaftlichen Assistenten und Mitarbeiter zwischen 1987 und 1991.

Ein Dank an Tony D.H. Kim, D.P.M., Karl Heinz, M.S., George Fields, J.D., Eric Wegner, M.A., und Lui Bercades, M.S., die Mitglieder des Trainerstamms des Taekwondo-Clubs der Universität von Oregon waren. Sie verhalfen den Autoren zu wertvollen Einblicken in die Komplexitäten des Taekwondo-Trainings. Danke für Eure Freundschaft und dafür, daß Ihr Euer Wissen mit uns geteilt habt. Die Autoren danken auch Marja van Noort, MO-P, die bereit war, sich in eher körperlichem Sinne vor der Kamera auszudrücken. Das gleiche gilt für Monique Jellema, R.N., Paula Gaillard, Drs. Roy Lufting, Roemer Trompert, Drs. Marie-José Borst und Anja Bonte, M.D.

Unserem deutschen Verleger, Hans Jürgen Meyer, sind wir Dank dafür schuldig, daß er uns die Gelegenheit gegeben hat, unsere Gedanken zu Papier zu bringen. Hans Jürgen, ich (WP) bin froh, Dich in Auckland, Neuseeland, getroffen zu haben. Unser Gespräch dort anläßlich des *Commonwealth und Internationalen Kongresses zu Leibeserziehung und Sport* hat zu diesem Buchprojekt geführt. Ich hoffe, wir werden auch bei zukünftigen Projekten zusammenarbeiten.

Auf einer persönlicheren Ebene möchte der erste Autor (WP) seinem Bruder Frans für seine Anmerkungen zu einigen Kapiteln danken und dafür, daß er dem Autor in der Praxis gezeigt hat, daß ein Ingenieur und Vertreter der „harten" Wissenschaften weiß, wie die Wechselbeziehung zwischen Kunst und

Wissenschaft im Taekwondo zu schätzen und zu bewerten ist. Ein Dank gilt auch Drs. Roy Lufting für seine Kommentare und Anregungen zu einigen Kapiteln wie auch für die zahlreichen Diskussionen zum Training von (Elite-) Taekwondo-Sportlern. Die Dankbarkeit sei erweitert auf Marja und Paula, die, mit größerem körperlichen Talent, als ihnen bewußt ist, den Nutzen der psychologischen Fertigkeiten im Taekwondo schneller ernteten, als sie selbst oder andere antizipiert hatten, und die als Ergebnis die Wichtigkeit des mentalen Aspekts im Taekwondo-Wettkampf bestätigten. Ein besonderer Dank gilt Guido Van Ryssegem, R.N., A.T.C., M.S., Martje Adams, R.N., Sam, Lisa wie auch meinem Co-Autor John Heijmans dafür, daß sie immer dann zur Stelle waren, wenn sie dringend benötigt wurden, und Yongin Song, M.S., sowie Tony Kim für ihre Freundschaft und ihr Vertrauen während harter Zeiten in Eugene, U.S.A.

Der zweite Autor (JH) dankt Anja für ihre Kommentare und das Korrekturlesen einiger Teile des Manuskriptes wie auch für ihre liebevolle Unterstützung während des Schreibens an diesem Buch. Der Dank des zweiten Autors (JH) gilt ferner: Ben de Veen, M.D., und Mart Wieland, M.D., für ihre Ermutigung und ihre hilfreichen Kommentare; Daniel van Neer dafür, daß er gezeigt hat, daß „unmöglich" ein relatives Konzept ist; der Ballettlehrerin Jose Verhoeven dafür, daß sie den Wert guten Coachings mit ihm teilte; Marc Jonckers, M.D., für seine Hilfe und seinen Rat im Hinblick auf einige Bilder in diesem Buch und die unterhaltsamen Photo-Sessions; Prof. Dr. J.F. Wilmink und Prof. Dr. Harm Kuipers für das Zurverfügungstellen der Bilder zur Gehirnerschütterung und zu Muskelzellschäden.

Dank gilt letztlich auch: Dennis Taaffe, Ph.D., von der Stanford University School of Medicine, Palo Alto, CA; Eric D. Zemper, Ph.D.; den sportwissenschaftlichen Mitarbeitern von Oregon, Heather Bricken, B.S., Angela Ferrin, B.S., Carey Hilbert, M.S., Lisa Lochner, B.S., Lui Bercades, M.S., und Eric Wegner, M.A., die zum einen oder anderen Zeitpunkt an der Universität von Oregon in Eugene, U.S.A., und im Rahmen des OTRP beschäftigt waren. Dank gilt auch Kathy Yeh, M.S., und Susan Ciraolo, Ph.D., für ihre Hilfe bei der Datenerhebung für das OTRP.

Literaturhinweis

1. Pieter, W./Heijmans, J. (1989): *Taekwondo (W.T.F.) Stijlfiguren*. Haarlem: Uitgeverij De Vriesborch.

KAPITEL I

Einleitung

In den letzten Jahren hat sich Taekwondo zu einem internationalen Sport entwickelt. Taekwondo stammt aus Korea und wurde zunächst als Kampfkunst eingeführt (siehe z.b. 6; 8), obwohl seine historischen Wurzeln unklar sind und großen Anlaß zu Diskussionen geben (25; 27).
So wird z.b. die Gruppe der *hwarang* typischerweise als das koreanische Äquivalent der japanischen *samurai* dargestellt (z.B. 6). Es wird auch angenommen, daß die *hwarang* an der Wiege des heutigen Taekwondo gestanden haben (z.B. 19). Ein historischer Vergleich zwischen *hwarang* und den *samurai* zeigt, daß sowohl unter militärischem Aspekt als auch hinsichtlich ihres Einflusses auf das moderne Taekwondo die *hwarang* definitiv nicht den gleichen Einfluß auf die koreanischen Kampf-sportarten hatten wie die *samurai* auf die japanischen Kampfkünste und im Endeffekt auf die japanischen Kampfsportarten (26). Äußerste Vorsicht ist beim Lesen von Berichten über die „historische" Verbindung zwischen den *hwarang* und Taekwondo oder anderen koreanischen Kampfsportarten geraten.
Sorgfältige und objektive historische Forschung hat gezeigt, daß die *hwarang* (was am besten mit „Blumen-Jungen" übersetzt wird) „ein Bund von Jugendlichen war, die ein hohes Ziel verfolgten und nicht vermeiden konnten, sowohl religiös als auch mehr oder weniger militärisch zu sein, denn dies war das Wesen und das Bedürfnis der Gesellschaft, in der sie lebten" (33, S. 46). Es handelte sich am wahrscheinlichsten um eine Gruppe von Jungen, die rekrutiert wurden, um den Hof mit Gesang, Tanz, Gedichtvorträgen und ähnlichem zu unterhalten (33; 42).

Die Entwicklung des Taekwondo in den vergangenen 35 und mehr Jahren hat gezeigt, daß sein Status als Kampfkunst, wie er sich im *do*-Bestandteil des Namens ausdrückt, so gut wie verschwunden ist. Es war Draeger (11; 12; 13), der den *do*-Aspekt in den japanischen und durch Ausweitung auch in den koreanischen Kampfkünsten klärte.
Draeger zufolge ist die klassische Konzeption der *do*-Aktivitäten darin zu sehen, daß *do* (chinesisch: *Dao*) den Weg darstellt, den man im Leben verfolgen muß, während die neuen (nach dem Zweiten Weltkrieg entstandenen) *do*-Aktivitäten die am meisten verwestlichten Sportaktivitäten darstellen. Das klassische *do* ist im Gegensatz zum neuen *do* von philosophischen Ansichten des Daoismus, Konfuzianismus und des Zen erfüllt,

während das moderne *do* durch den Sieg oder die Niederlage im durch Regeln und Vorschriften gesteuerten Wettkampf charakterisiert ist. Seit seiner Einführung im Westen war das Taekwondo immer ein moderner Sport, was vor allem für die spezifische Art von Taekwondo gilt, die bei den Olympischen Spielen 1988 und 1992 eine Demonstrationssportart war: Taekwondo, wie es vom Taekwondo-Weltverband (WTF) vertreten wird. Das Training von WTF-Taekwondo-Sportlern ist das Thema dieses Buches, obwohl ebenso die Vertreter ähnlicher Kampfsportarten, wie Karate, Kick-Boxen und Kungfu, in diesem Buch zweifellos auch wertvolle Informationen finden können.

Taekwondo-Forschung

Das wissenschaftliche Coachen von Taekwondo-Athleten steckt noch in den Kinderschuhen. Erstens sind wissenschaftliche Forschungen zum Taekwondo rar. Des weiteren verlassen Taekwondo-Trainer im allgemeinen nur ungerne traditionelle Pfade der Vorbereitung ihrer Athleten auf Wettkämpfe zugunsten wissenschaftlicherer Methoden, die vielleicht zu besseren Ergebnissen führen. Beide Aspekte werden im folgenden behandelt.

Bislang hat sich die Forschung im Taekwondo auf die Biomechanik konzentriert. So wurden z.B. der Frontaltritt *(ap ch'agi)* und der Dreh-Hakentritt *(twit tollyo ch'agi)* in der Vergangenheit untersucht (1; 16; 17; 22; 41). Unsere Forschungsgruppe analysierte den frontalen Schlag mit dem Faustrücken *(dung jumok ap'e ch'igi)* aus theoretischem Blickwinkel (23). Einige biomechanische Untersuchungen befaßten sich mit dem Auftreten von Verletzungen (7; 34), während die Schnelligkeit und Kraft ausgewählter Taekwondo-Techniken von Sung et al. (38) wie auch von Stull und Barham (36; 37) untersucht wurden. Forschung in anderen wissenschaftlichen Bereichen, die relevant für Taekwondo-Trainer ist, wurde in den Bereichen Sportpsychologie (z.B. 18; 21; 35), Physiologie (39) und motorische Leistung (43) durchgeführt.

Aufgrund der mageren wissenschaftlichen Forschung im Taekwondo erkannte man die Notwendigkeit eines breit angelegten Forschungsprojektes, um die sportlichen Profile von Taekwondo-Athleten der Spitzenklasse zu bestimmen. Nach einer Vorstudie, deren Ergebnisse in nationalen und internationalen Fachzeitschriften publiziert wurden (23; 24; 29; 30; 31), wurde das *Oregon Taekwondo Research Project (OTRP)* initiiert. Der Leiter dieses Projekts war Willy Pieter. Das Projekt wurde nach dem Ort benannt, an dem es ins Leben gerufen wurde: der Universität von Oregon in Eugene, U.S.A. Das Projekt wird vom Olympischen Komitee der U.S.A.

(USOC = United States Olympic Committee) finanziert und vom Taekwondo-Verband der U.S.A. *(USTU = United States Taekwondo Union)* unterstützt.

Das Oregon-Taekwondo-Forschungsprojekt

Wie oben bereits angedeutet, sind Forschungen zum Taekwondo in der westlichen Welt selten. Taekwondo-Forschung wird in Korea betrieben, aber nur wenige von uns haben Zugang zu diesen Forschungsergebnissen oder sind in der Lage, sie zu lesen. Als Olympische Sportart, braucht Taekwondo, wie jeder andere olympische oder internationale Sport, eine eigene wissenschaftliche Forschung, damit sich die Leistungen der Taekwondo-Kämpfer verbessern.

Das OTRP deckt eine große Spannbreite von wissenschaftlichen Disziplinen ab (28). Die gesamten Labortests werden im Olympischen Trainingszentrum der Vereinigten Staaten in Colorado Springs, Colorado, durchgeführt. Zusätzliche Daten werden bei verschiedenen nationalen und internationalen Turnieren erhoben. Obwohl die Ernährung eine Komponente dieses Projektes ist, wurden bislang keine Daten veröffentlicht. Das OTRP beschäftigt sich mit folgenden Forschungsbereichen:

1. Ausdauer
2. Muskelkraft
3. Körperfett
4. Trittschnelligkeit und -kraft
5. Wettkampfverletzungen
6. Wettkampfangst
7. Psychisches Übertraining

Im Rest dieses Kapitels wird eine Zusammenfassung der unterschiedlichen Komponenten dieses Forschungsprojektes gegeben, von dem angenommen wird, daß es das umfassendste Projekt seiner Art in den USA und anderswo ist.

Ausdauer

Ausdauer spielt im Rahmen der Taekwondo-Leistung eine wichtige Rolle. Aerobe Ausdauer bezieht sich auf das Energiesystem, das zum Einsatz kommt, um Arbeit in körperlichen Aktivitäten zu verrichten, bei denen Sauerstoff über eine längere Zeit verbraucht wird, wie z.B. beim 10 km-Lauf. Anaerobe Ausdauer betrifft das Energiesystem, das beansprucht wird, um körperliche Belastungen über kürzere Zeit (kürzer als 1 Minute) zu absolvieren. Der Athlet absolviert diese Belastungen, z.b. einen 100 m-Sprint, im Wesentlichen ohne Sauerstoff. Aerobe Ausdauer ist wichtig für Taekwondo-Athleten, denn sie bestimmt, wie gut sie imstande sind, einen Kampf und mehrere Kämpfe innerhalb eines Turnieres durchzustehen. Anaerobe Ausdauer spielt bei kurzdauernden, intensiven Aktivitäten eine wichtige Rolle, wie z.b. bei einer Serie schneller Angriffe oder Gegenangriffe. Im OTRP wird die aerobe Ausdauer beim mehrere Minuten dauernden Lauf auf dem Laufband oder beim Radfahren auf dem Fahrradergometer gemessen. Die anaerobe Ausdauer wird beim Radfahren mit maximaler Geschwindigkeit über einen Zeitraum von 30 Sekunden auf einem Fahrradergometer (weitere Informationen zur Ausdauer werden in Kapitel IV gegeben) bestimmt.

Muskelkraft

Ein weiterer Faktor, der für die Taekwondo-Leistung relevant ist, ist die Muskelkraft. Obwohl die meisten Spitzenathleten anderer Sportarten in den USA und anderswo ein Krafttraining absolvieren, um einen Wettkampfvorteil zu erzielen, ist diese Trainingsart im Taekwondo noch relativ unbekannt. Die innerhalb dieser Komponente des OTRP getestete Muskelkraft betrifft die gleichen Muskelgruppen, die bei den Tritten benötigt werden, also die Kraft der vorderen und hinteren Oberschenkelmuskulatur. Die Ergebnisse der Tests, die Taekwondo-Athleten der Spitzenklasse im Jahr 1987 absolvierten, zeigten, daß die im Rahmen des OTRP gemessene Muskelkraft bei der Beinstreckung und -beugung eine positive Korrelation zur Trittschnelligkeit und -kraft aufweist (9).

Zusätzlich zu ihrer Bedeutung für die verbesserte Trittschnelligkeit (bis zum genetisch bedingten maximalen Potential des Sportlers) und -kraft kann die gesteigerte Muskelkraft auch für die Rehabilitation nach einer Verletzung hilfreich sein. Untersuchungen haben gezeigt, daß zwischen der Kraft der rückwärtigen Oberschenkelmuskulatur und einer Wiederaufnahme des Trainings nach einer Verletzung eine Beziehung besteht (14).

Sportler, bei denen die Kraft der Kniebeuger gleich oder größer als die Kraft der Kniestrecker war, konnten wieder ein höheres Trainingsniveau aufnehmen als die, deren Kniebeugerkraftwerte geringer waren. Untersuchungen von Sportlern unterschiedlichster Sportarten lassen vermuten, daß eine gesteigerte Muskelkraft der rückwärtigen Oberschenkelmuskulatur auch eine Rolle bei der Prophylaxe von Verletzungen dieser Muskelgruppe spielen kann (z.B. 3; 4; 15). Es ist allgemein bekannt, daß die rückwärtige Oberschenkelmuskulatur bei Athleten vieler Sportarten, einschließlich Taekwondo, sehr verletzungsanfällig ist (44).

Körperfett

Zuviel Körperfett ist für den Taekwondo-Athleten sicherlich nachteilig. Er muß nicht nur in einer höheren Gewichtsklasse kämpfen, sondern übermäßiges Körperfett kann auch seine Fähigkeit der maximalen Beschleunigung stören. Bei Taekwondo-Wettkämpfen muß der Sportler in der Lage sein, den Raum so schnell wie möglich zu durchqueren, um z.b. einem gegnerischen Angriff auszuweichen oder einen eigenen Angriff bzw. ein Täuschungsmanöver einzuleiten. Vor diesem Hintergrund ist es nicht überraschend, daß Taekwondo-Athleten versuchen, ihr Körperfett zu reduzieren, um ihre Chancen im Wettkampf zu erhöhen. Um das Körperfett zu berechnen, wurden im OTRP mehrere Messungen vorgenommen, wie z.b. der Körperhöhe, des Körpergewichts und der Hautfaltendicke.

Vorsicht ist angebracht vor Trainern, die die Auffassung vertreten, daß Taekwondo-Athleten so dünn wie möglich sein sollten, um im Wettkampf Erfolg zu haben. Heutzutage sind sich die Forscher darin einig, daß es keine eindeutige Formel zur Bestimmung des Fettanteils, ausgedrückt als Prozentsatz des Körpergewichtes, besonders von jungen Sportlern gibt. Statt dessen wird die Summe der Hautfaltendicken ermittelt. Für eine Gruppe von Sportlern wurden optimale Bereiche von Hautfaltenwerten und -summen formuliert (5). Sportler, die sich an der unteren Grenze dieser optimalen Bereiche bewegen, gefährden ihre Gesundheit und Leistungsfähigkeit, während diejenigen an der oberen Grenze der Bereiche sehr wahrscheinlich nicht ihre Spitzenleistung erreichen. Konsequenterweise bezieht sich die Empfehlung, einen schlanken Körper anzustreben, auf Hautfaltenwerte, die sowohl innerhalb der optimalen Bereiche liegen als auch sportartspezifisch sind. Dies bedeutet, daß Athleten nicht mit dem möglichen *Minimum* an Körperfett antreten müssen, um erfolgreich zu sein. Der optimale Bereich der Summe der Dicke von sechs Hautfalten (Rückseite des Arms, Rückseite der Schulter, Hüfte, Bauch, vorderer Oberschenkel, mittlere Wade) für eine Gruppe von Sportlerinnen ist in Abbildung I.1 dargestellt.

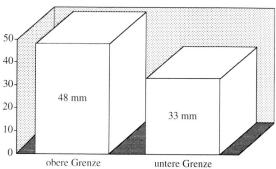

Abbildung I.1: Optimaler Bereich der Hautfaltensumme von Spitzensportlerinnen (nach 5)

Schnelligkeit und Kraft

Dieser Teil des OTRP besteht aus der Bestimmung der Schnelligkeit und der Kraft, mit der Elite-Taekwondo-Athleten treten und schlagen. In diesem Projekt werden Schnelligkeit und Auftreffkraft ausgewählter Tritte und des umgekehrten Fauststoßes mit einem doppelten Lichtstrahl-System (Geschwindigkeitsmessung) und einem mit Wasser gefüllten schweren Sack mit eingebautem Kraftsensor (zur Bestimmung der Kraft) gemessen. Diese Messungen sind wichtig zur Verletzungsprophylaxe und zur Verbesserung der Kampftaktik im Taekwondo. Wenn der Sportler in der Lage ist, seine nicht-dominierende Extremität im Hinblick auf Schnelligkeit und Kraft soweit wie möglich mit seiner dominierenden Extremität in Einklang zu bringen, eröffnet sich ihm eine ganze Spannbreite strategischer Möglichkeiten, die im Taekwondo-Kampf eingesetzt werden können. Was Verletzungen angeht, so ist es um so unwahrscheinlicher, daß der Sportler sich im Bereich seines bevorzugten Beines verletzt, je besser er in der Lage ist, mit beiden Beinen abwechselnd zu treten.

Im Jahr 1989 wurde dieser Komponente des Projekts eine weitere Dimension hinzugefügt. Zusätzlich zur Messung der Schnelligkeit und Kraft wurde eine Voruntersuchung durchgeführt, um die Summe aus Reaktionszeit (auf einen visuellen Reiz) und Bewegungszeit, also die „Leistungszeit", miteinzubeziehen. Die Reaktionszeit ist die Zeit, die man braucht, um die Bewegung einzuleiten (bei der Bewegung handelte es sich um den Halbkreis-Fußtritt oder den *ap tollyo ch'agi*) nach Setzen des Stimulus (ein Licht). Die Bewegungszeit ist die Zeit zwischen Beginn und Ende des Trittes. Die Bewegungszeit wurde mittels Hochgeschwindigkeits-Videoaufnahmen gemessen. Vorläufige Ergebnisse zeigen, daß bei Elite-Taekwondo-Kämpferinnen das Ziel mit dem linken Bein (0,67 Sekunden) fast genauso schnell erreichen wird wie mit dem rechten Bein (0,70 Sekunden) (W. Pieter, unveröff. Daten).

Verletzungen im Wettkampf

Sowohl der Taekwondo-Athlet als auch der Trainer sollten sich bewußt sein, daß es wichtig ist, mehr über die Arten und Mechanismen von Verletzungen im Taekwondo-Training und -Wettkampf zu wissen. Es muß jedoch betont werden, daß wir im OTRP nur gemeldete Wettkampfverletzungen sammeln. Aus der Literatur ist bekannt, daß 50 bis 60 % der im Training und in den Wettbewerben der Kampfsportarten auftretenden Verletzungen nicht gemeldet werden (2), was bedeutet, daß die dem OTRP gemeldeten Verletzungen als Mindestwerte anzusehen sind. Dies trifft besonders auf Bagatellverletzungen zu wie Prellungen und Verstauchungen. Die ernsthafteren Verletzungen, wie

Gehirnerschütterungen und Frakturen, werden höchstwahrscheinlich sogleich nach Auftreten gemeldet (32).

Mit der gestiegenen Teilnehmerzahl von Kindern und Jugendlichen im Taekwondo, sollte der Sicherheit dieser jungen Sportler besondere Aufmerksamkeit gewidmet werden, denn Verletzungen in dieser Altersklasse können das Wachstum der Jugendlichen hemmen (siehe Kapitel X). So wurden z.b. vor kurzem durch wiederholtes Training verursachte Überlastungsschäden bei Kindern und Jugendlichen, wie zuvor bei Erwachsenen, festgestellt. Ein Risikofaktor bei der Entwicklung von Überlastungsschäden bei Erwachsenen, wie auch bei Kindern und Jugendlichen, sind plötzliche Änderungen in der Trainingsbelastung. Da die mit Überlastungsschäden verbundenen Probleme bei Kindern und Jugendlichen gravierender sind, sollte von Trainern junger Tae-kwondo-Athleten verlangt werden, daß sie sich ein Grundwissen über körperliches Wachstum und körperliche Entwicklung aneignen oder daß sie sich von einem Arzt oder Spezialisten für Wachstum und Entwicklung regelmäßig hinsichtlich der Auswirkungen von Training auf den wachsenden Organismus beraten lassen.

Wettkampfangst

Es ist schon geraume Zeit bekannt, daß Spitzensportler nationale und internationale Wettkämpfe nur dann erfolgreich absolvieren können, wenn sie auch ihre Psyche trainieren. Die osteuropäische Literatur zeigt, daß aus diesen Ländern stammende Spitzensportler einen großen Teil ihres Trainings der psychologischen Vorbereitung widmen (z.B. 20). Im olympischen Trainingszentrum von Colorado Springs arbeiten Athleten anderer Sportarten mit den vorhandenen Fakultäten für Sportpsychologie zusammen, und einige Mannschaften, wie die Ski-, Turn- und Eiskunstlaufmannschaften, haben sogar einen Sportpsychologen in ihren Trainerstab aufgenommen. Um den mentalen Aspekt von Elite-Taekwondo-Sportlern zu bestimmen, wird im Rahmen des OTRP eine Anzahl sportpsychologischer Tests durchgeführt. Einige der psychologischen Messungen im Rahmen dieses Projektes betreffen das Übertraining (Kapitel II und VII enthalten zusätzliche Informationen zum Thema Übertraining), ausgedrückt im Stimmungsprofil (siehe unten) und Wettkampfangst der Athleten. Angst wird differenziert in Wettkampf-Eigenschaftsangst *(trait anxiety)* und -Zustandsangst *(state anxiety)*. Wettkampf-Eigenschaftsangst bezieht sich auf die Tendenz einer Person, mit hohem Spannungsniveau auf Reize der Umgebung zu reagieren (z.B. auf einen Wettkampf), die als bedrohlich empfunden werden. Diese Reaktion wird dann (Wettkampf-)Zustandsangst genannt. In Kapitel VII findet sich eine detailliertere Diskussion der Wettkampfangst und des psychologischen Übertrainings.

Psychologisches Übertraining

Um das psychologische Übertraining als Ausdruck der Stimmungsprofile von Elite-Taekwondo-Athleten zu bestimmen, wird im OTRP das *Profile of Mood States (POMS)* eingesetzt. Das POMS ist eine Skala, die mißt, wie der Taekwondo-Athlet sich zum Zeitpunkt des Tests fühlt oder wie er sich in der Woche, in der der Test durchgeführt wurde, gefühlt hat. Die folgenden Stimmungen werden gemessen: Spannung, Ärger, Depression, Verwirrung, Ermüdung und Energie. Je übertrainierter der Athlet wird, desto höher sind die Werte für Spannung, Ärger, Depression, Konfusion und Ermüdung. Der Energie-Wert tendiert jedoch zur drastischen Reduzierung, je übertrainierter der Athlet wird.

Wissenschaftler-Trainer-Interaktion

Damit Taekwondo sich zu einem etablierten Sport entwickelt, ist es nicht nur notwendig, mehr Taekwondo-Forschung zu betreiben, sondern es ist gleichermaßen für Trainer wichtig, offener für den Beitrag der wissenschaftlichen Forschung zu sein. Damit Taekwondo sich ständig weiterentwickelt, müssen sowohl der Wissenschaftler als auch der Trainer ein besseres Verständnis für die Sichtweise des jeweils anderen entwickeln. Die folgenden Ausführungen sollen die Diskussion zwischen diesen beiden Personen erleichtern und sollten nicht als in Stein gemeißelter Vorschlag aufgefaßt werden. Jede individuelle Situation hat ihre eigenen Merkmale, für die die Beteiligten (d.h. Trainer, Sportler und Wissenschaftler) Lösungen suchen müssen, um die Interaktion untereinander zu optimieren.

In diesem Abschnitt wird kurz ausgeführt, worum sich wissenschaftliche Forschung dreht. Es wird diskutiert, was ihr Ziel ist, wie sie durchgeführt wird, wie die Versuchspersonen ausgewählt werden und wie die Ergebnisse und die auf diesen Ergebnissen basierenden Empfehlungen interpretiert werden. Schließlich wird darauf eingegangen, wie der Wissenschaftler und der Taekwondo-Trainer das Verständnis füreinander verbessern können.

Einfach gesagt, ist wissenschaftliche Forschung ein Versuch, Einblick in die Wirklichkeit zu gewinnen, ohne den störenden Eingriff irgendeiner subjektiven Position hinsichtlich des zu behandelnden Themas. Dies bedeutet typischerweise, daß der Wissenschaftler den Teil der Wirklichkeit quantifiziert, an dem er interessiert ist; er wird die Realität in Zahlen ausdrücken. Wenn der Wissenschaftler z.B. daran interessiert ist, den Unterschied in der Schnelligkeit eines Taekwondo-Tritts zwischen zwei Athleten zu erfahren, wird er nicht sagen „Der Tritt von Person A ist schneller oder langsamer als der Tritt von Person B", denn dies wäre eine subjektive Behauptung. Statt dessen wird er sagen „Der Tritt von Person A hat eine

Geschwindigkeit von 13 m/s, und der Tritt von Person B ist 15 m/s schnell", denn dies wäre eine objektivere Information.

Nachdem ein Aspekt der Realität, in diesem Fall der Taekwondo-Tritt, in einer Zahl ausgedrückt wurde, wird der Wissenschaftler im folgenden versuchen herauszufinden, ob der erste Tritt (13 m/s) unter Berücksichtigung gewisser Regeln, die von der wissenschaftlichen Gemeinde übereinstimmend festgelegt wurden, als langsamer eingestuft werden kann als der zweite Tritt (15 m/s). Eine solche Regel wird es dem Wissenschaftler z.B. ermöglichen zu entscheiden, ob der beobachtete Unterschied auf einen Zufall zurückzuführen ist. Wenn es sich um Zufall handelt, ist die Wahrscheinlichkeit, daß man diesen Unterschied noch ein weiteres Mal feststellt, gering. Wenn der Unterschied „real" ist, wird die nächste Messung wieder ergeben, daß der Tritt von Person A langsamer ist als der von Person B. In diesem Fall sagt der Wissenschaftler, daß sich die Tritte „signifikant voneinander unterscheiden" oder daß „der Tritt von Person A signifikant langsamer ist als der Tritt von Person B". Wenn es sich um einen Zufall handelt, wird die Schlußfolgerung sein: „Es besteht kein (signifikanter) Unterschied zwischen den beiden Tritten."

Leider ist das, was für den Wissenschaftler signifikant ist, nicht unbedingt auch für den Trainer signifikant. Es besteht z.B. wahrscheinlich kein wissenschaftlich signifikanter Unterschied zwischen einer Zeit von 10,0 und 10,01 Sekunden im 100 m-Sprint. Für den Trainer wie für den Athleten kann dieser Unterschied allerdings den Unterschied zwischen Sieg und Niederlage ausmachen. Umgekehrt kann der Unterschied zwischen den beiden oben erwähnten Tritten aus wissenschaftlicher Sicht signifikant sein, aber aus praktischer Sichtweise bedeutungslos. Daher sollte der Trainer sich bewußt sein, was der Wissenschaftler mit „signifikant unterschiedlich" meint, wenn er die Ergebnisse seiner Untersuchungen darlegt. Es liegt am Trainer zu entscheiden, ob die Ergebnisse von praktischer Bedeutung und als Ergebnis aussagekräftig für ihn und seine Taekwondo-Sportler sind.

Ein weiterer Faktor, dessen der Trainer sich bewußt sein sollte, ist, daß der Wissenschaftler, um objektive Daten zu erhalten, irrelevante Variablen, die die Ergebnisse „verwässern" könnten, ausklammern muß (siehe unten). Dies bedeutet, daß der Wissenschaftler versuchen wird, so viele dieser Variablen wie möglich auszuklammern. Es verwundert daher nicht, daß wissenschaftliche Messungen normalerweise in einer Laborsituation durchgeführt werden, in der die Umgebungsbedingungen mehr oder weniger stabil und unter der Kontrolle des Wissenschaftlers sind. Obwohl diese Art des Informationsgewinns eine Grundvoraussetzung wissenschaftlicher Forschung ist, besteht eine wichtige Einschränkung darin, daß sportliche Leistungen nicht isoliert stattfinden.

So wurden z.B. im Rahmen des Oregon Taekwondo-Forschungs Projekts die Trittgeschwindigkeit und -kraft mit empfindlichen biomechanischen Geräten im Labor gemessen. Obwohl die Ergebnisse objektiv sind, können die Trittgeschwindigkeit und -kraft unter kontrollierten Umständen nicht völlig mit der Schnelligkeit und Kraft in einem aktuellen Kampf verglichen werden, in dem das Angstniveau des Sportlers, der Gegner, die spezifischen Kampfbedingungen etc. eine bedeutende und einflußreiche Rolle spielen. In einem Labor gibt es keinen Gegner, es besteht keine Kampfsituation. In gewissem Sinn sind die Trittschnelligkeit und -kraft im Labor „reine" Trittschnelligkeit und -kraft ohne Beeinflussung der oben erwähnten Variablen (Angstniveau, Gegner etc.), die die Ergebnisse verwässern können.

Zusätzlich zu irrelevanten Faktoren, die im Labor kontrolliert werden, besteht auch die Frage, wer wie und wann getestet wurde. Idealerweise sollten die physiologischen, biomechanischen oder psychologischen Variablen, von denen angenommen wird, daß sie zum Erfolg im Taekwondo-Wettkampf beitragen, vor oder sogar während des tatsächlichen Wettkampfs bestimmt werden. Dies ist leider nicht immer möglich oder technisch machbar. Um das sportliche Profil von Taekwondo-Kämpfern verstehen zu können, werden vorhandene Testgeräte oder konventionelle Geräte bzw. Werkzeuge im Labor eingesetzt. Manchmal werden tatsächliche Kampfsituationen im Labor simuliert, wie z.B. die Reaktion auf einen visuellen Reiz (Licht). Mit anderen Worten, die verwendeten Geräte sind möglicherweise nicht ausreichend geeignet, um ein besonderes, für Taekwondo typisches Charakteristikum zu bestimmen. Was den Zeitpunkt des Tests angeht, so sollte klar sein, daß ein Unterschied besteht, ob die Sportler vor oder nach einer intensiven Trainingseinheit oder mitten in einer Serie von Trainingseinheiten getestet werden. Empfehlungen des Wissenschaftlers sollten daher stets sorgfältig formuliert werden, wobei die oben erwähnten Merkmale der wissenschaftlichen Forschung berücksichtigt werden sollten.

Die Frage „Wer wurde getestet?" bezieht sich auf die Methode, nach der die Versuchspersonen ausgewählt wurden. Um ein exaktes Bild einer Gruppe von Taekwondo-Sportlern zu gewinnen, müßte man sie alle testen. Dies ist jedoch nicht realistisch. Statt dessen wählen die Forscher eine kleinere Gruppe aus der Gesamtpopulation der Taekwondo-Kämpfer aus, bei der es sich z.B. um erwachsene Elite-Sportler oder -Sportlerinnen handeln kann. Dies bedeutet, daß die Ergebnisse oder Empfehlungen, die man aus dieser Gruppe ableitet, nur für diese spezifische Gruppe gelten. Verallgemeinerungen auf die gesamte Population der Taekwondo-Kämpfer, die aus Individuen unterschiedlichen Alters und Fertigkeitsniveaus bestehen, sind nicht immer repräsentativ und sollten mit Vorsicht betrachtet werden.

Nachdem die Sichtweise des Wissenschaftlers erörtert wurde, werden am Ende dieses Kapitels einige Vorschläge für den Taekwondo-Trainer unterbreitet. Die folgenden Darstellungen basieren auf Arbeiten von Van Ingen Schenau und Whiting (40). In ihrer Diskussion der Interaktion zwischen Wissenschaft und Sport merken diese Autoren an, daß Trainer sich bewußt sein sollten, wie wissenschaftliche Forschung abläuft. Dies macht den Trainer sensibler für die Stärken und Schwächen der wissenschaftlichen Forschung. Seien Sie als Trainer offener gegenüber anderen Ansätzen, während Sie gleichzeitig auf praktischen Empfehlungen von wissenschaftlicher Seite bestehen.

Es ist auch ratsam, die Literatur über die neuesten Entwicklungen im Taekwondo zu lesen. Allerdings ist die sich mit der Taekwondo-Forschung befassende Literatur, wie bereits oben erwähnt, nicht sehr umfangreich. Dennoch kann die Lektüre relevanter wissenschaftlicher Literatur aus verwandten Bereichen, wie Karate, Judo, Boxen, Ringen usw., dem Trainer Hinweise dafür geben, wie er sein Coaching verbessern kann. Auch das Lesen der Literatur über andere Sportarten, wie z.B. Laufen, Schwimmen etc., kann dem Taekwondo-Trainer wertvolle Informationen vermitteln. Erfolgreiche Trainer beobachten normalerweise Trainer anderer Sportarten oder lesen die Literatur über andere Sportarten, um mehr über ihren eigenen Sport zu erfahren. Seien Sie ehrlich hinsichtlich dessen, was Sie nicht wissen. Glauben Sie nicht, daß Sie der einzige sind, der etwas von Taekwondo versteht, oder daß Sie alles über diesen Sport wissen. Dies impliziert auch, daß der Trainer versuchen sollte, sich weiterzubilden, indem er Seminare, Workshops, Symposien, Trainerausbildungskurse usw. besucht.

Literaturhinweise

1. Ahn, B.H. (1985): *Kinematic and Kinetic Analysis of Taekwondo Kicking Motions.* Unveröffentlichte Magisterarbeit, Purdue University.

2. Birrer, R.B./Birrer, C.D. (1983): Unreported Injuries in the Martial Arts. *British Journal of Sports Medicine*, 17, 2: 131-134.

3. Burkett, L.N. (1970): Causative Factors in Hamstring Strain. *Medicine and Science in Sports*, 2, 1: 39-42.

4. Campbell, D.E./Glenn, W. (1982): Rehabilitation of Knee Flexor and Knee Extensor Muscle Strength in Patients with Meniscectomies, Ligamentous Repairs, and Chondromalacia. *Physical Therapy*, 62, 1: 10-15.

5. Carter, J.E.L./Yuhasz, M.S. (1984): Skinfolds and Body Composition of Olympic Athletes. In: J.E.L. Carter (Hrsg.): *Physical Structure of Olympic Athletes, Part II.* Basel: Karger: 144-182.

6. Choi, H.H. (1972): Taekwondo. *The Korean Art of Self-Defence.* Toronto: International Taekwondo Federation.

7. Chuang, T.Y./Lieu, D.K. (1991): A Parametric Study of the Thoracic Injury Potential of Basic Taekwondo Kicks. In: K. Min (Hrsg.): *USTU Instructors Handbook*, 3. Aufl. Berkeley: USTU Instructors Certification Committee: 118-126.

8. Chun, R. (1982): *Advancing in Taekwondo.* New York: Harper & Row Publishers.

9. Conkel, B./Braucht, J./Wilson, W./Pieter, W./Taaffe, D./Fleck, S./Kearney, J.T. (1988): „Isokinetic Torque, Kick Velocity and Force in Taekwondo". *Medicine and Science in Sports and Exercise*, 20, 2 (Supplement): 5.

10. Corcoran, J./Farkas, E. (1983): Martial Arts: *Traditions, History, People.* New York: Gallery Books.

11. Draeger, D.F. (1975): *Classical Budo.* New York: Weatherhill.

12. Draeger, D.F. (1973): *Classical Bujutsu.* New York: Weatherhill.

13. Draeger, D.F. (1974): *Modern Bujutsu & Budo.* New York: Weatherhill.

14. Giove, T.P./Miller, S.J./Kent, B.E. u.a. (1983): Nonoperative Treatment of the Torn Anterior Cruciate Ligament. *Journal of Bone and Joint Surgery*, 65A, 2: 184-192.

15. Holmes, J.R./Alderink, G.J. (1984): Isokinetic Strength Characteristics of the Quadriceps Femoris and Hamstring Muscles in High School Students. *Physical Therapy*, 64, 6: 914-918.

16. Hwang, I.S. (1987): Analysis of the Kicking Leg in Taekwondo. In: J. Terauds/B. Gowitzke/L. Holt (Hrsg.): *Biomechanics in Sports III & IV. Proceedings of ISBS.* Del Mar, CA: Academic Publishers: 39-47.

17. Hwang, I.S. (1985): Biomechanical Analysis of Dwihuryo-chagi in Taekwondo. In: *A Collection of Research Papers in the 1st World Taekwondo Seminar.* Seoul: Kukkiwon: 67-79.

18. Kim, C. (1991): *Perceived Motivational Factors Related to Initial Participation and Persistence in Taekwondo.* Eugene, OR: Microform Publications.

19. Kim, D.S. (1980): Sport and Physical Education in the Republic of Korea. In: W. Johnson (Hrsg.): *Sport and Physical Education around the World.* Champaign, IL: Stipes Publishing Company: 383-398.

20. Matveyev, L. (1981): *Fundamentals of Sports Training*. Moskau: Progress Publishers.
21. Park, Y.D. (1981): The Effects of Tension Recognition and Control of Beginning Taekwondo Instructors. Unveröffentlichte Magisterarbeit, State University College Brockport.
22. Park, Y.D. (1989): *A Biomechanical Analysis of Taekwondo Front Kicks*. Eugene, OR: Microform Publications.
23. Pieter, F./Pieter, W./Heijmans, J. (1987): Movement analysis of taekwondo techniques. *Asian Journal of Physical Education*, 10, 3: 45-58.
24. Pieter, W. (1987): Angst bij vechtsport. *Sport-Gericht*, 9, 3: 109-112.
25. Pieter, W. (1981): Etymological Notes on the Terminology of some Korean martial arts. *Asian Journal of Physical Education*, 4, 1: 47-52.
26. Pieter, W. (1985): Korean Hwarang and Japanese Samurai: a Comparison. In: N. Müller/J.K. Rühl (Hrsg.): *Olympic Scientific Congress Sport History Official Report*. Niederhausen: Schors-Verlag: 75-80.
27. Pieter, W. (1994): Notes on the Historical Development of Korean Martial Sports. An Addendum to Young's History & Development of Tae Kyon. *Journal of Asian Martial Arts,* 3, 1: 82-89.
28. Pieter, W. (1991): The Oregon Taekwondo Research Project. In: K. Min (Hrsg.): *Taekwondo. USTU Instructors Handbook*, 3. Aufl., Berkeley, CA: USTU Instructors Handbook, 3. Aufl. Berkeley, CA: USTU Instructors Certification Committee: 160-165.
29. Pieter, W./Taaffe, D./Heijmans, J. (1990): Heart Rate Response to Taekwondo Forms and Technique Combinations: a Pilot Study. *Journal of Sports Medicine and Physical Fitness*, 30, 1: 97-102.
30. Pieter, W./Taaffe, D./Troxel, R./Heijmans, J. (1989): Isokinetic Peak Torque of the Quadriceps and Hamstrings of College Age Taekwondo Athletes. *Journal of Human Movement Studies*, 16, 1: 17-25.
31. Pieter, W./Taaffe, D./Troxel, R./Heijmans, J. (1992): Quadriceps/Hamstrings Ratios of Taekwondo Club Athletes and Beginning Tennis Players. *Journal of Physical Education and Sport Science*, IV, 1: 31-39.
32. Pieter, W./Zemper, E. (1990): The Oregon Taekwondo Research Project: Part II - Preliminary Injury Research Results. *Taekwondo USA*, 3, 1: 24-26.
33. Rutt, R. (1961): The Flower Boys of Silla (Hwarang). Notes on the Sources. *Transactions of the Korea Branch of the Royal Asiatic Society*, XXXVIII: 1-66.

34. Serina, E.R./Lieu, D.K. (1991): Thoracic Injury Potential of Basic Competition Taekwondo Kicks. *Journal of Biomechanics*, 24, 10: 951-960.

35. Skelton, D.L./Glynn, M.A./Berta, S.M. (1991): Aggressive Behavior as a Function of Taekwondo Ranking. *Perceptual and Motor Skills*, 72, 1: 179-182.

36. Stull, R.A./Barham, J.N. (1990a): An Analysis of Movement Patterns Utilized by Different Styles in Karate Reverse Punch in Front Stance. In: E. Kreighbaum/A. McNeill (Hrsg.): *Biomechanics in Sports VI. Proceedings of the 6th International Symposium on Biomechanics in Sports*. Bozeman, MT: International Society of Biomechanics in Sports and Department of Health and Human Development, Montana State University: 233-243.

37. Stull, R.A./J.N. Narham (1990b): An Analysis of Work and Power Produced by Different Styles in the Karate Reverse Punch in Front Stance. In: E. Kreighbaum/A. McNeill (Hrsg.): *Biomechanics in Sports VI. Proceedings of the 6th International Symposium on Biomechanics in Sports*. Bozeman, MT: International Society of Biomechanics in Sports and Department of Health and Human Development, Montana State University: 225-231.

38. Sung, N.J./Lee, S.G./Park, H.J./Joo, S.K. (1987): An Analysis of the Dynamics of the Basic Taekwondo Kicks. *US Taekwondo Journal*, VI, 2: 10-15.

39. Thompson, W.R./Vinueza, C. (1991): Physiologic Profile of Tae Kwon Do Black Belts. *Sports Medicine, Training and Rehabilitation*, 3, 1: 49-53.

40. Van Ingen Schenau, G.J./Whiting, H.T.A. (1987): Wetenschap en sport. In: A. Vermeer (Hrsg.): *Onderzoek van Menselijk Bewegen*. Amsterdam: VU Uitgeverij: 37-53.

41. Wohlin, S. (1989): *A Biomechanical Description of the Taekwondo Turning Hook Kick*. Unveröffentlichte Magisterarbeit, Montana State University.

42. Yi, K.D. (1979): Silla hwarangdo ui sahoehak chokko ch'al. *Yoksa Hakpo*, 82: 1-38.

43. Yoon, Y.J./Pieter, W. (1992): *Skill Level in Taekwondo and Selected Measures of Agility and Balance in College Age Students*. Zur Veröffentlichung eingereicht.

44. Zandbergen, A. (ohne Datum): *Taekwondo Blessures en Fysiotherapie*. Unveröffentlichte Studie, Twente Akademie voor Fysiotherapie, Enschede.

KAPITEL II

Systematisches Taekwondo-Training

Einleitung

Die Vorbereitung von Taekwondo-Kämpfern auf Wettkämpfe erfordert eine systematische und methodisch durchdachte Trainingsplanung. Training kann definiert werden als ein Prozeß des Setzens zielgerichteter Reize, die die sportliche Leistung verbessern sollen. Diese Reize sind körperlicher, psychischer, technischer und taktischer Art. Körperliche Reize führen zu Änderungen des körperlichen Erscheinungsbildes sowie der funktionellen Effizienz. Mit anderen Worten, Training beeinflußt die Körpergestalt des Sportlers (weniger Fett, mehr Muskeln), die körperlichen Funktionen des Sportlers (verbesserte Ausdauer, niedrigere Ruheherzfrequenz) und die Beweglichkeit des Sportlers. Technisches Training bezieht sich auf die Optimierung der Taekwondo-Fertigkeiten, wie z.B. Treten und Stoßen. Taktisches Training bedeutet Planung des Angriffs und der Abwehr mit dem Ziel, einen Punkt zu erreichen, bevor dem Gegner dies gelingt. Psychologisches Training bezieht sich auf Übungen, die zu Verbesserungen des Selbstvertrauens und der Konzentration führen, sowie auf Übungen, die die Angstwerte reduzieren. Abbildung II.1 zeigt die Beziehung zwischen den unterschiedlichen Trainingsstimuli. Sie sind untrennbare Komponenten des Trainings, wurden hier jedoch aus Gründen der Klarheit unterschieden.

Technisches Training bedarf einer soliden konditionellen Grundlage. Wenn es dem Taekwondo-Kämpfer an Kraft, Ausdauer oder Beweglichkeit mangelt, ist er nicht in der Lage, die Taekwondo-Fertigkeiten so optimal wie möglich auszuführen. Taktisches Training basiert auf konditionellen, technischen und psychologischen Voraussetzungen (1). Wenn der Sportler z.B. einen Angriff vortäuschen soll, bevor er seine Angriffsbewegungen tatsächlich einleitet, braucht er das Selbstvertrauen, daß die Täuschung zusammen mit dem tatsächlichen Angriff einen Punkt bringen wird. Wenn ihm dieses Selbstvertrauen fehlt, wird die Täuschung nicht überzeugend sein und mißlingen. Der Kampfplan des Sportlers hängt auch von dem Grad ab, mit dem er die diversen Fertigkeiten beherrscht, und von seiner Ausdauer. Wenn der Sportler sich z.B. nur mit dem Halbkreis-Fußtritt wohlfühlt, wird er vermutlich keinen anderen Tritt in sein Technikarsenal für den Wettkampf aufnehmen. Gleichermaßen wird der Sportler, dem es an Ausdauer mangelt, z.B. versuchen, nicht zu lange oder zu häufig anzugreifen.

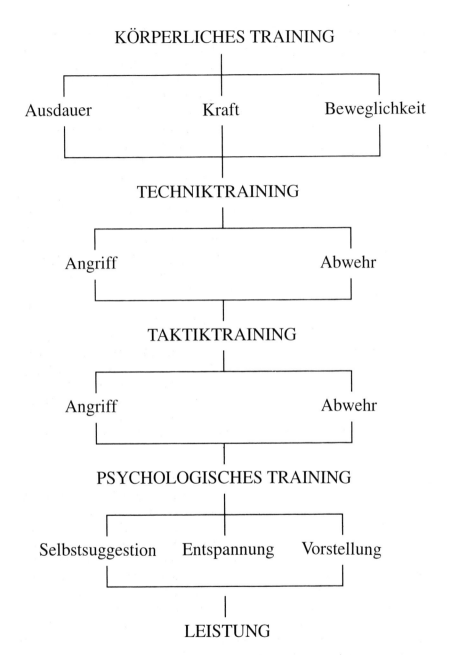

Abbildung II.1: Vorbereitung des Taekwondo-Wettkampfes: Trainingskomponenten (auf der Grundlage von 1)

Ausdauer und Kraft werden in den Kapiteln IV und V abgehandelt, während Kapitel VII das psychologische Training behandelt. Die Kapitel VI und VIII setzen sich mit den technischen und taktischen Grundlagen des Taekwondo-Wettkampfes auseinander. Andere Faktoren wie z.B. Beweglichkeit, Reaktionszeit und Bewegungszeit werden von diesem Buch leider nicht abgedeckt. Dies bedeutet keinesfalls, daß sie nicht wichtig sind. Im Gegenteil - sie sind bestimmt notwendig, um Erfolg im Wettkampf zu erreichen. Dennoch mußte aus Zeit- und Raumgründen eine Auswahl der Themen vorgenommen werden. Wir hatten das Gefühl, daß gegenwärtig die oben erwähnten Variablen Vorrang haben sollten. Beweglichkeit wird allerdings in Kapitel X kurz behandelt.

Training verfolgt stets bestimmte Ziele (16), die vom Gewinn einer Goldmedaille bei Weltmeisterschaften bis zum technisch korrekten Ausführen einer Taekwondo-Fertigkeit oder zum Training an drei statt zwei Tagen pro Woche reichen können. Trainingsziele sollten auf einer individuellen Grundlage definiert werden. Trainingsprogramme müssen also individualisiert werden. Nach Bestimmung des allgemeinen Ziels müssen sekundäre Ziele identifiziert werden, die der Reihe nach in die Faktoren zerlegt werden, die einen Beitrag zum Erfolg leisten. Angenommen, das allgemeine Ziel ist der Gewinn der nationalen Meisterschaften. Um dieses Ziel zu erreichen, werden die folgenden sekundären Ziele identifiziert: Gewinn lokaler und regionaler Turniere. Die einen Beitrag leistenden Faktoren sind: Technikentwicklung, Schnelligkeit, Kraft, Beweglichkeit, psychische Fertigkeiten, taktische Fertigkeiten und (Kraft)Ausdauer. Sowohl der Trainer als auch der Taekwondo-Sportler sollten sicherstellen, daß diese Ziele realistisch und erreichbar sind. Sie sollten auch flexibel sein, was bedeutet, daß im Falle einer Verletzung, die Ziele dieser neuen Situation angepaßt werden müssen.

Zusammenfassend kann gesagt werden, daß Training ein Weg ist, die Leistung des Sportlers durch körperliche, technische, psychische und taktische Stimuli zu verbessern. Dies erfolgt anhand bestimmter Methoden und mittels eines systematischen Ansatzes. Körperliche Reize, wie z.B. Laufen, Gewichtheben, Treten und Stoßen, führen zu Veränderungen der Körpergestalt, der Fähigkeit des Körpers, eine spezifische Arbeitsbelastung auszuhalten, während technisches und taktisches Training zu effizienteren Bewegungen bzw. zum Punktgewinn führt. Psychologische Reize, wie z.B. ein Schulterklopfen, aufmunternde Worte, Entspannungsübungen, führen zu positiven Veränderungen der mentalen Einstellung des Sportlers. Körperliche, technische, psychologische und taktische Reize zielen alle darauf ab, ein bestimmtes Trainingsziel zu erreichen, wie z.B. den Gewinn einer Goldmedaille.

Um die Wettkampfvorbereitung eines Sportlers zu optimieren, muß der Taekwondo-Trainer wissen, wie er den Athleten auf solche Weise belastet, daß seine Gesundheit nicht gefährdet ist. Der Trainer muß wissen, wie er die Arbeits- und Erholungsphasen steuert, um die Trainingsanpassung des Sportlers bzw. die Trainingseffekte zu verbessern. So verbessert Laufen z.B. die Ausdauer des Sportlers, während Krafttraining seine Kraft steigert. Diese Verbesserungen werden Trainingseffekte genannt. Um dem Trainer zu einem systematischeren Trainingsansatz zu verhelfen, müssen bestimmte Trainingsprinzipien berücksichtigt werden. Diese Prinzipien sind: Spezifität, physiologische Überlastung (Overload) und Progression (15). Eine physiologische Überlastung wird durch Häufigkeit, Dauer, Intensität und Trainingsart erreicht (5).

Das Prinzip der *Trainingsspezifität* schreibt vor, daß das Training des Taekwondo-Sportlers zur einer physiologischen Überlastung der Trainingskomponenten führt, die für den Taekwondo-Wettkampf am wichtigsten sind. So sollten z.B. bei der Ausdauerentwicklung im Taekwondo die Trainingseinheiten darauf abzielen, die involvierten Stoffwechselsysteme zu überlasten, d.h., es sollte sich um eine Kombination von aerober und anaerober Ausdauer handeln (siehe Kapitel IV). *Physiologische Überlastung* bedeutet auch, daß der *Umfang* (Häufigkeit und Dauer) und die *Intensität* der Trainingsreize zu physiologischen Anpassungen führen. Das Überlasten der spezifischen Stoffwechselsysteme sollte auf eine *progressive* Weise erfolgen, die ihrem Wesen nach *allmählich* und *diskontinuierlich* ist (2). Dies bedeutet, daß Perioden hochintensiven Trainings durch Erholungsperioden mit reduziertem Umfang und verringerter Intensität aufgelockert werden sollten, denn gerade in diesen Erholungspausen kommt es zu Anpassungserscheinungen (2).

Die Anwendung des Prinzips der Spezifität auf Taekwondo bedeutet letztlich, daß der Taekwondo-Athlet im Rahmen seiner Wettkampfvorbereitung wettkampfspezifische Übungen absolvieren muß. Das klingt logisch, und dennoch gibt es Trainer (wie auch Sportler), die glauben, daß man einige Woche vor dem Wettkampf zur Verbesserung seiner Ausdauer laufen sollte. Laufen verbessert die allgemeine Ausdauer, sei sie aerob oder anaerob, verbessert jedoch kaum die taekwondospezifische Ausdauer (siehe Kapitel IV).

Das Überlasten des Systems bedeutet, daß die Trainingsbelastung erhöht werden muß, um sich dem neuen Status des Sportlers anzupassen. So ist der Sportler z.B. im Rahmen des Krafttrainings in der Lage, auf der Bank 60 kg zu drücken. Nach ein oder zwei Wochen wird es zu einem Trainingseffekt im Sinne eines Kraftgewinns kommen. Diesem Kraftgewinn sollte durch eine Steigerung des gedrückten Gewichts um beispielsweise 5 kg Rechnung getragen werden, wobei die Anzahl der Wiederholungen konstant bleibt. Wenn das Ziel darin besteht, einen Kraftgewinn zu erreichen, muß das System (d.h. die Muskulatur) überlastet werden. Wenn das Ziel darin besteht, das Kraftniveau zu erhalten, ist ein Überlasten nicht notwendig. Das Überlasten betrifft alle zu trainierenden Faktoren, sei es Kraft, Ausdauer, Schnelligkeit oder die Konzentration.

Ein progressives, seinem Wesen nach diskontinuierliches Overloading, hat mit einem Wechsel von Belastungs- und Erholungsphasen zu tun. Die Trainingsbelastung, die progressiv gesteigert werden soll, wird in den Arbeitsphasen eingesetzt, wohingegen die Trainingseffekte in den Erholungspausen stattfinden. Wenn das Zusammenspiel von Belastungs- und Erholungsperioden nicht sorgfältig geplant ist, wird der Sportler überlastet, was letztendlich zu einer Leistungsverschlechterung und sogar zu Gesundheitsproblemen führen kann (siehe Erholung und Abtrainieren weiter unten). Weder die Belastungs- noch die Erholungsphasen sollten zu lang sein, denn auf diese Weise gehen alle Trainingseffekte zurück. Abbildung II.2 zeigt die Wechselbeziehungen zwischen Training oder Belastung und Erholung.

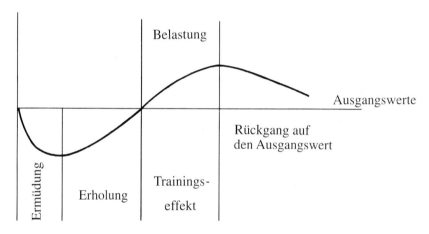

Abbildung II.2:
Wechselbeziehungen zwischen Belastung, Erholung und Trainingseffekt

Eine bestimmte Arbeitsbelastung führt zu einer kurzfristigen Ermüdung, die ihrerseits die Leistungsfähigkeit negativ beeinflußt. Danach kommt es zu einer Erholung, und die Leistungsfähigkeit steigt über das alte Niveau hinaus an. Dies ist der Trainingseffekt. Die neue Trainingsbelastung sollte zu dem Zeitpunkt des Trainingseffektes erfolgen und zwar am besten dann, wenn er seinen höchsten Punkt erreicht hat. Wenn kein Trainingsreiz gesetzt wird, wird die Leistungsfähigkeit bis auf das Niveau vor Trainingsbeginn zurückgehen (siehe auch Erholung und Abtrainieren).

Die *Trainingshäufigkeit* bezieht sich darauf, wie oft ein Taekwondo-Sportler trainiert. Die Trainingshäufigkeit wird normalerweise in Trainingstagen pro Woche ausgedrückt. Eine Minimalvoraussetzung für das Erreichen eines Trainingseffekts ist, daß an drei Tagen pro Woche trainiert wird. Für Spitzensportler ist diese Minimalforderung nicht ausreichend, es sei denn, es geht um die Erholung von sehr intensiven Belastungen. Ein Taekwondo-Sportler trainiert typischerweise an vier bis sechs Tagen pro Woche. In Abhängigkeit vom Saisonabschnitt kann der Athlet sich entscheiden, an drei Tagen ein allgemeines Konditionstraining und an den anderen drei Tagen ein Taekwondo-Training zu absolvieren. Später kann er fünf oder sechs Tage Taekwondo-Training und nur ein Minimum an allgemeinem Konditionstraining absolvieren, um das antrainierte Leistungsniveau beizubehalten, wie z.B. allgemeine Kraft.

Die *Trainingsdauer* bezieht sich auf die Dauer einer einzelnen Trainingseinheit, aber auch auf Serien von Trainingseinheiten. So kann z.B. ein typisches Taekwondo-Training zwei Stunden dauern, während ein Lauf zur Verbesserung der aeroben Ausdauer 30 Minuten dauern kann.

Intensität bezieht sich auf die „Härte" einer Trainingseinheit. In Abhängigkeit von der Übung, kann die Intensität in der *Herzfrequenz pro Minute* ausgedrückt werden (Abbildung II.3) oder als zu bewegender *Widerstand*, wie z.B. beim Krafttraining.

Abbildung II.3: Das Messen der Herzfrequenz

Die Intensität kann sich auch in der Anzahl der *Wiederholungen* des Hebens eines Gewichtes, oder in der *Anzahl der gelaufenen Runden*, der Anzahl der Wiederholungsläufe über eine bestimmte Distanz, wie z.B. zehnmal 100 m, oder in der *Dauer* des Trainings ausdrücken.

Wenn man die Herzfrequenz als Maß der Intensität nimmt, verwendet man im allgemeinen die Karvonen-Formel (5). Diese Formel erfordert das Bestimmen der Ruheherzfrequenz und der maximalen Herzfrequenz des Sportlers entweder durch den Sportler selbst oder durch den Trainer. Die maximale Herzfrequenz wird bestimmt, indem man sein Alter von 220 abzieht. Die Beziehung zwischen dem Alter des Sportlers und seiner maximalen Herzfrequenz ist in Abbildung II.4 dargestellt.

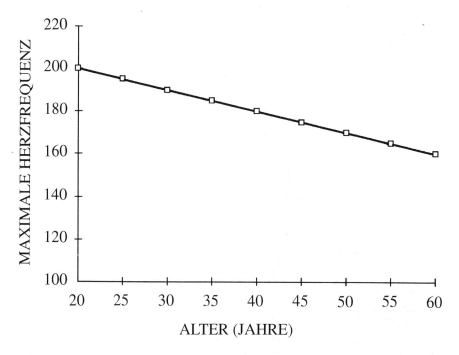

Abbildung II.4: Die Beziehung zwischen Lebensalter und maximaler Herzfrequenz

Die Karvonen-Formel sieht folgendermaßen aus:

$$HF_{Belast.} = HF_{Ruhe} + \% (HF_{max} - HF_{Ruhe})$$

wobei $HF_{Belast.}$ die Belastungsherzfrequenz und HF_{Ruhe} die Ruheherzfrequenz ist. Die Ruheherzfrequenz kann vor dem Training gemessen werden, indem der Sportler sich etwa 10 Minuten auf den Rücken legt und dann seine Herzfrequenz gemessen wird. Man kann die Ruheherzfrequenz auch morgens im Bett vor dem Aufstehen messen. In diesem Falle spricht man häufig von der morgendlichen Herzfrequenz. Die Anwendung der Karvonen-Formel auf das

Taekwondo-Training würde bei einem 20 Jahre alten Sportler mit einer Ruheherzfrequenz von 60 Schlägen pro Minute, einer maximalen Herzfrequenz von 200 (= 220-20) und einem Training von 70% seiner maximalen Herzfrequenz die folgende Belastungsherzfrequenz ergeben:

$HF_{Belast.}$ = 60 + 70 (200 - 60) = 158 Schläge pro Minute.

Die Trainingsart ist schlicht die sportliche Aktivität, die der Sportler ausübt, um Trainingseffekte zu erzielen. So können z.B. zur Verbesserung der aeroben Ausdauer Laufen, Schwimmen oder Radfahren als Trainingsinhalte gewählt werden. Zur Verbesserung der Tretkraft muß Taekwondo als Trainingsart gewählt werden, während Verbesserungen der Muskelkraft durch das Absolvieren eines Krafttrainingsprogramms erreicht werden können.

Ein Beispiel der Trainingsprinzipien in Anwendung auf das Taekwondo-Training ist in Tabelle II.1 zu sehen.

	Wochen 1-3		
Trainingshäufigkeit	**Trainingsdauer**	**Trainingsintensität**	**Trainingsart**
Montag			Ruhe
Dienstag	15 Minuten	75% HF_{max}	Laufen
Mittwoch	2 Stunden	75% HF_{max}	Taekwondo
Donnerstag	15 Minuten	75% HF_{max}	Laufen
Freitag	2 Stunden	75% HF_{max}	Taekwondo
Samstag	15 Minuten	75% HF_{max}	Laufen
Sonntag	2 Stunden	75% HF_{max}	Taekwondo
	Wochen 4-6		
Trainingshäufigkeit	**Trainingsdauer**	**Trainingsintensität**	**Trainingsart**
Montag			Ruhe
Dienstag	20 Minuten	75% HF_{max}	Laufen
Mittwoch	2 Stunden	80% HF_{max}	Taekwondo
Donnerstag	20 Minuten	75% HF_{max}	Laufen
Freitag	2 Stunden	80% HF_{max}	Taekwondo
Samstag	20 Minuten	75% HF_{max}	Laufen
Sonntag	2 Stunden	80% HF_{max}	Taekwondo

Tabelle II.1: Beispiel eines Trainingsprogramms im Rahmen der Vorsaison

In den folgenden Kapiteln werden Tabellen wie diese detaillierter erklärt. Im Moment reicht das folgende: Es wird angenommen, daß der Sportler an sechs Tagen in der Woche je einmal trainiert. Es wird ferner angenommen, daß der Sportler in der Vorsaison an seiner allgemeinen Ausdauer arbeitet, und daß er an jedem zweiten Tag seine Taekwondo-Fertigkeiten verbessert. Die Trainingshäufigkeit beträgt dann sechs Tage pro Woche je einmal pro Tag. Die Dauer hängt von der Trainingsart ab. Wenn das Ziel die Verbesserung der allgemeinen (aeroben) Ausdauer ist, kann der Trainingsinhalt Laufen sein (Laufen wäre für Taekwondo z.B. spezifischer als Schwimmen). In diesem Fall könnte die Dauer der Trainingseinheit 15 Minuten zusätzlich zum Auf- und Abwärmen betragen. Eine Taekwondo-Trainingseinheit sollte mit zwei Stunden angesetzt werden. Die Intensität des Laufen wird willkürlich gewählt und wird mit 75% der altersadäquaten maximalen Herzfrequenz (HF_{max}) der Karvonen-Formel entsprechend festgesetzt. In diesem Beispiel beträgt die Intensität des Taekwondo-Trainings ebenfalls 75% der HF_{max}. Da die physiologische Überlastung durch das Training progressiv sein muß, wurde die Dauer des Laufteils nach drei Wochen von 15 Minuten auf 20 Minuten gesteigert, während die Intensität mit 75% der HF_{max} konstant blieb. Beim Taekwondo-Teil blieb die Dauer gleich, aber die Intensität wurde von 75% auf 80% der HF_{max} gesteigert.

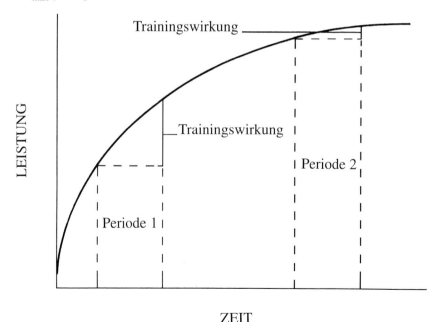

Abbildung II.5: Die Beziehung zwischen der Trainingslänge und der Trainingswirkung

Obwohl das Training progressiv sein muß, um zu Trainingseffekten zu führen, wird die Zeit kommen, wenn die Verbesserungen ein Plateau erreicht haben, dem eine geringere Verbesserungsrate im Vergleich zum Trainingsbeginn vorausgeht (siehe Abbildung II.5). Mit anderen Worten, je länger der Sportler trainiert, desto schwieriger wird es für ihn, seine Leistung weiter zu verbessern. Wie aus Abbildung II.5 ersichtlich, hat das Training während der Periode II zu geringeren Trainingswirkungen geführt als das Training der Periode I, obwohl beide Perioden gleich lang sind. Der Trainer muß sehr kreativ sein, um die Trainingsreize und Trainingsprinzipien so zu manipulieren, daß bestimmte Wirkungen erzielt werden. Ein Krafttrainingsprogramm unter Einsatz unterschiedlicher Maschinen (z.B. Hanteln, Nautilus-Geräte) und ein Ausdauertraining auf unterschiedlichem Untergrund (z.B. Strandläufe statt Bahnläufe) sind zwei Beispiele für Trainingsvariationen.

Erholung und Abtrainieren

Erholung

Wie oben angedeutet, ist das Hauptziel oder der Hauptzweck des Trainings die Verbesserung der Wettkampfleistung. Die oben erwähnten Trainingsprinzipien basieren auf dem Wissen, daß der menschliche Körper sich der Situation, der er ausgesetzt ist, anpaßt. Um eine Trainingswirkung (oder technischer ausgedrückt, eine *Superkompensation*) zu erzielen, setzt der Athlet seinen Körper stetig wachsenden Anforderungen aus. Das Wechselverhältnis zwischen Belastungs- und Erholungsphasen und die Bedeutung angemessener Erholung sind in den Abbildungen II.6 bis II.8 dargestellt.

In Abbildung II.6 setzt die Belastung erst ein, *nachdem* der Trainingseffekt bereits nachgelassen hat. Das Ergebnis ist ein Leistungsniveau, das eine Fortsetzung des vorangegangenen Niveaus ist, d.h., die Trainingsbelastung hatte überhaupt keine Wirkung. Statt dessen muß die nächste Trainingsbelastung in der Phase der Trainingswirkung gesetzt werden. Wenn sie erst danach gesetzt wird, wird sie nicht zu einer Leistungssteigerung führen.

Abbildung II.7 zeigt die entscheidende Bedeutung angemessener Erholung. Wenn der Trainingsreiz gesetzt wird, *bevor* der Körper sich völlig von der vorangegangenen Trainingsbelastung erholt hat, wird das Ergebnis eine Leistungsminderung sein. Es kommt zu keiner Trainingswirkung. Wenn die Belastung stets vor einer angemessenen Erholung gesetzt wird, wird das Ergebnis ein ausgebrannter Athlet sein, bei dem es nicht nur zu einem Nachlassen der

Leistung kommt, sondern er geht auch ein größeres Verletzungsrisiko ein, was seinerseits das Training des Sportlers beeinträchtigt: ein Teufelskreis, der nur durch eine Zwangspause durchbrochen werden kann (siehe auch Kapitel VII und den Abschnitt zum Übertraining weiter unten).

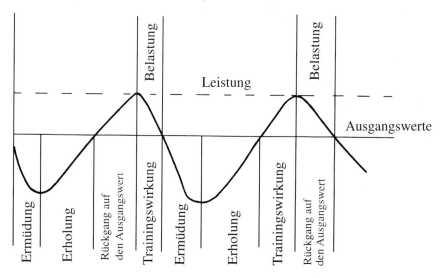

Abbildung II.6: Belastung nach Verschwinden der Trainingswirkung

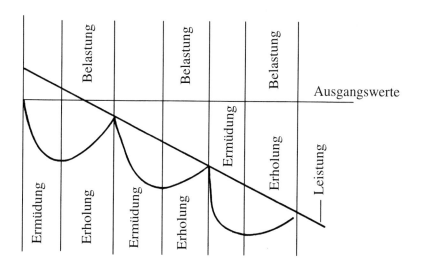

Abbildung II.7: Belastung vor ausreichender Erholung

Abbildung II.8 schließlich zeigt das richtige Wechselverhältnis zwischen Belastung und Erholung, das zu einer Leistungssteigerung führt. Es kann zu einer Kumulation der Trainingswirkungen kommen, die dem richtigen Timing der Trainingsreize entspricht. Die Trainingsbelastung kann auch gesteigert werden, um zu den gewünschten Ergebnissen zu führen, was in den beiden zuvor genannten Fällen nicht getan werden könnte.

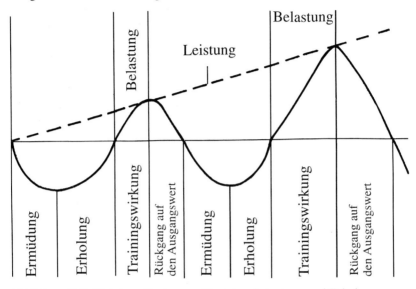

Abbildung II.8: Richtiges Timing von Trainingsbelastung und Erholung

Leider ist es nicht möglich, die genaue Dauer der Erholungsperioden anzugeben. Zunächst einmal hängt die Erholung vom vorausgegangenen Trainingsreiz ab. Eine harte Trainingseinheit verlangt eine längere Erholung als eine Belastung mit niedriger Intensität. So reicht z.B. nach einer aeroben Trainingseinheit von 75% der HF_{max} eine relativ kurze Erholungsperiode aus. Nach einer intensiven anaeroben Trainingseinheit von 95 bis 100% der HF_{max} ist allerdings eine viel längere Erholungsperiode notwendig. Natürlich spielt in diesem Zusammenhang auch der Trainingszustand des Sportlers eine Rolle. Zweitens hängt die Erholungsperiode vom Sportler ab. Wenn der Sportler noch von der vorangegangenen Belastung, unabhängig von deren Intensität, erschöpft ist, ist eine längere Erholungsperiode angebracht. Drittens kann berufs- oder studiumsbedingter Streß die Erholungsperiode beeinflussen. Persönliche Faktoren und Krankheit haben auch einen gewissen Einfluß auf den Erholungsprozeß des Sportlers. Eine Faustregel sowohl für den Trainer als auch den Sportler ist, auf die Stimme des Körpers zu hören. Wenn der Sportler sich nicht 100prozentig fit fühlt, sollte die Trainingsbelastung reduziert werden. Eine Liste möglicher Anzeichen, die dem Trainer wie auch dem Sportler dabei helfen herauszufinden, wann vermutlich der falsche Zeitpunkt ist, einen Trainingsreiz zu setzen, findet sich weiter unten (siehe Abschnitt zum Übertraining). Eine weitere Präventivmaßnahme ist das abwechselnde Einsetzen harter und leichter Belastungen (siehe Tabelle II.2). Härtere und leichtere Belastungen können auch während einer einzigen Trainingseinheit eingesetzt werden. So könnte man sich z.B. dienstags entscheiden, während der zweistündigen Trainingseinheit zwischen einer Belastungsherzfrequenz von 65 und 70% abzuwechseln.

Wochen 1-3			
Trainingshäufigkeit	**Trainingsdauer**	**Trainingsintensität**	**Trainingsart**
Montag			Ruhe
Dienstag	2 Stunden	70% HF_{max}	Taekwondo
Mittwoch	2 Stunden	75% HF_{max}	Taekwondo
Donnerstag	2 Stunden	95% HF_{max}	Taekwondo
Freitag	2 Stunden	80% HF_{max}	Taekwondo
Samstag	2 Stunden	75% HF_{max}	Taekwondo
Sonntag	2 Stunden	90% HF_{max}	Taekwondo

Tabelle II.2: Abwechseln von harten und leichten Trainingseinheiten während der Wettkampfsaison

Die unten zu findenden Vorschläge sind erstellt worden, um die am besten geeignete Erholungsperiode festzulegen. Im allgemeinen wird in den folgenden Fällen eine *völlige* Erholung vorgeschlagen (13):

Training der Koordination des Sportlers;
Training der Maximalkraft;
nach Turnieren;
Techniktraining;
Training der Schnelligkeit, Reaktionszeit oder Explosivität.

Es ist auch möglich, mit der nächsten Belastung nach einer unvollständigen Erholung zu beginnen, was in den folgenden Fällen angebracht ist (13):

Training der Schnelligkeitsausdauer;
Training der Kraftausdauer;
Training der allgemeinen und spezifischen Ausdauer;
Training der Willenskraft.

Wenn also das Trainingsziel des Taekwondo-Kämpfers während der Vorsaison beispielsweise darin besteht, die Technik zu verbessern, sollte der Trainer völlige Erholungspausen sicherstellen. Dies bedeutet, daß das Techniktraining durch lange Ruhepausen und kurze Belastungsphasen charakterisiert ist. Wenn das Ziel der Trainingseinheit sowohl die Entwicklung der Schnelligkeit als auch der Ausdauer ist, sollten die Erholungspausen unvollständig sein. Mit anderen Worten, relativ kurze Belastungsphasen, unterbrochen durch relativ kurze Ruhephasen. Es ist unmöglich, den Zeitrahmen der Belastungs- und Ruhephasen sehr spezifisch und exakt festzusetzen. Die Zeiten hängen von individuellen Umständen ab. Ein mögliches Beispiel wäre eine Belastung von 30 Sekunden Dauer und eine 90sekündige Ruhephase im Techniktraining. Zur Entwicklung der Schnelligkeitsausdauer kann ein Verhältnis von 30 Sekunden Belastung und 30 Sekunden Ruhe gewählt werden. Die Erholungsphasen können hinsichtlich ihrer Dauer und Intensität variieren. Sie können aktiv oder passiv sein. Aktive Erholung ist vorzuziehen, da dies die beste Methode ist, um Stoffwechselabbauprodukte im Blut loszuwerden.

Ein gutes Beispiel dafür, wie sich eine unzureichende Erholung auf die Leistung auswirkt, ist in Abbildung II.9 zu sehen.

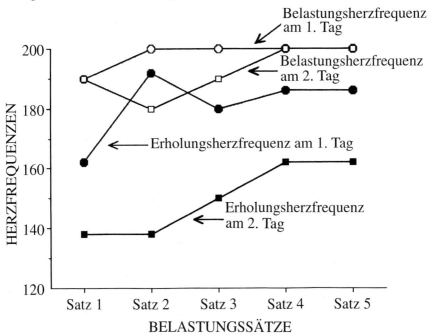

Abbildung II.9: Die Auswirkung unzureichender Erholung auf die Leistung

Vor der ersten Trainingseinheit hatte der Sportler einige Probleme im sozialpsychologischen Bereich, die zu einer schlaflosen Nacht vor dem Training führten. Wie aus der Kurve ersichtlich ist, war die Ruheherzfrequenz des Sportlers an diesem Tag (Tag 1 in Abbildung II.9) zu hoch. Statt am nächsten Tag zu trainieren, erhielt der Sportler einen Tag Trainingspause, um sich auszuruhen und sich seinen Problemen zu widmen. Danach wurde eine weitere Trainingseinheit angesetzt (Tag 2 im Diagramm). Die Erholungsherzfrequenzen waren deutlich besser. Die Kurve zeigt neben den Trainingsbucheintragungen des Sportlers (hier nicht dargestellt) die Auswirkungen von Umweltfaktoren auf die sportliche Leistung. In diesem besonderen Fall war der Umweltfaktor die unterstützende Gruppe oder vielmehr deren Fehlen.

Zusammenfassend kann also gesagt werden, daß im sportlichen Training ein feines Gleichgewicht zwischen Belastung und Erholung besteht. TRAININGSWIRKUNGEN STELLEN SICH IN DER ERHOLUNGSPHASE EIN. Wenn die Belastung nach Verschwinden des Trainingseffektes gesetzt wird, wird die resultierende Leistungsverbesserung zunichte gemacht. Wenn der Trainingsreiz gesetzt wird, bevor der Sportler eine Chance hatte, sich von einer (intensiven) Belastung zu erholen, wird die Leistung nachlassen. Es ist empfehlenswert, abwechselnd harte und leichte Trainingseinheiten zu absolvieren, um eine angemessene Wechselbeziehung zwischen Trainingsbelastung und Erholung sicherzustellen. In Abhängigkeit vom Trainingsziel können vollständige oder unvollständige Erholungsphasen gewählt werden.

Abtrainieren

Die entscheidende Rolle ausreichender Erholung liegt dem Phänomen des Abtrainierens zugrunde. Vor dem Wettkampf wird die Trainingsbelastung zurückgeschraubt, um dem Sportler die Chance zu geben, sich von intensiven Trainingseinheiten zu erholen, um das Abheilen kleinerer Verletzungen zu fördern und um das Erreichen von Spitzenleistungen zu erleichtern. *Die Phase des Abtrainierens ist durch ein reduziertes Training und einen völligen Trainingsverzicht einige Tage vor dem Wettkampf gekennzeichnet.* In Abhängigkeit von der individuellen Situation kann der Taekwondo-Trainer sich entscheiden, die Phase des Abtrainierens von einer Woche bis zu mehreren Wochen auszudehnen.

Die meisten Trainer fühlen sich unwohl, wenn sie eine Phase des Abtrainierens in ihr Trainingsprogramm aufnehmen, weil sie denken, daß die Resultate monatelanger harter Arbeit auf diese Weise in wenigen Tagen oder gar Stunden verloren werden können. Die Auswirkungen des Abtrainierens sind jedoch weniger gravierend als man annimmt. Tatsächlich hat die Forschung gezeigt, daß Schwimmer nach einer Phase des reduzierten

Trainings sowohl eine Leistungsverbesserung als auch eine Zunahme der Muskelkraft erfahren (17).

Dies bedeutet natürlich nicht notwendigerweise, daß es bei Sportlern anderer Disziplinen zu ähnlichen Auswirkungen kommt. Um dem Taekwondo-Trainer eine bessere Einschätzung der Effekte reduzierten Trainings zu geben, werden im folgenden einige Forschungsergebnisse zu den Auswirkungen des Abtrainierens vorgestellt.

Inaktivität hat bis zu vier Wochen nach dem Einstellen des Trainings keine bedeutenden Auswirkungen auf den Verlust der Muskelkraft. Reduziertes Training scheint auch keine gravierenderen Auswirkungen auf die anaerobe Ausdauer zu haben, obwohl eine völlige Inaktivität, wie z.B. durch Immobilisation (d.h. einen Ganzkörpergips) diese Form der Ausdauer innerhalb der ersten beiden Wochen beeinträchtigt (17). Da die Phase des Abtrainierens bei Taekwondo-Sportlern nicht durch völlige Inaktivität gekennzeichnet ist, ist diese Erkenntnis für Taekwondo-Trainer irrelevant. Schnelligkeit und Geschicklichkeit werden durch Training weniger beeinflußt als z.B. die Kraft (17). Daher sind die potentiellen Verluste dieser beider Variablen im Verlauf der Phase des Abtrainierens sogar noch geringer als die Verluste im Bereich der Kraft oder der anaeroben Ausdauer. Die Beweglichkeit sollte jedoch ganzjährig auf hohem Niveau gehalten werden, denn sie geht ebenso schnell verloren, wie man sie durch Training verbessern kann. Es dürfte daher nicht überraschen, daß auch im Verlauf der Phase der Abtrainierens die Beweglichkeit aufrechterhalten wird.

Die aerobe Ausdauer geht schneller verloren als jeder der anderen Trainingsfaktoren. Zu Verlusten kommt es schon innerhalb von drei Wochen Bettruhe (17). Jede Abnahme der aeroben Ausdauer in der Phase des Abtrainierens ist allerdings vernachlässigenswert, da das Abtrainieren lediglich eine Trainingsreduktion und aus nur wenigen trainingsfreien Tagen besteht, die mit drei Wochen Bettruhe nicht zu vergleichen sind. Während der wettkampffreien Zeit sollte die aerobe Ausdauer jedoch soviel wie möglich trainiert werden. Der „Verlust" im Rahmen der Phase des Abtrainierens ist nicht so dramatisch, wie einige Taekwondo-Trainer glauben mögen, so daß die spezielle Vorbereitung auf eine Spitzenleistung nicht nennenswert beeinträchtigt werden dürfte.

Je länger die Vorbereitung des Sportlers auf den Wettkampf gedauert hat, desto länger dauert es, bis er die durch das harte Training erarbeitete Form wieder verliert. Taekwondo-Sportlern ist in Abhängigkeit von der individuellen Situation eine Phase des Abtrainierens von einer Dauer zwischen sieben und zehn Tagen vor dem Wettkampf zu empfehlen. HARTES TRAINING IST WÄHREND DER WETTKAMPFWOCHE ABSOLUT UNANGEBRACHT.

Ein Beispiel für die Phase des Abtrainierens ist in Tabelle II.3 dargestellt.

Tag	Trainingsdauer	Trainingsintensität	Trainingsart
Mittwoch	90 Minuten	60% HF_{max}	Taekwondo
Donnerstag	90 Minuten	70% HF_{max}	Taekwondo
Freitag	90 Minuten	60% HF_{max}	Taekwondo
Samstag	60 Minuten	50% HF_{max}	Taekwondo
Sonntag	60 Minuten	50% HF_{max}	Taekwondo
Montag	Ruhe		
Dienstag	30 Minuten	-	Stretching
Mittwoch	30 Minuten	-	Stretching
Donnerstag	30 Minuten	-	Stretching
Freitag	Anreise		
Samstag	Wettkampftag		

Tabelle II.3: Beispiel eines Abtrainier-Programms

Es wird angenommen, daß die Phase des Abtrainierens zehn Tage dauert, daß der erste Wettkampftag ein Samstag ist und daß der Sportler am Freitag zum Wettkampfort reist. Denken Sie daran, daß die Phase des Abtrainierens, wie das Trainingsprogramm, individualisiert sein sollte. Wenn jemand einige Tage vor Wettkampfbeginn bereits am Wettkampfort sein muß, sollte der Trainer dies berücksichtigen, wenn er das Abtrainierprogramm plant. Auch Flugreisen haben einen anderen Einfluß auf den Sportler als Autoreisen.

Die ersten Tage der Abtrainierphase können aus Stretching, Aufwärm-Tritten und/oder Taekwondo-Trainingseinheiten geringer Intensität bestehen. Zwei oder drei Tage vor dem Wettkampf kann die Trainingseinheit nur aus Stretching bestehen. Wie in Tabelle II.3 zu erkennen, wurde die Gesamtdauer der Taekwondo-Trainingseinheit auf 90-60 Minuten statt 2 Stunden reduziert mit einer weiteren Reduzierung der für das Stretching vorgesehenen Zeit drei Tage vor dem Wettkampf. Mit anderen Worten besteht das Abtrainieren in diesem Fall sowohl aus einer Reduzierung der Dauer als auch aus einer Reduzierung der Intensität.

Wenn der Sportler intensive Trainingseinheiten ohne ausreichende Erholung absolviert, wird er schließlich Symptome von Übertraining zeigen, einen Zustand, den man auch Burnout (= Ausbrennen) nennt. Übertraining ist normalerweise das Ergebnis eines langfristigen Prozesses, kann jedoch auch bereits nach kurzer Zeit auftreten. In beiden Fällen kommt es zu physischen und psychischen Symptomen, und das Ergebnis wird stets eine Leistungsverschlechterung sein. Im nächsten Abschnitt werden einige physische Begleiterscheinungen des Übertrainings besprochen. In Kapitel VII wird aus psychologischer Sicht näher auf das Übertraining eingegangen.

Übertraining

Übertraining ist das Ergebnis eines gestörten Verhältnisses von Belastung und Erholung. Wenn der Sportler also zu lange zu hart ohne ausreichende Erholung trainiert, wird das Endergebnis ein Übertraining sein. Bei jeder Trainingseinheit handelt es sich um einen Stressor: Sie setzt das Individuum sowohl physischem als auch psychischem Streß aus. Psychischer Streß kann auch durch den Beruf, Bezugspersonen, Verwandte, Freunde usw. ausgelöst werden. Der Gesamtstreß (physisch und psychisch), den der Sportler aushalten muß, trägt zum Übertraining des Sportlers bei, wenn der Sportler sich nicht ausreichend erholt. Obwohl einige Sportler eher auf einen der oben beschriebenen Streßfaktoren reagieren als andere, gibt es definitive physiologische und psychologische Zeichen, die auf Übertraining oder Erschöpfung hinweisen. Einige dieser Symptome sind in Tabelle II.4 aufgelistet.

Erhöhter Morgenpuls des Sportlers (z.B. 8; 10)
Leistungsabfall (z.B. 7)
Gewichtsabnahme (z.B. 7)
Emotionale Instabilität (z.B. 7; 8)
Schlafstörungen (z.B. 8; 10)
Depressionen (z.B. 10; 14)
Erhöhte Körpertemperatur (z.B. 9)

Tabelle II.4: Ausgewählte Symptome des Übertrainings

Obwohl Übertraining als Ergebnis des Trainings/Wettkampfs mit resultierendem Leistungsabfall allen Trainern, Sportlern und Wissenschaftlern gleichermaßen bekannt ist, existieren nur wenige objektive Daten, die diesen Zustand beschreiben, vor allem bei Spitzensportlern (siehe z.B. 12). Bekannt ist jedoch, daß es zwei Formen des Übertrainings gibt: ein kurzfristiges und ein langfristiges Übertraining. Zu kurzfristigem Übertraining kann es durch (plötzliche) Steigerungen der Trainingsbelastung kommen, während ein langfristiges Übertraining das Ergebnis der kumulativen Auswirkung des Trainingsprogramms des Sportlers ist. Obwohl diese beiden Aspekte des Übertrainings eine unterschiedliche physiologische Auswirkung auf den Sportler haben, die auch von der betriebenen Sportart abhängen können (4; 12), führen beide zu einer Leistungsverschlechterung.

Dick Brown (3) hat darauf hingewiesen, daß ein Anstieg des Morgenpulses um 10% oder mehr ein Hinweis sein kann, das Training zu reduzieren. 10% weniger Schlaf als normal kann ein anderes verräterisches Zeichen sein, die Trainingsbelastung zu reduzieren, genauso wie Körpergewichtsschwankungen von 3%. Es ist daher anzuraten, sich jeden Tag zur gleichen Zeit zu wiegen, um Veränderungen des Körpergewichts festzustellen. Wenn der Sportler nicht in der Lage ist, die Trainingseinheit wie geplant zu Ende zu führen, kann dies ein weiterer Grund sein, die Trainingsbelastung zu reduzieren. Der Hinweis lautet erneut, auf den Körper des Sportlers zu hören und sowohl die Trainingsbelastung als auch die Erholung entsprechend zu planen.

Obwohl jeder Sportler, wie oben erwähnt, unterschiedlich auf den gleichen Trainingsreiz reagiert, kann es hilfreich sein, eine Fünf-Punkte-Skala, wie von Kuipers (11) vorgeschlagen, einzusetzen, um die Reaktion des Sportlers auf die Trainingsbelastung zu bestimmen. Ein Punktwert von eins oder zwei deutet auf eine Fortsetzung der Trainingseinheit hin, während ein Wert von drei oder höher ein Hinweis sein sollte, die Trainingsbelastung zu modifizieren. Die Skala sieht folgendermaßen aus:

1 = Der Sportler fühlt sich „stark"; alles scheint leicht zu laufen, und der Sportler hat das Gefühl, alles zu schaffen.
2 = Obwohl alles o.k. ist, führen hochintensive Belastungen zu leichter Ermüdung; mit ein wenig zusätzlicher Willenskraft ist der Sportler jedoch noch in der Lage, Leistung zu bringen.
3 = Die Beine werden etwas müde; Training mit niedriger Intensität kann noch durchgehalten werden, aber hochintensive Trainingsbelastungen werden als anstrengender empfunden als normal.
4 = Die Beine werden noch müder; es scheint keine Kraft mehr in ihnen zu stecken und selbst Training mit niedriger Intensität wird als schwer empfunden.
5 = Die Beine werden extrem müde; sie sind schwer und kraftlos; nur noch Training mit sehr geringer Intensität kann beibehalten werden.

Diese Skala ist eine grobe Darstellung der möglichen Reaktionen von Sportlern auf Trainingsreize. Sie hilft dem Sportler, seine Gefühle hinsichtlich der Trainingsbelastung zu sondieren, sollte jedoch nicht als das einzige Werkzeug zur Identifikation seiner Reaktion auf das Training verwendet werden. Zusätzliche Eintragungen im Trainingsbuch des Sportlers helfen sowohl dem Sportler als auch dem Trainer definitiv bei der Abschätzung und Bestimmung der geeigneten Belastungs- und Erholungsperioden. Im allgemeinen sollte der Sportler versuchen zu beschreiben, wie er sich vor, während und nach einer Trainingseinheit fühlt, unabhängig davon, ob die oben angeführte Skala sich mit dem deckt, was er zu berichten hat. Wenn die Skala sich mit Ihrem eigenen Empfinden deckt, verwenden Sie sie, aber betrachten Sie sie nicht als etwas, was unbedingt benutzt werden sollte.

Eine Leistungsverschlechterung ist die Variable, die Spitzensportlern im Falle eines Übertrainings die meisten Sorgen bereitet. Obwohl sie in der Lage sind, hochintensive Trainingsbelastungen über lange Zeit auszuhalten, werden sie letzten Endes doch die nachteiligen Auswirkungen der Überlastung ihres Körpers spüren. So wurde z.B. festgestellt, daß die Kraft von Judoka der Spitzenklasse im Verlauf einer Übertrainingsphase abnimmt, während ihre Kraft sich verbesserte, wenn die Gesamttrainingsbelastung am geringsten war (4). Es sollte jedoch im Gedächtnis behalten werden, daß in einer Sportart wie Taekwondo Symptome des Übertrainings auftreten können, die sich von denen, die bei eher aerob orientierten Aktivitäten beobachtet wurden, unterscheiden (siehe Tabelle II.4) (4). Darüber hinaus kann die sportspezifische Leistung, wie sie in einem Taekwondo-Kampf oder -Turnier offensichtlich ist, durch Übertraining ohne Auftreten irgendwelcher physiologischer Symptome, wie z.B. eine Abnahme der Kraft, Ausdauer oder andere Faktoren, beeinflußt werden. Die Kraft kann in einer Übertrainingssituation beeinträchtigt werden, aber dies muß nicht notwendigerweise auf andere Variablen zutreffen. Auch der umgekehrte Fall ist möglich. Psychologische Faktoren, wie z.B. ein niedriges Energieniveau und ein hohes Ausmaß an Spannung und Ermüdung zusätzlich zu einer Abnahme der Kraft und anderer physiologischer Komponenten, können zu einer deutlicheren Abnahme der Taekwondo-Leistung führen als jede der Variablen alleine.

Tabelle II.5 stellt zusammenfassend einige der Ursachen von Übertraining vor. Es ist sehr wahrscheinlich, daß keine einzige dieser Ursachen alleine zu Übertraining führt, daß jedoch eine Kombination dieser Faktoren mit hoher Wahrscheinlichkeit ein Ausbrennen bewirkt. Unabhängig von der Ursache führt Übertraining unweigerlich zu einer Leistungsminderung und zu Verletzungen. Sowohl der Trainer als auch der Sportler sollten daran denken, daß der Streß, dem der Sportler in Form wöchentlicher Trainingsbelastungen ausgesetzt wird, nicht die einzigen Streßfaktoren sind, mit denen er zu tun hat. Ein kluger Trainer wird sich über die anderen potentiellen Stressoren, denen der Sportler ausgesetzt ist, informieren und den Trainingsplan entsprechend modifizieren. Der Sportler trägt andererseits die Verantwortung, die Stressoren zu reduzieren, die er selbst kontrollieren kann. So sollte er z.B. auf ausreichenden Schlaf achten, er sollte Verletzungen vorbeugen, übermäßigen Alkoholkonsum und andere Stimulanzien vermeiden usw. Ein Sportpsychologe kann zu Rate gezogen werden, um komplexere Probleme zu lösen, wie z.B. berufsbedingten Streß, familiäre Konflikte usw.

Trainer-bezogen	**Sportler-bezogen**	**Umwelt-bezogen**
Übersehen von Erholungsperioden	Nicht ausreichender Schlaf	Übermäßige familiäre Verantwortungen
Abrupte Steigerungen der Trainingsbelastung nach Erholungsphasen	Exzessiver Nikotin-, Alkoholkonsum etc.	Frustration aufgrund von Familie, Arbeit, Freunden, Ehemann, Ehefrau etc.
Krankheit, Urlaub etc.	Schlechte Ernährung	
Den Sportler überfordernde Trainingsanforderungen	Konflikte mit sozialen Bezugspersonen, Ehepartner, Freund(in) etc.	Konflikte mit der Familie, der Ehefrau, dem Ehemann etc. hinsichtlich Taekwondo
Trainingsmonotonie	Krankheit, hohes Fieber, Allergien	Unzufriedenheit mit der Arbeit, dem Studium

Tabelle II.5: Ausgewählte Faktoren, die Übertraining hervorrufen können (erstellt auf der Basis von 6 und 11)

Es gibt eine Anzahl von Alternativen, auf die der Taekwondo-Trainer und -sportler beim Umgang mit Faktoren, die mit Burnout in Zusammenhang stehen, zurückgreifen können (1). Beide können sich mehr Wissen über den Trainingsprozeß, das Verhältnis von Belastung und Erholung und das Phänomen des Übertrainings aneignen. Wenn die trainerbezogenen Probleme überwiegen, kann es für den Sportler günstig sein, sich nach einem anderen Trainer umzusehen. Andererseits kann der Trainer allen Betroffenen gegenüber ehrlich sein und den Athleten auffordern, sich einen qualifizierteren Trainer zu suchen. Wenn die auf den Sportler oder die Umwelt bezogenen Probleme überwiegen, kann es empfehlenswert sein, daß der Sportler seine Trainings- und Wettkampfziele umdefiniert. In allen Fällen können sowohl der Trainer als auch der Sportler Hilfe von anderen suchen, wie z.B. einem Arzt oder (Sport)Psychologen.

Literaturhinweise

1. Bompa, T.O. (1983): *Theory and Methodology of Training.* Dubuque, Iowa: Kendall/Hunt Publishing Company.

2. Brooks, G.A./Fahey, T.D. (1985): *Exercise Physiology. Human Bioenergetics and Its Applications.* New York: MacMillan Publishing Company.

3. Brown, D. (1986): Stop Signs. Stress-proof Running by Learning when to Yield to Four Telltale Signals. *Runner's World*, 21, 5: 72-73.

4. Callister, R./Callister, R.J./Fleck, S.J./Dudley, G.A. (1990): Physiological and Performance Responses to Overtraining in Elite Judo Athletes. *Medicine and Science in Sport and Exercise*, 22, 6: 816-824.

5. Fox, E./Matthews, D. (1981): *The Physiological Basis of Physical Education and Athletics.* Philadelphia: Saunders College Publishing.

6. Harre, D. (Hrsg.) (1981): *Trainingslehre.* Berlin: Sportverlag.

7. Hollmann, W./Hettinger, T. (1980): *Sportmedizin, Arbeits- und Trainingsgrundlagen.* Stuttgart: F.K. Schattauer Verlag: 549-552.

8. Israel, S. (1976): Problematik des Übertrainings aus internistischer und leistungsphysiologischer Sicht. *Medizin und Sport*, 16, 1: 1-12.

9. Kereszty, A. (1971): Overtraining. In: L.A. Larson (Hrsg.): *Encyclopedia of Sport Sciences and Medicine.* New York: The MacMillan Co.: 218-222.

10. Kindermann, W. (1986): Das Übertraining - Ausdruck einer vegetativen Fehlsteuerung. *Deutsche Zeitschrift für Sportmedizin*, H. 8: 138-145.

11. Kuipers, H. (1991): *Melkzuur, Anaerobe Drempel, Tests, Optimalisering van Training.* Haarlem: De Vrieseborch.

12. Lehmann, M./Dickhuth, H.H./Gendrisch, G./Lazar, W./Thum, M./Kaminski, R./Aramendi, J.F./Peterke, E./Wieland, W./Keul, J. (1991): Training - Overtraining. A Prospective, Experimental Study with Experienced Middle- and Long-distance Runners. *International Journal of Sports Medicine*, 12, 5: 444-452.

13. Martin, D. (1979): *Grundlagen der Trainingslehre. Teil 1: Die inhaltliche Struktur des Trainingsprozesses.* Schorndorf: K. Hofmann Verlag.

14. Morgan, W.P. (1985): Selected Psychological Factors Limiting Performance: a Mental Health Model. In: D.H. Clarke/H.M. Eckert (Hrsg.):

Limits of Human Performance. The Academy Papers #18. Champaign, IL: Human Kinetics Publishers: 70-80.

15. Noble, B.J. (1986): *Physiology of Exercise and Sport.* St. Louis, etc.: Times Mirror/Mosby College Publishing.
16. Vrijens, J. (1988): *Basis Voor Verantwoord Trainen.* Gent: W. Verbessem.
17. Wilmore, J.H./Costill, D.L. (1988): *Training for Sport and Activity.* Dubuque, Iowa: Wm. C. Brown Publishers.

KAPITEL III

Periodisierung im Taekwondo

Einleitung

Periodisierung bedeutet die Unterteilung der Saison in Perioden. Auf der Basis von Vorschlägen Matvejevs (5) werden normalerweise drei Perioden unterschieden (2): die Vorbereitungsperiode (Vorsaison), die Wettkampfperiode (Hauptsaison) und die Übergangsperiode. Während der Vorbereitungsperiode liegt der Schwerpunkt auf dem allgemeinen und dem spezifischen Konditionstraining wie auch auf sportspezifischen, d.h. taekwondospezifischen Anforderungen. In der Wettkampfperiode dominieren wettkampfspezifische Trainingsinhalte. In der Übergangsperiode erholt sich der Sportler schließlich von den vorangegangenen zwei Perioden, um für die kommende Saison frisch zu sein. Das Ziel ist natürlich, zum richtigen Zeitpunkt einen Leistungshöhepunkt zu erreichen (Peaking), sei es ein- oder mehrmals pro Jahr.

Peaking

Peaking ist der Trainingszustand, in dem körperliche, technische, taktische und psychologische Faktoren so optimal zusammenfallen, daß der Athlet eine Leistung erbringt, die den Höhepunkt der Wettkampfsaison darstellt. Es ist ein Zeitpunkt, zu dem der Athlet sich blendend fühlt, alles wunderbar läuft und der Athlet sich auf der Höhe seiner Möglichkeiten befindet. So sind im Taekwondo in Abhängigkeit vom Wettkampfkalender zwei bis drei Leistungshöhepunkte pro Jahr möglich. Normalerweise versucht man, diesen Leistungshöhepunkt bei wichtigen Turnieren zu erlangen, aber der Sportler kann sich auch entscheiden, an mehr Testwettkämpfen teilzunehmen als an Wettkämpfen, bei denen er einen Leistungshöhepunkt erreichen will. Der Athlet braucht mehrere dieser weniger wichtigen Wettkämpfe, um sich auf seine Spitzenleistung speziell vorzubereiten und einzustellen. Peaking ist gekennzeichnet durch eine herausragende Gesundheit, das Fehlen von Verletzungen und eine hohe psychische Bereitschaft (hohe Motivation, Konzentration, Selbstbewußtsein) sowie durch einen guten körperlichen und physiologischen Vorbereitungszustand des Sportlers (1).

Abbildung III.1 zeigt ein Beispiel dieser drei Perioden, in die die gesamte Saison unterteilt ist, und sie zeigt auch, wann der Sportler einen Leistungshöhepunkt erreichen will. Zwischen den Leistungshöhepunkten sollte der Sportler mit reduziertem Trainingsumfang und reduzierter Trainingsintensität abtrainieren (siehe vorangegangenes Kapitel). Phasen des Abtrainierens (Tapering) vor bestimmten Test-Turnieren sind vielleicht nicht so wichtig wie die vor wichtigen Wettkämpfen. Vor einem Wettkampf zwischen zwei Schulen ist ein Tapering vielleicht unnötig. Vor einem lokalen Turnier kann eine Tapering-Phase durchaus stattfinden. Vor Mannschaftswettkämpfen oder nationalen Meisterschaften ist sie jedoch ganz bestimmt erforderlich.

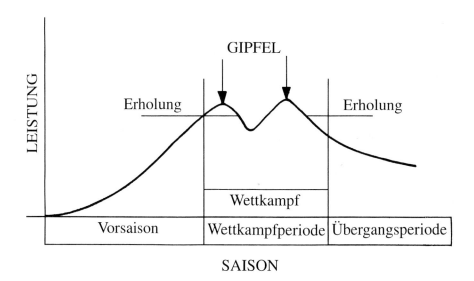

Abbildung III.1: Peaking während der Hauptsaison (Wettkampfperiode)

Bompa (1) zufolge gibt es mehrere Faktoren, die das Peaking verbessern. Peaking ist das Ergebnis eines komplexen Wechselspiels zwischen diesen Faktoren, und sie sollten in ihrem Beitrag zum Peaking nicht isoliert gesehen werden. Die folgenden Faktoren spielen eine Rolle:

Die Fähigkeit, hochintensive Belastungen zu ertragen und sich schnell zu erholen. Wenn der Sportler nicht imstande ist, hochintensive Trainingsbelastungen auszuhalten, besteht die Gefahr, daß er auch hohe Wettkampfbelastungen nicht toleriert. Wettkämpfe sind natürlich durch extrem hohe Belastungen (physischer, technischer, taktischer und psychischer Art) des Sportlers charakterisiert. Gleichermaßen beeinflußt die Erholungsfähigkeit des Sportlers nach diesen belastenden Reizen seine Peaking-Fähigkeit.

Nahezu perfekte neuromuskuläre Koordination. Hiermit ist die Fähigkeit gemeint, sowohl in technischer als auch in taktischer Hinsicht so gut wie fehlerlos zu kämpfen. Wenn der Taekwondo-Sportler z.B. nicht in der Lage ist, die Halbkreis-Fußtritte oder Dreh-Rücken-Tritte korrekt auszuführen, sind seine Chancen zu peaken entsprechend reduziert. Aber selbst wenn der Sportler diese Fertigkeiten in einem hohen Ausmaß beherrscht, wird ihn das Fehlen einer ähnlich gut entwickelten Taktik ebenfalls vom Peaking abhalten. Zu wissen, wann man einen Halbkreis-Fußtritt an Stelle einer anderen Technik anwendet, ist genauso wichtig, wie zu wissen, wie man ihn ausführt und umgekehrt.

Erreichen von Trainingswirkungen aus der Vorbereitung. Nur durch sorgfältige Planung der Belastungs- und Erholungsphasen ist der Sportler in der Lage, Trainingswirkungen zu erzielen, und kann als Ergebnis bei großen Wettkämpfen einen Leistungshöhepunkt erreichen.

Das *Tapering* vor (wichtigen) Wettkämpfen und angemessene Ruhe-Intervalle während hochintensiver Trainingseinheiten tragen wesentlich zum Peaking bei. Das Wechselverhältnis zwischen *Trainingsumfang* (Häufigkeit und Dauer), das für die *Trainingsquantität* charakteristisch ist, und der *Trainingsintensität*, die für die *Trainingsqualität* charakteristisch ist, ist in Abbildung III.2 dargestellt.

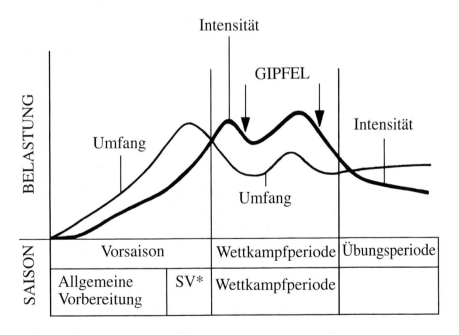

Abbildung III.2: Wechselverhältnis zwischen Trainingsumfang und Trainingsintentsität
SV* = Spezifische Vorbereitung

Wie aus Abbildung III.2 ersichtlich, steigt der Trainingsumfang im Verlauf der Vorbereitungsperiode graduierlich an, während er in der Wettkampfperiode abnimmt. Auch die Trainingsintensität nimmt während der Vorbereitungsperiode allmählich zu, aber nicht im gleichen Ausmaß wie der Trainingsumfang. Die Intensität steigt während der Wettkampfperiode deutlicher an, während der Umfang abnimmt. Vor den Wettkampfhöhepunkten nehmen sowohl Umfang als auch Intensität ab: dies ist typisch für die Tapering-Phase. Anders gesagt, steigen Trainingsumfang und Trainingsintensität nie zur gleichen Zeit in gleichem Ausmaß an: Wenn der Umfang ansteigt, nimmt die Intensität ab und umgekehrt.

Die *psychische Verfassung* des Sportlers ist ebenfalls eine Determinante des Peakings. Der Taekwondo-Kämpfer, der bereit ist, einen Wettkampfhöhepunkt zu erreichen, ist hoch motiviert, psychisch entspannt, konzentriert und voller Selbstvertrauen. Der Trainer muß eine Atmosphäre schaffen, in der der Sportler sich sicher und vertraut fühlt. Psychologische Fertigkeiten wurden geübt, und der Sportler hat den Kampf in seinem Geist mehrmals durchgespielt.

Trainiertes und ausgeruhtes Nervensystem. Wie bereits oben erwähnt, spielt das Nervensystem eine entscheidende Rolle bei der nahezu fehlerfreien Ausführung von Techniken. Taktische Pläne können nur erfolgreich sein, wenn die technische und psychologische Vorbereitung optimal ist (siehe Kapitel VIII), was dann wiederum das Peaking erleichtert. Ruhe wiederum hängt von den Erholungsperioden und dem Tapering ab. Es ist selbstverständlich, daß ein ermüdetes Nervensystem nicht in der Lage ist, die Muskeln zu erregen, die für die Ausführung von Techniken notwendig sind. Wenn der Trainer darauf besteht, das Nervensystem ohne ausreichende Ruhe durch übertrieben intensives Training eventuell sogar bis zur Erschöpfung zu belasten, wird sich die Erregbarkeit der Nerven verringern, und als Resultat wird die Leistung des Sportlers zurückgehen. Eine Störung des feinen Gleichgewichts zwischen Trainingsbelastungen und Erholung kann entweder dazu führen, daß der Sportler seinen Leistungshöhepunkt zu früh oder aber zu spät erreicht. In beiden Fällen wird der Sportler seinen Leistungshöhepunkt nicht, wie geplant, beim Hauptwettkampf erreichen, und er wird sein Potential nicht ausschöpfen.

Ein anderer Faktor, der mit dem Peaking zur richtigen Zeit in Beziehung steht, ist die Auswahl und die Anzahl der Wettkämpfe. Der Sportler kann natürlich nur begrenzt oft einen Leistungshöhepunkt erreichen. Dies bedeutet jedoch nicht, daß er nicht in anderen Turnieren kämpfen kann. Der Einfachheit halber sollte man zwischen Test- und Hauptwettkämpfen unterscheiden.

Ein Testwettkampf ist ein Wettkampf, der vom Trainer und vom Sportler geplant ist, um bestimmte, im Training erarbeitete Aspekte zu üben. So kann der Trainer z.B. während eines Kampfs zwischen zwei Mannschaften herausfinden wollen, ob eine bestimmte Technikkombination zu dem gewünschten Effekt des Punktgewinns führt. Es kann z.B. sein, daß der Taekwondo-Trainer den Dreh-Rücken-Tritt nach einer modifizierten Schrittfolge testen will. Um Verletzungen zu vermeiden, wenn keine Polsterung des Fußspanns während des Hauptwettkampfes erlaubt ist, kann der Trainer die Durchführbarkeit eines modifizierten taktischen Plans zum Punktgewinn testen usw.. Vor Testwettkämpfen sollte der Sportler auch ein Tapering durchführen, um sich im Hinblick auf die Hauptwettkämpfe daran zu gewöhnen.

Es sind die Hauptwettkämpfe, bei denen der Sportler einen Leistungshöhepunkt erreichen will. Die Anzahl und Auswahl der Test- und Hauptwettkämpfe sollten sorgfältig geplant werden, da zuviele dieser Wettkämpfe das Peaking zum richtigen Zeitpunkt zunichte machen. In einem Sport wie Taekwondo spielen Verletzungen eine wichtige Rolle bei der Entscheidung, an wie vielen Wettkämpfen man teilnehmen will. Sowohl der Trainer als auch der Turnierdirektor sollten sich bewußt sein, daß alles nur Mögliche getan wird, um eine Verletzung der Taekwondo-Sportler zu vermeiden. Der Einsatz schützender Polster ist eine Notwendigkeit (siehe Kapitel X zu Verletzungen im Taekwondo).

Der letzte Faktor, der dazu beiträgt, daß man den Leistungshöhepunkt zum richtigen Zeitpunkt erreicht, ist die *Anzahl der Leistungshöhepunkte* pro Jahr. Im Taekwondo sind zwei bis drei Leistungshöhepunkte pro Jahr nicht unmöglich. Zu viele Höhepunkte können genauso wie zu viele Wettkämpfe das Erreichen eines Leistungshöhepunktes bei entscheidenden Wettkämpfen stören und zu Erschöpfung führen. Dies impliziert, daß man während eines Testkampfes den Schwerpunkt nicht auf den Sieg legen sollte. Abbildung III.2 zeigt, daß nach einem Leistungshöhepunkt das Training sowohl hinsichtlich des Umfangs als auch der Intensität abnehmen sollte, um dem Sportler die Chance zu geben, sich von der hohen körperlichen und psychischen Belastung des Hauptwettkampfes zu erholen. Es gibt also nicht nur ein Abtrainieren vor den Hauptwettkämpfen, sondern auch nach diesen Wettkämpfen wird eine Phase des reduzierten Trainings eingeschoben. Die Gründe für eine derartige Phase sind wie folgt:

- Der Taekwondo-Sportler braucht Zeit, um sich körperlich vom Hauptwettkampf zu erholen (z.B. Ermüdung, Verletzungen);
- der Sportler braucht auch Zeit, um sich psychisch zu erholen (z.B. emotionale und motivationale Erholung);
- Zeit ist nötig, um die Leistung des Sportlers zu evaluieren (z.B. Angstniveau, erreichte technische, taktische Ziele).

Allgemeiner Plan

Vor Erstellung eines detaillierteren Jahrestrainingsplanes muß der Taekwondo-Trainer einen sogenannten allgemeinen Plan entwickeln, der das Format angibt, innerhalb dessen der Jahresplan entworfen wird (6). Die folgenden Komponenten sollten in diesem allgemeinen Plan enthalten sein (6):

1. allgemeine Ziele;
2. sportliches Profil des/der Athleten;
3. Trainingskomponenten;
4. Vorbereitungsperiode;
5. Wettkampfperiode.

Die *allgemeinen Ziele* des Trainings hängen vom Wettkampfkalender ab. Wenn wichtige Wettkämpfe, wie Europa- oder Weltmeisterschaften, auf dem Plan stehen, nehmen kleinere internationale Meetings eine sekundäre Bedeutung an. Wenn die nationalen Meisterschaften und Mannschaftswettkämpfe als entscheidende Turniere zur Auswahl der nationalen Mannschaften verwendet werden, sind Offene Meisterschaften weniger wichtig. In einigen Fällen werden die nationalen Meisterschaften nicht zur Auswahl der Nationalmannschaftsmitglieder verwendet, was bedeutet, daß der Sportler bei diesen Meisterschaften möglicherweise keinen Höhepunkt erreichen will. Im allgemeinen Plan reicht ein Hinweis aus, wann der Höhepunkt erreicht werden soll. Erwartungen hinsichtlich der Leistung des Sportlers bei diesen Höhepunkten werden im Jahresplan detailliert niedergelegt.

Das *sportliche Profil* des Athleten trägt dazu bei, Stärken und Schwächen im Gesamtzustand des Sportlers zu identifizieren. Dieses sportliche Profil gibt dem Trainer Informationen über die körperliche, technische, psychische und taktische Entwicklung. Tests und Messungen können durchgeführt werden, um diese Spezifika zu erkennen. So geben z.B. Informationen über das Kraft- und Ausdauerniveau sowie über den Motivationszustand des Sportlers dem Trainer ein Werkzeug an die Hand, um die Aspekte zu verbessern, die als defizitär empfunden werden, und um die Aspekte aufrechtzuerhalten oder sogar zu verbessern, die bereits ausreichend trainiert sind. Zusätzlich sind andere sportlerbezogene Faktoren, wie Lebensstil, familiärer Background, berufsbezogene Anforderungen etc. notwendig, um ein vollständigeres Bild des Sportlers als Einheit körperlicher, psychologischer und sozialer Aspekte zu vermitteln.

Trainingskomponenten beziehen sich auf konstituierende körperliche, technische, psychologische und taktische Teile. Auf der Basis allgemeiner Ziele und des Profils des Sportlers muß der Trainer bestimmen, woraus jede Komponente besteht. Die Fragen sind also beispielsweise: Soll dieses Mal der Schwerpunkt eher auf der anaeroben oder auf der aeroben Arbeit liegen? Benötigt der Sportler mehr Kraft in seiner hinteren Oberschenkelmuskulatur und in den Waden oder sollte dem Oberkörper mehr Aufmerksamkeit gewidmet werden? Was ist mit Entspannungsübungen? Was soll getan werden, um die Motivation des Sportlers zu verbessern? Diese und andere Fragen müssen beantwortet werden, um die vereinbarten Ziele zu erreichen.

Während der *Vorbereitungsperiode* in der Vorsaison liegt der Schwerpunkt auf der Entwicklung der allgemeinen und spezifischen Erfordernisse des Wettkampfes. Das Training ist also auf die Entwicklung der aeroben und anaeroben Ausdauer, Kraft, technischen Fertigkeit, Beweglichkeit sowie auf die mentale Vorbereitung etc. ausgerichtet. Die Gewinne aus dieser Vorbereitungsperiode kulminieren in der Wettkampfperiode, innerhalb derer der Sportler seinen Leistungshöhepunkt erreichen soll. Während dieser beiden Perioden muß die Interaktion zwischen der Trainingsbelastung und der Erholung angegeben werden, d.h., wann soll trainiert werden, wann soll abtrainiert werden, und wann sollen die Erholungsperioden stattfinden? Die Antworten auf diese Fragen wird der Jahresplan wiederum spezifisch auflisten. Die Wettkampfperiode sollte auch spezifizieren, wieviele Wettkämpfe absolviert werden sollen und ob es sich dabei um Test- oder Hauptwettkämpfe handelt.

Es gibt verschiedene Methoden, einen allgemeinen Plan zu konstruieren. So ist es z.B. möglich, eine Liste aufzustellen, wann bestimmte Ziele des Plans erreicht werden sollen. Dem in Tabelle III.1 dargestellten Plan zufolge, begann die Saison im November 1986 nach der Übergangsperiode der vorangegangenen Saison (1985 bis 1986) im Oktober 1986. Zu Beginn dieser neuen Saison (1986 bis 1987) wird das sportliche Profil ebenso bestimmt, wie auch nach der allgemeinen Vorbereitungsperiode, um die Auswirkungen dieser Konditionierungsperiode zu sehen. Wie aus Tabelle III.1 ersichtlich, wird angenommen, daß die Saison 1986 bis 1987 zwei Höhepunkte aufweist. Es ist auch möglich, etwas spezifischer zu sein und die Ziele für jede Periode oder für jede Trainingskomponente zu bestimmen (körperlich, technisch, psychisch und taktisch). So könnte der Trainer z.B. für die technische Komponente festlegen, daß die Ziele darin bestehen, einen bestimmten Tritt in einer Anzahl unterschiedlicher Situationen einzusetzen. Eine weitere Alternative ist die Spezifizierung verschiedener Aspekte des sportlichen Profils, wie z.B. die aerobe Ausdauer, Trittkraft, Muskelkraft usw. Tabelle III.1 sollte im Moment jedoch ausreichen.

Komponenten	Datum
Allgemeines Ziel:	
- Erreichen eines Höhepunktes bei Mannschaftswettkämpfen	Juli 1987
- Erreichen eines Höhepunktes bei den Weltmeisterschaften	Sept. 1987
Evaluation des sportlichen Profils	Nov. 1986
Beginn der Vorsaison	Nov. 1986
Wettkampfsaison	März 1987 bis Sept. 1987
Übergangsperiode	Okt. 1987
Jahresplan	
- Vorsaison	Nov. 1986 bis Feb. 1987
- Wettkampfsaison	März 1987 bis Sept. 1987
- Übergangsperiode	Okt. 1987

Tabelle III.1: Beispiel eines allgemeinen Plans für 1986-1987

Jahresplan

Wie oben erwähnt, ist der Jahresplan die Spezifizierung des allgemeinen Plans. Um dies zu erreichen, wird der Jahreszyklus in drei Perioden unterteilt: die Vorsaison (Vorbereitungsperiode), die Hauptsaison (Wettkampfperiode) und die Übergangsperiode (1; 6). Wenn der Taekwondo-Coach mit mehr als einem Athleten arbeitet, erhält die gesamte Gruppe einen sogenannen Gruppen-Jahresplan. Da sich darüber hinaus jeder individuelle Sportler vom anderen unterscheidet, gibt es auch individuelle Jahrespläne mit besonderen Bemerkungen und Vorschlägen für diesen speziellen Sportler (6).

Martin (4) zufolge, bedeuten diese Bemerkungen und Vorschläge auch eine Evaluation der vergangenen Saison: Leistungsaufzeichnung, starke und schwache Punkte in der Vorbereitung und Leistung des Sportlers, Motivation, sozialpsychologische Aspekte usw. Zusätzlich wird es individuell gesetzte Ziele für die gegenwärtige Saison geben, die Schritte, die zum Erreichen dieser Ziele nötig sind, Problemlösungsstrategien usw.. Unabhängig davon, ob der Jahresplan für eine ganze Gruppe oder einen einzelnen Sportler bestimmt ist, deckt er alle drei Perioden des gesamten Jahres ab.

Vorsaison (Vorbereitungsperiode)

In der Regel besteht die Vorbereitungsperiode aus zwei Phasen: einer allgemeinen Vorbereitungsphase und einer speziellen Vorbereitungsphase. Die erste Phase ist gekennzeichnet durch einen hohen Trainingsumfang, während die Trainingsintensität in der zweiten Phase allmählich gesteigert wird, was bedeutet, daß die erste Phase notwendigerweise relativ lang ist (3) (siehe auch Abbildung III.2). Es sieht so aus, als ob der Leistungsstand am Ende der ersten Phase ein guter Indikator der Leistung während der Wettkampfperiode sei. Es hat sich herausgestellt, daß eine langsame Verbesserung der Leistung während der Wettkampfperiode im Zusammenhang steht mit einer plötzlichen Intensitätssteigerung während der zweiten Vorbereitungsphase (6). Es ist dem Taekwondo-Trainer also zu raten sicherzustellen, daß die erste Vorbereitungsphase durch Umfang gekennzeichnet ist. Dies bedeutet, daß dem Sportler die Chance (d.h. Zeit) gegeben werden sollte, sein allgemeines körperliches Potential, wie z.B. Ausdauer (Kapitel IV) und Kraft (Kapitel V) zu entwickeln.

Je mehr Zeit der Sportler hat, um beispielsweise seine aerobe oder anaerobe Ausdauer zu entwickeln, desto besser wird er auf die Wettkämpfe vorbereitet sein und desto geringer wird die Gefahr sein, daß während der Phasen des reduzierten Trainings Abtrainiereffekte dominieren. Während der speziellen Vorbereitungsphase sollte das taekwondospezifische Training allmählich zunehmen. In dieser Etappe sollte z.B. die im Lauftraining gewonnene allgemeine aerobe Ausdauer mit Hilfe der vielfältigen Taekwondo-Fertigkeiten in taekwondospezifische aerobe Ausdauer umgewandelt werden. Wenn die Intensität in dieser speziellen Vorbereitungsphase plötzlich statt allmählich gesteigert wird, dauert es länger, bis sich die Leistung in der Wettkampfperiode verbessert.

Hauptsaison (Wettkampfperiode)

Die Wettkampfperiode kann mit einer Vorwettkampfphase vor Beginn der Hauptwettkämpfe eingeleitet werden. In dieser Periode wird das spezifische Training aus der zweiten Phase der Vorbereitungsperiode sogar noch spezifischer. Es werden jetzt tatsächliche Wettkampffertigkeiten geübt. Nehmen wir z.B. an, daß während der zweiten Vorbereitungsphase Schritte und eine Vielfalt von Techniken geübt wurden. In der Vorwettkampfphase der Wettkampfperiode werden diese Schritte und Techniken dann der Reihe nach in Wettkampfsituationen mit einem Trainingspartner integriert. Tatsächliche Kampfsituationen werden simuliert, einschließlich taktischer und psychologischer Fertigkeiten. Diese Vorwettkampfphase kann ihren Höhepunkt in Testwettkämpfen finden, die typischerweise den Beginn der Wettkampfperiode markieren.

Der Trainer kann sich für einen oder zwei Wettkampfhöhepunkte in der Saison entscheiden. Sieht die ganze Saison so aus wie in Abbildung III.1 dargestellt, handelt es sich um eine doppelt-zyklische Saison (1). In Abhängigkeit davon, wie eng beieinander die beiden Höhepunkte liegen, kann unmittelbar nach dem ersten Leistungshöhepunkt eine sehr kurze Übergangsphase eingeschaltet werden. Diese Übergangsphase kann bis zu einer Woche lang sein, sie ist wahrscheinlich jedoch nicht länger. Danach leitet eine kurze Vorbereitungsphase in die zweite Vorwettkampfphase über mit ihren Testwettkämpfen vor dem zweiten Leistungsgipfel (1).

In einem doppelt-zyklischen Plan sollte der zweite Leistungsgipfel höher als der erste sein (1). Die wichtigsten Wettkämpfe finden in der zweiten Wettkampfphase statt. So kann der erste Leistungsgipfel z.B. während internationaler Turniere, den sogenannten Offenen Meisterschaften, liegen. Der zweite Leistungsgipfel kann sich auf die Mannschaftswettkämpfe und die Kontinentalen Meisterschaften (Afrika-, Europa-, Panamerikanischen) oder Weltmeisterschaften beziehen mit einem Übergangswettkampf vor der Übergangsperiode, z.B. in Form der nationalen Meisterschaften. Es sollte klar sein, daß vor diesen Hauptwettkämpfen eine Phase des reduzierten Trainings (Tapering), wie oben diskutiert, durchgeführt werden sollte. Unabhängig von der Anzahl der Leistungsgipfel wird vor dem Leistungshöhepunkt das taktische und psychologische Training wichtiger. Dies bedeutet, daß mehr Trainingszeit taktischen und psychologischen Gesichtspunkten gewidmet wird. So liegt z.B. die Betonung mehr darauf, wie ein Angriff mit einem Schritt oder Tritt aufgebaut wird oder wie man zwischen einer offensiven und einer defensiven Kampfweise abwechselt. Gleichermaßen werden psychologische Aspekte, wie die Entspannung vor dem Wettkampf und der Einsatz des mentalen Trainings zum Aufbau eines taktischen Defensivmanövers, stärker betont. Ein Beispiel für einen Jahresplan findet sich weiter unten nach einer Diskussion der Makro- und Mikrozyklen, aus denen sich der Jahresplan zusammensetzt.

Übergangsperiode

Die Übergangsperiode ist eine Periode, in der man sich von der körperlichen und psychischen Belastung der Vor- und Hauptsaison erholt. Sie sollte möglichst nicht länger als fünf Wochen dauern (1). Die beste Methode, diese Zeit zu verbringen, ist das Ausüben von Aktivitäten, die keinen Bezug zu Taekwondo aufweisen. Es wird vermutet, daß eine aktive Regenerationsperiode den Abtrainiereffekt reduziert, so daß die in der Vor- und Hauptsaison antrainierte Form nicht allzusehr abfällt (6). So wurde nachgewiesen, daß Sportler, die ihre körperliche Kondition das ganze Jahr über aufrechterhalten, erfolgreicher waren und ihren Sport länger ausübten als diejenigen, die ihre Kondition nicht beibehielten (7).

Die Übergangsperiode sollte Spaß und Freude machen. Der Taekwondo-Sportler sollte bevorzugt Aktivitäten ausüben, die nicht zu seinem normalen Trainingsprogramm gehören. Wenn man z.B. seine aerobe Ausdauer in der Vorbereitungsperiode mit Radfahren trainiert, sollte man in der Übergangsperiode statt dessen laufen oder umgekehrt. Ballspiele, Rückschlagspiele und andere Spiele sind ideale Trainingsinhalte für die Übergangsperiode. Es ist sogar anzuraten, während dieser Zeit einige Wettkämpfe zu absolvieren (7). Wenn der Sportler gerne Badminton, Tischtennis oder Strand-Volleyball spielt, könnte er seinen Konditionszustand und seine Motivation durch Wettkämpfe in einer eher entspannten Atmosphäre, d.h. abseits von Taekwondo-Wettkämpfen, aufrechterhalten.

Wozu auch immer man sich entscheidet, es ist angeraten, die gleichen körperlichen Konditionsaspekte zu beachten, die man im Taekwondo-Training und -Wettkampf braucht: aerobe und anaerobe Ausdauer, Kraft, Kraftausdauer und Beweglichkeit. Da reduziertes Training einen nachteiligen Effekt auf das Körperfett hat, weil es während Perioden weniger anstrengender Aktivität zunimmt, ist es empfehlenswert, sich ernährungsmäßig gut beraten zu lassen, so daß das Körperfett des Sportlers allenfalls minimal zunimmt.

Makrozyklus

Ein Makrozyklus umfaßt normalerweise mehrere Wochen und manchmal, je nach individueller Situation, sogar einige Monate. Für den hier dargelegten Zweck ist es nicht unvernünftig, Makrozyklen von mehreren Wochen zu planen. Ein Makrozyklus sollte nicht nur progressiv sein (1; 6), sondern er bestimmt auch den proportionalen Beitrag jeder Tainingskomponente zur Gesamttrainingsbelastung (6). Im Makrozyklus wird also spezifisch ausgedrückt, wieviel Zeit der Taekwondo-Sportler auf jede Trainingskomponente der körperlichen, technischen, psychologischen und taktischen Vorbereitung verwendet. So kann z.B. der dem im Taekwondo entscheidenden Techniktraining gewidmete Makrozyklus 12 Wochen lang sein, während die Ausdauer-Makrozyklen sechs Wochen umfassen können. Während der Wettkampfperiode werden normalerweise am Ende jedes Makrozyklus Wettkämpfe eingeplant, um die Wirkungen des jeweiligen Makrozyklus zu überprüfen. Es ist auch möglich, die Athleten am Ende der Makrozyklen der Vorbereitungsperiode zu überprüfen. Dies wäre jedoch im wesentlichen eine Kontrolle (eines Teils) des sportlichen Profils, das bereits zu Beginn der Vorbereitungsperiode bestimmt wurde.

Ein Makrozyklus besteht aus mehreren Mikrozyklen, bei denen das Wechselverhältnis zwischen Belastung und Erholung eine entscheidende

Rolle spielt. Es wird empfohlen, die Trainingsbelastung während der ersten fünf Mikrozyklen des Makrozyklus zu steigern und das Training während des letzten Mikrozyklus zu reduzieren, an dessen Ende der Taekwondo-Sportler einen Wettkampf absolvieren könnte. Ein Beispiel für einen Makrozyklus ist in Tabelle III.2 dargestellt. In diesem Falle handelt es sich um einen Ausdauer-Makrozyklus während der Vorbereitungsperiode.

In Tabelle III.2 wird ein Makrozyklus für Fortgeschrittene dargestellt. Wenn der Sportler sich in der Entwicklungsphase seiner Karriere befindet, kann ein grundlegenderes Programm mit einem allmählicheren Anstieg der Intensität vorteilhafter sein. In diesem Fall kann der Makrozyklus 12 statt sechs Wochen dauern. In einem aus sechs Wochen bestehenden Makrozyklus wird die Intensität notwendigerweise höher sein als in einem 12 Wochen umfassenden Makrozyklus. Tabelle III.3 zeigt einen Makrozyklus mit einem 12wöchigen Programm.

Es gibt verschiedene Methoden der Manipulation der Interaktion zwischen der Trainingsbelastung und der Erholung während eines Makrozyklus. Eine Möglichkeit ist das allmähliche Steigern der Trainingsbelastung, so daß am Ende des Zyklus die höchste Belastung erreicht wird. Eine andere Möglichkeit wäre das Steigern der Belastung zu Beginn, eine darauf folgende leichte Reduktion und schließlich eine erneute Steigerung. In Abhängigkeit von den Zielen der Makrozyklen kann der Trainer mit einer Vielzahl von Möglichkeiten arbeiten.

Aktivität	**Zeit**
Ziele	
- Verbesserung der allgemeinen aeroben Ausdauer	
- Verbesserung der allgemeinen anaeroben Ausdauer	
Aerobe Ausdauer	1. bis 3. Woche
*Dauerlauf: 15 min	1. Woche + Teil der 2. Woche
*Dauerlauf: 20 min	Teil der 2. Woche + 3. Woche
Anaerobe Ausdauer	4. bis 6. Woche
*Intervalltraining	
200 m (5x); 100 (4x)	4. Woche
300 m (4x); 200 (2x)	5. Woche
400 m (4x); 300 (1x)	6. Woche
Ausdauertest	Ende der 6. Woche
*Aerob	Ein Tag
*Anaerob	Nächster Tag

Tabelle III.2: Beispiel eines Ausdauer-Makrozyklus in der Vorbereitungsperiode

Aktivität	Zeit
Ziele	
- Verbesserung der allgemeinen aeroben Ausdauer	
- Verbesserung der allgemeinen anaeroben Ausdauer	
Aerobe Ausdauer	1. bis 3. Woche
*Dauerlauf: 15 min	1. und 2. Woche
*Dauerlauf: 20 min	3. und 4. Woche
*Dauerlauf: 25 min	5. und 6. Woche
Aerober Ausdauertest	Ende der 6. Woche
Anaerobe Ausdauer	7. bis 12. Woche
*Intervalltraining:	
200 m (3x); 100 (3x)	7. und 8. Woche
300 m (3x); 200 (2x)	9. und 10. Woche
400 m (3x); 300 (1x)	11. und 12. Woche
Anaerober Ausdauertest	Ende der 12. Woche

Tabelle III.3: Beispiel eines Ausdauer-Makrozyklus in der Vorbereitungsperiode: 12-Wochen-Programm

Mikrozyklus

Der Mikrozyklus ist die kleinste Einheit innerhalb eines Trainingsplans. Er dauert normalerweise eine Woche, kann jedoch auch nur wenige Tage umfassen. Ein dem Abtrainieren gewidmeter Mikrozyklus ist relativ kurz, z.B. fünf oder zehn Tage. Ein Technik-Mikrozyklus andererseits kann zehn Tage bis drei Wochen umfassen. Je nach Zielsetzung kann ein Mikrozyklus also eine bis drei Wochen umfassen (2). In Mikrozyklen sind abwechselnde Trainings- und Erholungszeiten besonders wichtig. Auf Grundlage der Interaktion zwischen Arbeit und Ruhe in den Mikrozyklen wird die Trainingsbelastung des Makrozyklus bestimmt und damit auch die des Jahresplans.

Umfang und Intensität des Trainings können nicht gleichermaßen und gleichzeitig in einem Mikrozyklus und über eine Anzahl von Mikrozyklen gesteigert werden. So kann der Trainer z.B. in Abhängigkeit von der spezifischen Situation des Sportlers den Trainingsumfang steigern wollen, um die aerobe Ausdauer auszubilden. Wenn das Trainingsziel z.B. darin besteht, die anaerobe Ausdauer auszubilden, wird die Intensität des Trainings wichtiger bei einer gleichzeitigen Reduzierung des Umfangs.

Jede Trainingseinheit innerhalb eines Mikrozyklus ist ebenfalls durch alternierende Belastungen gekennzeichnet. Eine typische Trainingseinheit beginnt stets mit einem Aufwärmen und endet mit einem Abwärmen. Der

Hauptteil der Trainingseinheit ist durch Intensitäten gekennzeichnet, die zwischen hoch (z.B. 90 bis 100% der HF_{max}) über mittelmäßig (80 bis 90% der HF_{max}) bis niedrig (70 bis 80% der HF_{max}) variieren. Es ist weder aus physiologischer noch aus psychologischer Sicht anzuraten, eine hochintensive Trainingseinheit auszudehnen, da der Sportler ermüdet und als Ergebnis kaum ein Lern- oder Trainingseffekt eintritt. Zusätzlich wird der Sportler auch seine psychische Konzentration und Motivation verlieren. Technik- und Schnelligkeitstraining werden immer zu Beginn der Trainingseinheit absolviert, während Aktivitäten, die in stärkerem Ausmaß die muskuläre Ausdauer ansprechen, danach durchgeführt werden. So ist z.B. eine Trainingseinheit, deren Ziel darin besteht, die anaerobe Ausdauer des Sportlers mit Hilfe von Intervalltraining zu entwickeln, ausgesprochen intensiv. Wenn dem Sportler hier weder innerhalb einer Einheit noch im Verlauf mehrerer derartiger Trainingseinheiten ausreichende Erholung gewährt wird, kann es bald zu einem Burnout kommen.

Was die Intensität angeht, kann ein Mikrozyklus einen, zwei oder drei Gipfel mit Tagen niedriger Intensität aufweisen (1). Je nach den individuellen Umständen gibt es verschiedene Möglichkeiten. Zwei Beispiele sind in Abbildung III.3, mit einem Gipfel, und in Abbildung III.4 mit zwei Gipfeln dargestellt. Wenn der Sportler bis zu seiner maximalen Leistungsfähigkeit belastet wird, sollten nicht mehr als zwei Gipfel innerhalb eines Mikrozyklus geplant werden.

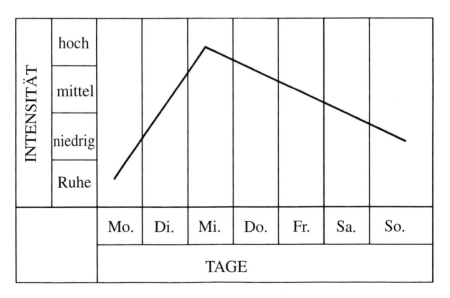

Abbildung III.3: Mikrozyklus mit einem Gipfel

Bompa (1) stellt auch fest, daß es sinnvoll ist, innerhalb eines Mikrozyklus Belastungshöhepunkte an zwei aufeinanderfolgenden Tagen zu planen, wenn das Ziel darin besteht, die Wettkampftage zu imitieren. Wenn dies nicht der Fall ist, kann der Trainer die Belastungshöhepunkte auseinanderziehen, um dem Sportler eine ausreichende Erholung zu gewähren. In einem dem Abtrainieren gewidmeten Mikrozyklus sind die Belastungsintensitäten natürlich viel geringer und die Erholungstage zahlreicher. Da sich die individuellen Umstände relativ schnell verändern können (z.B. aufgrund von Verletzungen oder Krankheit etc.), ist es ratsam, höchstens zwei Mikrozyklen gleichzeitig zu planen.

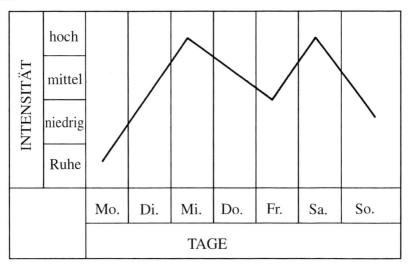

Abbildung III.4: Mikrozyklus mit zwei Gipfeln

Tabelle III.4 zeigt das Beispiel eines Mikrozyklus aus der Vorbereitungsperiode. In diesem Fall wird die Intensität durch Steigerung des Prozentsatzes der HF_{max} gesteigert. Es wird von einer Trainingseinheit pro Tag ausgegangen. Es ist natürlich in Abhängigkeit vom individuellen Fall sehr wohl möglich, mehr als eine Trainingseinheit pro Tag zu planen. Wenn der Taekwondo-Sportler mehr als eine Trainingseinheit pro Tag absolviert, ist es extrem wichtig, daß er zwischen Belastungs- und Erholungsperioden wechselt. Es ist selbstverständlich, daß die Gefahr des Übertrainings mit der Anzahl der absolvierten Trainingseinheiten zunimmt. Neben der Planung des Mikrozyklus sollte der Taekwondo-Trainer auch jede Trainingseinheit planen. Ein Beispiel hierfür findet sich in Tabelle III.5. Vor und nach jedem Mikrozyklus sollte sich der Trainer mit dem/den Sportler/n treffen, um den Plan vorzustellen und - am Ende des Mikrozyklus - um den Mikrozyklus zu evaluieren und um vom Trainierenden ein Feedback zu erhalten.

In Tabelle III.4 kann Laufen mit höherer Intensität auch bedeuten, schneller zu laufen oder mit einem höheren Prozentsatz der HF$_{max}$ zu laufen. Die Intensität der Kraftkomponente wird durch Steigern der Gewichte manipuliert. Eine andere Methode der Steigerung der Intensität im Krafttraining ist das Verkürzen der Ruheperioden (siehe Kapitel V).

Ziele
- Arbeit an der allgemeinen Schnelligkeit und anaeroben Ausdauer
- Verbesserung des Seittritts und -stoßes
- Leistungsgipfel am Donnerstag und Samstag

Intensitäten
- Montag: Ruhe.
- Dienstag und Freitag: mittlere Intensität (80 bis 90% der HF$_{max}$ beim Laufen).
- Mittwoch und Samstag: niedrige Intensität (70 bis 80% der HF$_{max}$ beim Techniktraining).
- Donnerstag und Sonntag: hohe Intensität (90 bis 100% der HF$_{max}$ beim Laufen).

Dienstag und Freitag	**Mittwoch und Samstag**

Sprints:
    5 x 20 m
    3 x 30 m
Intervall:
    5 x 100 m
    5 x 200 m
Kraft: 3 Sätze/8 Wiederholungen
	Techniktraining: 1 Std.
	Besonders achten auf:
	  - Stoßen
	  - Seittritt
	  - Konzentration
	Basketballspiel: 30 Minuten

Donnerstag und Sonntag	**Montag**

Sprints:
    5 x 20 m
    3 x 30 m
Intervall:
    5 x 100 m
    5 x 200 m
Kraft: 3 Sätze/5 Wiederholungen
    - höhere Gewichte
	Ruhe

Tabelle III.4: Beispiel eines Mikrozyklus in der Vorbereitungsperiode

Dienstag

Sprints - mittlere Intensität
Intervalltraining - mittlere Intensität
Krafttraining - mittlere Intensität

Belastungsintervall bei Sprints: 85% der maximalen Schnelligkeit

Ruhe-Intervall zwischen den Sprints:
mindestens 5 Minuten im Falle von 20 m-Sprints und 10 Minuten im Falle von 30 m-Sprints

Belastungsintervall beim anaeroben Training:
- bei sowohl 100 als auch 200 m: 80% der HFmax

Ruhe-Intervall zwischen den anaeroben Belastungen:
- bei 100m-Läufen: 2 Minuten
- bei 200m-Läufen: 3:30 Minuten

Mittwoch

Taekwondospezifisches Techniktraining: niedrige Intensität
Problembereiche:
- Schultermuskeln während des Stoßes (zu gespannt)
- Oberkörper während des Stoßens
- Weg des Stoßarms
- Standbein während des Seittritts
- Höhe des Knies des Tretbeins zu Beginn der Bewegung

Zu trainierende Techniken:
- Stoß
- Seittritt
- Abwehrmanöver mit den Armen
- Angriff mit Armen/Händen
- alle anderen Tritte

Zur Konzentration:
- Konzentration während des Techniktrainings
- Formen

Basketballspiel: 30 Minuten

Tabelle III.5: Beispiel von zwei Trainingseinheiten in einem Mikrozyklus

Schnelligkeitstraining, unabhängig von seiner Intensität, wird stets so ausgeführt, daß mit maximaler Schnelligkeit absolvierte Techniken durch Perioden völliger Ruhe unterbrochen werden. Schnelligkeitstraining, gleichgültig ob allgemein oder taekwondospezifisch, belastet das Zentralnervensystem (ZNS), das ohne völlige Erholung ermüdet, wodurch optimale Trainingseffekte verhindert werden. Allgemeine Schnelligkeit ist Schnelligkeit, die von Taekwondo-Techniken unabhängig ist, wie z.B. 20 m- oder 30 m-Sprints. Taekwondospezifische Schnelligkeit bedeutet, Taekwondo-Techniken so schnell wie möglich durchzuführen. Natürlich bezieht sich Schnelligkeitstraining auch auf die konditionelle Vorbereitung des Sportlers, wie z.B. Ausdauer und Kraft. Je kräftiger der Sportler oder je besser seine Ausdauer ist, desto mehr Schnelligkeitsarbeit wird er leisten können. Als Ergebnis ist auch die Intensität des Schnelligkeitstrainings auf die konditionelle Vorbereitung des Sportlers bezogen. Je besser z.B. die Ausdauer des Sportlers ist, desto kürzer können die Erholungspausen und desto höher wird die resultierende Intensität der Schnelligkeitseinheit sein.

Erstellen eines Jahresplans

Obwohl der Jahresplan oben besprochen wurde, wurde das Erstellen eines derartigen Plans bis jetzt zurückgestellt, weil zunächst einige Konzepte behandelt werden mußten, wie z.B. Periodisierung, Makro- und Mikrozyklen. Nachdem dies erledigt wurde, ist jetzt das Erstellen eines Jahresplans möglich.

Das Erstellen des Jahresplans ist Ausdruck des Wissens des Trainers über den Trainingsprozeß im allgemeinen, seiner Kreativität, seiner Erfahrung sowie seines Wissens im Bereich der spezifischen Sportart, d.h. im Taekwondo. Die komplexen Wechselbeziehungen zwischen Belastung, Erholung, den Trainingskomponenten, den Trainingsprinzipien, den Determinanten des Erfolgs im Taekwondo usw. müssen alle beim Erstellen des Jahresplans berücksichtigt werden. Der Jahresplan wird sich im Verlauf der Zeit natürlich ändern, da der Trainer an Erfahrung und praktischem wie theoretischem Wissen im Bereich des Taekwondo gewinnt. Tatsächlich wird der Jahresplan um so ausgeklügelter werden, je besser das Wissen des Trainers im Bereich des Taekwondo ist und je besser die wissenschaftliche Entwicklung in diesem Bereich ist. Obwohl jeder Trainer bei der Planung des Jahreszyklus frei ist, können einige Richtlinien hilfreich sein. Die folgenden Eintragungen können in einem Jahresplan enthalten sein (1).

Einleitung. Dieser Teil sollte über die Dauer des Plans sowie über einige demographische Daten des Sportlers, wie z.B. Name (wenn er mehr als einen Sportler trainiert), Geschlecht, Alter, Körpergröße und -gewicht, Körperfett, Familienstand, Bildung, Kinder/keine Kinder etc. informieren.

Retrospektive Analyse. Dieser Abschnitt bezieht sich auf die Leistungen des Sportlers in der vorausgegangenen Saison in allen Trainingskomponenten vor dem Hintergrund der für diese Saison festgelegten Ziele und natürlich vor dem Hintergrund der Ziele für die kommende Saison. Die Basis der Evaluation ist die bei verschiedenen Wettkämpfen sowie bei in der vergangenen Saison absolvierten Tests gewonnene Information. Was die konditionelle Komponente angeht, sollte der Trainer die Ausdauer, Kraft, Beweglichkeit und Koordination des Sportlers während der Vor- und Hauptsaison evaluieren. Es ist z.B. denkbar, daß der Sportler im Verlauf der Vorbereitungsperiode hohe Ausdauerwerte erzielte, daß seine Ausdauerleistungen in der Wettkampfperiode jedoch nicht gut waren.

Die Analyse der technischen Komponente des Trainings konzentriert sich auf die Ausführung verschiedener Taekwondo-Fertigkeiten wie auch auf die Angemessenheit des Einsatzes verschiedener Techniken im Wettkampf. Die Evaluation des taktischen Trainings bezieht sich auf den Einsatz taktischer Manöver während des Wettkampfs, ihre Angemessenheit und ihren Beherrschungsgrad. Gleichermaßen sollte der Trainer die psychologische Vorbereitung des Sportlers in Form seines Wettkampferfolgs bestimmen. Auf Basis dieser Evaluation wird der Trainer sich entscheiden, ob er bestimmte Aspekte des Trainings des Sportlers beibehält oder eliminiert. Teil dieser retrospektiven Analyse ist die Zusammenarbeit mit anderen Spezialisten, wie z.B. Sportpsychologen, Ärzten, Ernährungswissenschaftlern etc., unter Berücksichtigung der vergangenen und zukünftigen Leistung des Taekwondo-Sportlers. Diese ziemlich umfassende Evaluation dient der Definition der Ziele der kommenden Saison und der Prognose des zukünftigen Fortschritts und der zu erwartenden Leistungsentwicklung.

Voraussage der Leistung. Eine Fähigkeit, über die ein guter Taekwondo-Trainer verfügen muß, ist die Voraussage der zukünftigen Leistung und des Fortschritts des Sportlers. Die Prognose basiert auf Informationen aus zahlreichen Quellen: die Erfahrung des Trainers, seine wissenschaftlichen Kenntnisse, seine Einschätzung des Sportlerprofils, die Leistung des Sportlers im Wettkampf und Training, Gespräche mit dem Sportler etc. Natürlich ist es in einer subjektiven Sportart wie Taekwondo sehr schwierig abzuschätzen, wie der Sportler in zukünftigen Wettkämpfen abschneiden wird. Ein guter Trainer wird jedoch alle Unbekannten in Erwägung ziehen. Die Voraussage der Leistung wird dem Trainer bei der Erstellung des Jahresplans auf progressive Weise helfen. Wenn das langfristige Ziel z.B. darin besteht, die Weltmeisterschaft zu gewinnen, muß der Trainer abschätzen, wie lange es dauern wird, dieses Ziel zu erreichen. Auf der Basis der in jedem Jahr prognostizierten Leistung des Sportlers wird der Trainer in der Lage sein, einen Vierjahresplan oder einen Plan über den Zeitraum zu erstellen, den das Erreichen dieses Ziels seiner Meinung nach in Anspruch nehmen wird.

Ziele. Je nach retrospektiver Analyse und Leistungsprognose wird der Trainer realistische Ziele für die nächste Saison setzen. Um diese Ziele zu definieren, wird er neben dem Wettkampfkalender des kommenden Jahres auch die Entwicklungsrate des Sportlers berücksichtigen. Die Stärken und Schwächen des Sportlers in den verschiedenen Trainingskomponenten werden sicherlich bei der Festlegung der Ziele eine Rolle spielen. So wird z.B. eine Antwort auf die Frage „Ist die psychologische oder technische Vorbereitung des Sportlers ein leistungslimitierender Faktor?" dem Trainer bei der Bestimmung eines Ziels des Jahresplans helfen.

Wettkampfkalender. Obwohl der Trainer die Hauptperson bei der Festsetzung des Wettkampfkalenders ist, erleichtert das Mitspracherecht des Sportlers in diesem Punkt die Interaktion zwischen Trainer und Sportler, vor allem dann, wenn der Trainer Spitzensportler trainiert. Es ist ratsam, daß der Trainer der Hauptentscheidungsträger ist, wenn die Sportler über wenig Wettkampferfahrung verfügen. Der Trainer sollte wissen, wann die Test- und Hauptwettkämpfe einzuplanen sind und wieviele dieser Wettkämpfe der Sportler absolvieren sollte. Auf der Basis des Wettkampfkalenders wird die Periodisierung des Jahresplans erfolgen, so daß später keine Wettkampfumstellungen mehr erlaubt sind. Der Trainer sollte sich bewußt sein, daß keine anspruchsvollen Wettkämpfe vor dem Hauptwettkampf einzuplanen sind und daß die Hauptwettkämpfe auch nicht für einen Zeitraum vorzusehen sind, in dem studierende Sportler ihre Prüfungen zu erledigen haben.

Testen/Evaluation. Es ist wichtig, daß der Trainer über den sportlichen Leistungszustand seiner Athleten informiert ist. Dies bedeutet, daß der Sportler sich vor der neuen Vorbereitungsperiode oder am Ende der vorangegangenen Übergangsperiode und vor Erstellen des Jahrestrainingsplans einem Test unterziehen muß. Im Verlauf der neuen Saison sollte der Trainer eine Anzahl zusätzlicher Tests planen, um die Wirkungen des Trainingsprogramms zu bestimmen. Diese Tests sollten bevorzugt während der Vorbereitungsperiode stattfinden. Eine Ausnahme sind psychologische Tests, wie z.B. das Messen der Angst oder des Übertrainings, die sogar noch einen Tag vor dem Wettkampf durchgeführt werden können. Tests während der Wettkampfperiode sind normalerweise die Wettkämpfe, an denen der Sportler teilnimmt.

Die Ergebnisse der Tests, seien es Labortests, Feldtests oder Wettkämpfe, geben Information darüber, wie gut sich der Sportler an das Training angepaßt hat und ob Veränderungen des Trainings notwendig sind. Die Evaluation von Wettkämpfen sollte stets unmittelbar nach Turnierende erfolgen. Andererseits können die Evaluation und Modifikation der Ziele zu jeder Zeit innerhalb des Trainingsprogramms erfolgen. In Abhängigkeit von den gewählten Tests wird der Trainer mit Sportwissenschaftlern oder anderen Spezialisten zusammenarbeiten wollen, um das Beste aus den Testergebnissen herauszuholen. Tabelle III.6 und Abbildung III.5 stellen einen hypothetischen Jahresplan für einen Taekwondo-Sportler dar.

Literaturhinweise

1. Bompa, T.O. (1983): *Theory and Methodology of Training*. Dubuque, Iowa: Kendall/Hunt Publishing Company.

2. Bosboom, H./Brouns, F./Heere, L.P./Keizer, H.A./Swinkels, J./Verstappen, F. (1985): Algemene Uitgangspunten. In: F. Verstappen (Hrsg.): *Training, Prestatie en Gezondheid in de Sport*. Utrecht: Wetenschappelijke Uitgeverij Bunge.

3. Harre, D. (Hrsg.) (1981): *Trainingslehre*. Berlin: Sportverlag.

4. Martin, D. (1980): Grundlagen der Trainingslehre. Teil 2: *Die Planung, Gestaltung, Steuerung des Trainings und das Kinder- und Jugendtraining*. Schorndorf: Hofmann Verlag.

5. Matvejev, L.P. (1972): *Periodisierung des sportlichen Trainings*. Berlin: Bartels und Wernitz.

6. Vrijens, J. (1988): *Basis Voor Verantwoord Trainen*. Gent: W. Verbessem.

7. Wilmore, J.H./Costill, D.L. (1988): *Training for Sport and Activity*. Dubuque, Iowa: Wm. C. Brown Publishers.

Jahresplan für den Zeitraum vom 1. Juli 1992 bis zum 13. Juni 1993

EINLEITUNG
Geschlecht: weiblich   Alter: 25 Jahre
Körperhöhe: 165 cm   Gewicht: 55 kg
Körperfett: 38 mm (Summe der Hautfalten)
Familienstand: verheiratet, keine Kinder   Beruf: Oberschullehrerin

RETROSPEKTIVE ANALYSE

Wettkampfleistung	Geplant	Erreicht
- *Hauptwettkampf 1*	3. Platz	1. Platz
*Konzentration	gut	optimal
*Selbstvertrauen	optimal	optimal
*Motivation	optimal	optimal
*Angst	optimal	optimal
- *Hauptwettkampf 2*	3. Platz	1. Runde verloren
*Konzentration	gut	mittelmäßig
*Selbstvertrauen	optimal	gering
*Motivation	optimal	optimal
*Angst	niedrig	hoch

Tests
Ausdauer
Aerobe Ausdauer: 50 ml/kg/min.
Anaerobe Ausdauer (Spitzenwert): 705 W
Anaerobe Ausdauer (Leistungsabfall): 25%

Kraft
Verhältnis hintere Oberschenkelmuskulatur/Quadriceps (rechtes Bein): 80% ($300°$/sec)
Verhältnis hintere Oberschenkelmuskulatur/Quadriceps (linkes Bein): 85% ($300°$/sec)

Psychologische Tests
Zwei von den drei absolvierten Tests sind zeitabhängige Tests, d.h., die Ergebnisse hängen von der Zeit ab, in der die Tests absolviert werden. Folglich wird hier nur das Ergebnis eines Tests dargestellt. Die anderen beiden Tests werden auf einer periodischen Grundlage vor dem Beginn des Wettkampfs absolviert (eine Woche, einen Tag und eine Stunde vor dem Wettkampf).

Eigenschaftsangst: 27

Tabelle III.6: Beispiel eines Jahresplans für eine Taekwondo-Sportlerin

Tabelle III.6: Beispiel eines Jahresplans für eine Taekwondo-Sportlerin (Fortsetzung)

RETROSPEKTIVE ANALYSE (Fortsetzung)

Tests (Fortsetzung)
Schnelligkeit (Meter/Sekunden)

Umgekehrter Fauststoß	rechts: 9 m/s	links: 10 m/s
Seittritt	rechts: 6 m/s	links: 8 m/s
Halbkreis-Fußtritt	rechts: 12 m/s	links: 14 m/s
Dreh-Rücken-Tritt	rechts: 7 m/s	links: 8 m/s

Kraft (Newton)

Umgekehrter Fauststoß	rechts: 1020 N	links: 1167 N
Seittritt	rechts: 1186 N	links: 1298 N
Halbkreis-Fußtritt	rechts: 1206 N	links: 1216 N
Dreh-Rücken-Tritt	rechts: 1670 N	links: 1746 N

Körperliche Vorbereitung
- Aerobe Ausdauer: hervorragend   - Anaerobe Ausdauer: gut
- Verhältnis hintere Oberschenkelmuskulatur/Quadriceps:
   hintere Oberschenkelmuskulatur muß kräftiger werden

Technische Vorbereitung
- Halbkreis-Fußtritt und Dreh-Rücken-Tritt: beide Seiten hervorragend
- Stöße: beide Seiten hervorragend
- Linksseitiger Tritt: gut; am Timing muß noch gearbeitet werden
- Rechtsseitiger Tritt: gut; am Timing, an der Schnelligkeit und der Kraft muß noch gearbeitet werden
- Axttritte: gut; an der Schnelligkeit muß noch gearbeitet werden, entspannter
- Stoß- und Dreh-Hakentritte: beide Seiten hervorragend
- Beweglichkeit, Gleichgewicht und Koordination: hervorragend
- Beweglichkeit: mittelmäßig
- Raumorientierung: gut; bessere Feinabstimmung
- Offensive: alle Techniken gut
- Defensive: am Seittritt, den Stoßtritten und den Blöcken (beidseitig) muß noch gearbeitet werden

Taktische Vorbereitung
- Offensive
   *Schritte: beide Seiten hervorragend
   *Tritte: Seittritt - schneller; Axttritt - schneller; alle anderen Tritte hervorragend
   *Stoß: beide Seiten hervorragend

Tabelle III.6: Beispiel eines Jahresplans für eine Taekwondo-Sportlerin (Fortsetzung)

Taktische Vorbereitung
- Defensive
    *Schritte: beide Seiten hervorragend
    *Tritte: Seittritt - schwach; Axttritt & Stoßtritte - schneller; andere Tritte hervorragend
    *Stoß: beide Seiten hervorragend
- Abwechselnd Angriff und Verteidigung: weitere Verfeinerung
- Distanzieren: beide Seiten hervorragend

Psychologische Vorbereitung
- Konzentration: wird besser
- Selbstvertrauen: noch immer schwach
- Motivation: hervorragend
- Unterstützende Gruppe: schwach; großer Einfluß; viel Arbeit ist nötig
- Angst: zu hoch

***Ernährungsvorbereitung*:** hervorragend

Verletzungen: übertrainiert; lange Verletzungsperioden

ZIELE

Wettkampfleistung
-Erster Höhepunkt: Oktober - Dezember 1992
    *Turnier 1 (Oktober): 3. Platz. Wahrscheinlichkeit: 80%
    *Turnier 2 (November): 1. Platz. Wahrscheinlichkeit: 90%
    *Turnier 3 (Dezember): 3. Platz. Wahrscheinlichkeit: 80%
-Zweiter Höhepunkt: März - April 1993
    *Turnier 4 (März): 2. Platz. Wahrscheinlichkeit: 85%
    *Turnier 5 (April): 1. Platz. Wahrscheinlichkeit: 85%

Körperliche Vorbereitung
- Kraft: Verbesserung der hinteren Oberschenkelmuskulatur und der Hüftbeuger
- Schnelligkeit: Verbesserung der Startschnelligkeit der Tritte
- Ausdauer: Verbesserung der anaeroben Kapazität; Reduzierung des Kraftabfalls

Technische Vorbereitung
- Beweglichkeit: umfassende Verbesserung
- Schnelligkeit: Verbesserung der Startschnelligkeit der Tritte
- Raumorientierung: Verfeinerung
- Tritte: Verbesserung von Schwachstellen (siehe Retrospektive Analyse)

Tabelle III.6: Beispiel eines Jahresplans für eine Taekwondo-Sportlerin (Fortsetzung)

Taktische Vorbereitung
- Offensive: Verbesserung der Ausführung der Tritte
- Defensive: Verbesserung des Timings und der Schnelligkeit der Seit-, Stoß- und Axttritte
- Abwechslung zwischen Offensive und Defensive: weitere Verfeinerung

Psychologische Vorbereitung
- Verfeinerung der psychischen Fertigkeiten: Visualisierung/Entspannung
- Unterstützende Gruppe: bessere Beratung

PERIODISIERUNG
- *Tests:* 29./30. Juni 1992
- *Vorsaison:* 1. Juli bis 12. September 1992
    Zweite Vorbereitungsphasen sind in Abbildung III.5 angegeben
- *Übergangsperiode:* 14. Juni bis 10. Juli 1993

    Eine detailliertere Periodisierung findet sich in Abbildung III.5

Abbildung III.5: Beispiel der Periodisierung im Jahresplan

Daten	Juni 29	Juni 30	Juli 1	Aug 13	Aug 14	Aug 15	Sep 4	Sep 11	Sep 12	Sep 14	Sep 24	Okt 15	Okt 23	Okt 24	Nov 14	Nov 20	Nov 21	Nov 22	Dez 6	Dez 11	Dez 12	Dez 13	Dez 26
Tests	x	x		x	x																		
Vorsaison			▨	▨	▨	▨																	
Allg. Vorbereitung						▨	▨	▨	▨														
Spez. Vorbereitung									▨	▨													
Wettkampfsaison										▨	▨	▨	▨	▨	▨	▨	▨	▨	▨	▨			
Übergangsperiode			▨																				
Testwettkämpfe									x														
Hauptwettkämpfe							x	x	x					x		x	x	x			x		
Psychologische Tests												x	x	x	x	x	x		x	x	x	x	

Abbildung III.5: Beispiel der Periodisierung im Jahresplan (Fortsetzung)

Daten	Dez.	Januar			Februar			März			April				Mai				Juni			
	28	24	30	31	6	12	13	6	12	13	14	17	23	24	25	15	21	22	6	11	12	13	14
Tests																							
Vorsaison																							
Allg. Vorbereitung																							
Spez. Vorbereitung																							
Wettkampfsaison																							
Übergangsperiode																							
Testwettkämpfe			X				X							X	X			X				X	
Hauptwettkämpfe										X	X	X	X	X									
Psychologische Tests		X	X		X	X	X	X	X							X	X	X	X		X	X	

KAPITEL IV

Ausdauertraining im Taekwondo

Einleitung

Wie in anderen Sportarten ist die Ausdauer im Taekwondo sehr wichtig, um Wettkämpfe auf höchstem Niveau zu bestreiten. In einigen Fällen kann die Ausdauer über Sieg oder Niederlage entscheiden. Sie erlaubt dem Sportler, einen Kampf auf höherem Leistungsniveau über längere Zeit durchzuhalten: Der Sportler ist in der Lage, so lange wie notwendig seine Techniken genau auszuführen und seine Konzentration beizubehalten. Auch im Rahmen der Verletzungsprophylaxe ist Ausdauer wichtig. Je müder der Sportler wird, desto leichter schleichen sich Fehler in seine Technikausführung ein, was zu Verletzungen führt, wie z.B. Muskelzerrungen, Sprunggelenkverstauchungen, Überstreckung des Kniegelenks. Es kann auch zu Verletzungen als Ergebnis mißlungener Abwehrmanöver kommen.

Dieses Kapitel vermittelt grundlegende Informationen darüber, wie man die allgemeine aerobe, die allgemeine anaerobe und die taekwondospezifische Ausdauer verbessert. Des weiteren werden Tests zur Bestimmung der unterschiedlichen Arten der Ausdauer vorgestellt, die dem Trainer einen besseren Einblick in die Reaktionen des Sportlers auf Konditionierungs- und Trainingsprogramme vermitteln und ihm eine Kontrolle derselben erlauben.

Energieversorgung der Arbeitsmuskeln

Jede Bewegung, die wir ausführen, ist auf Energie angewiesen. Das gleiche trifft auf Taekwondo zu: Für jeden Tritt oder Stoß ist Energie erforderlich. Die gleiche Rolle wie das Benzin in einem Auto spielt die chemische Substanz ATP (Adenosintriphosphat) im Körper als Energiequelle. Immer wenn ein Tritt, Stoß oder eine „Form" *(p'umse)* ausgeführt werden, wird ATP als Energiequelle benötigt. Es gibt eine weitere Energieverbindung im menschlichen Körper, CP oder CPK (Kreatinphospat oder Kreatinphosphokinase). CP ist nicht in der Lage, direkt Energie zu erzeugen, kann dies jedoch über ATP, das dann die benötigte Energie bereitstellt. Die Menge des im Körper gespeicherten CPs reicht bei maximalen Belastungen nur für eine sehr kurze Zeitspanne, etwa 10 Sekunden.

Um die Ausführung von Taekwondo-Techniken weiter fortsetzen zu können, benötigt der Körper eine konstante Bereitstellung von ATP. Die zugeführte Nahrung, Kohlenhydrate und Fette, werden in die oben genannten energiereichen Verbindungen umgewandelt. Die Ausnutzung von *Glukose*, einer Zuckerform, zur Herstellung von ATP wird *Glykolyse* genannt. Glukose wird in der Leber und in den Muskeln als *Glykogen* gespeichert. Die Ausnutzung von Glykogen im Prozeß der ATP-Bildung wird *Glykogenolyse* genannt.

Bei einem Steady State, wenn also ein Gleichgewicht zwischen ATP-Bedarf und ATP-Verbrauch besteht, wird das erforderliche ATP durch die *Verbrennung (Oxidation)* von Fett und Glukose gebildet. Oxidation bedeutet Fett- und Glukoseverbrauch unter Beisein von Sauerstoff. Diese Art der Energieausnutzung wird *aerob* genannt. Im Falle von niedrigen Steady-state-Intensitäten ist Fett die Hauptenergiequelle. Wenn der Energiebedarf höher ist, aber noch immer ein Steady State vorliegt, wird Glukose als Energiequelle wichtiger. Der Sportler kann seine Intensität über mehrere Stunden hinweg beibehalten, wie z.B. bei einem Marathonlauf, einem Triathlon oder der Tour de France.

Wenn der ATP-Bedarf die ATP-Bereitstellung durch das aerobe System übersteigt, wird zusätzliches ATP durch das sogenannte *anaerobe* System bereitgestellt. ATP kann durch den Abbau von Glukose *ohne* Sauerstoffverbrauch schneller erzeugt werden, daher der Name anaerobes Energiesystem. Das Nebenprodukt dieses Prozesses ist jedoch *Milchsäure*. Milchsäure sammelt sich sowohl in den Arbeits- als auch Nicht-Arbeitsmuskeln an, was eine Muskelermüdung bewirkt. Hochintensive Intensitäten, die hauptsächlich von der anaeroben Energiebereitstellung abhängen, können nur zwei oder drei Minuten durchgehalten werden; danach muß der Sportler seine Aktivitäten einstellen. Die Milchsäurebildung ist also ein begrenzender Faktor der anaeroben Energiebereitstellung. Wenn man z.B. mit hohem Einsatz gegen einen schweren Sack tritt, fühlt man nach etwa 15 Minuten, wie die Beine schwer oder sauer werden, was es dem Sportler unmöglich macht, die Bewegung mit der gleichen Schnelligkeit und Kraft fortzusetzen. Dieses Schmerzgefühl wird durch die Anhäufung von Milchsäure hervorgerufen.

Die anaerobe Ausdauer kann in zwei Phasen unterteilt werden: die *alaktazide* und die *laktazide* Phase. In der alaktaziden Phase, normalerweise die ersten 10 bis 15 Sekunden einer Belastung, wird die Energie über das gespeicherte CP zur Verfügung gestellt. Wie oben erwähnt, wird CP in ATP umgewandelt, das dann seinerseits die benötigte Energie bereitstellt. Diese Phase wird alaktazid genannt, weil bei der Umwandlung von CP in ATP keine Milchsäure gebildet wird. Während der laktaziden Phase der anaeroben Energiebereitstellung, normalerweise nach den ersten 10 bis 15 Sekunden nach Beginn einer Aktivität, wird Milchsäure durch die Glylyse der Glukose zwecks Bildung des notwendigen ATPs gebildet. Abbildung IV.1 zeigt das Wechselspiel zwischen dem anaeroben und aeroben System unter Berücksichtigung der Beiträge jedes Systems zur Gesamtenergieerzeugung.

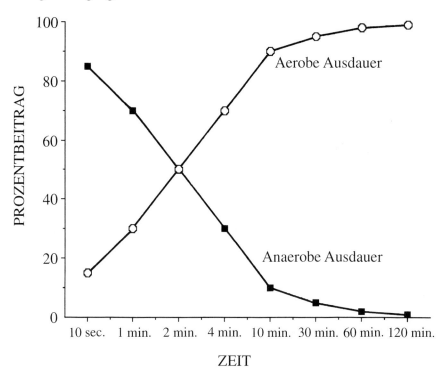

Abbildung IV.1: Relativer Beitrag des anaeroben und aeroben Systems zur Gesamtenergieerzeugung

Wie in Abbildung IV.1 ersichtlich, muß das aerobe System desto mehr ins Spiel kommen, um Energie zu erzeugen, je länger die Aktivität dauert, und umgekehrt, je kürzer die Aktivität, desto mehr muß sich der Sportler auf das anaerobe System als Energiequelle verlassen. Ein Taekwondo-Wettkampf besteht entweder aus drei zweiminütigen Runden mit einer 30sekündigen Pause zwischen den Runden, oder aus drei Runden von je drei Minuten Länge mit einer einminütigen Rundenpause. Aus Abbildung IV.1 ist ersichtlich, daß der Taekwondo-Sportler sowohl über eine relativ hohe aerobe als auch über eine relativ hohe anaerobe Ausdauer verfügen muß. Auf Basis der Ergebnisse des OTRP ist es jetzt möglich, den relativen Beitrag beider Arten von Ausdauer zum Taekwondo-Wettkampf besser zu definieren (siehe den Abschnitt zur Vorbereitungsperiode).

Um die Komponenten des sportlichen Leistungsprofils einer Person zu bestimmen, können verschiedene Labortests angewandt werden. Eine derartige Komponente ist die physiologische Dimension. Eine andere Dimension ist das psychische Profil. Innerhalb der physiologischen Dimension, die das Thema dieses Kapitels ist, kann man zwischen aerober Ausdauer, anaerober Ausdauer und Kraft unterscheiden. Kraft und Kraftmessung werden im nächsten Kapitel behandelt. In diesem Kapitel wird das Testen der aeroben und anaeroben Ausdauer besprochen. Das Testen der Ausdauer, oder jeder anderen relevanten physiologischen Variable, dient mehreren Zwecken (9). Zunächst vermittelt es dem Trainer wie auch dem Sportler selbst Grundinformationen über die Stärken und Schwächen des Sportlers in jeder der getesteten Variablen. Auf diesen Informationen kann das Konditionierungs- und Trainingsprogramm aufbauen.

Zweitens vermittelt der Test ein Feedback. Vergleiche zwischen vergangenen und zukünftigen Testergebnissen werden möglich. Wenn der Sportler verletzt ist, dienen die Ergebnisse des letzten Tests als Richtlinie des Leistungsniveaus, das der Sportler wieder erreichen muß (siehe auch Kapitel X). Eine regelmäßige Kontrolle der interessanten physiologischen Variablen, wie z.B. der aeroben/anaeroben Ausdauer und Kraft, ermöglicht dem Trainer die Anpassung der Ziele des Konditionierungs- oder Trainingsprogramms. Drittens informieren die Tests über den Gesundheitsstatus des Sportlers. Training und Wettkämpfe im Spitzenbereich erfordern ein feines Gleichgewicht zwischen körperlicher und psychischer Belastung und Erholung. Der menschliche Körper wird durch die Anforderungen moderner Wettkämpfe bis an seine Grenzen belastet, was zu Gesundheitsproblemen führen kann. Schließlich sind die Tests Mittel eines Erziehungsprozesses. Sowohl der Trainer als auch der Sportler erlangen ein besseres Verständnis ihres speziellen Sports in Bezug zum körperlichen (und psychischen) Zustand des Sportlers.

Zusätzlich zu den Labortests gibt es sogenannte Feldtests. Ein Feldtest ist ein Test, bei dem der Sportler sich einer tatsächlichen Belastung im Schwimmbecken, auf der Laufbahn, auf der Eisbahn etc. unterzieht. Das Messen der aeroben Ausdauer eines Radsportlers auf einem Fahrradergometer in einem Labor wäre z.B. ein Labortest, während das Messen seiner aeroben Ausdauer auf einem Fahrrad bei einem Kriterium ein Feldtest wäre. Feldtests sind nicht so reliabel wie Labortests, aber aufgrund ihrer Spezifität sind sie sicherlich valider (9). Den Grund für die geringere Reliabilität von Feldtests bilden Faktoren, die der Forscher nicht kontrollieren kann, wie z.B. Wetter, Bodenbedingungen etc. Ein Beispiel für einen Taekwondo-Labortest wäre das Messen der aeroben Ausdauer auf einem Laufband. Ein Feldtest zur Bestimmung derselben Komponente wäre das Testen des Sportlers während eines Wettkampfs oder während des Trainings. Zum Zeitpunkt der Abfassung dieses Textes (1994) und nach bestem Wissen des Autors gibt es jedoch noch keine Feldtests zur Bestimmung der aeroben oder anaeroben Ausdauer im Taekwondo. Feldtests und Labortests sollten, wann immer möglich und anwendbar, in Kombination eingesetzt werden: Sie sollten einander ergänzende Informationen liefern. Andererseits sollten sie jedoch nicht als austauschbar aufgefaßt werden (9).

Ein Wort der Vorsicht scheint an diesem Punkt angebracht zu sein: Tests, gleichgültig ob Labor- oder Feldtests, sollten generell nicht als Zaubertrank aufgefaßt werden, die den Sportler zur bestmöglichen Leistung führen. Statt dessen sollten sie als ein pädagogisches Werkzeug gesehen werden, das dem Trainer und Sportler hilft, das Training systematischer zu strukturieren. Man muß sich nur daran erinnern, daß es nicht immer möglich ist, tatsächliche Wettkampfbedingungen im Labor zu simulieren. Ferner ist - wie bereits oben erwähnt - die Spitzenleistung das Ergebnis vielfältiger Faktoren, die in einem Labor, in dem in der Regel nur eine Komponente isoliert getestet wird, nicht angemessen bestimmt werden können.

Zu wissen, wie die Ausdauer bestimmt wurde, wird sowohl dem Trainer als auch dem Taekwondo-Sportler helfen, die Ergebnisse der physiologischen Komponente des Oregon Taekwondo Forschungsprojekts besser zu verstehen und Einblick in einige Schwächen von physiologischen Tests in einer Laborsituation zu gewinnen. Dieses Wissen wird auch zu einer besseren Einschätzung der Konsequenzen der auf diesen Ergebnissen basierenden Empfehlungen beitragen. Obwohl die aerobe und anaerobe Ausdauer auf verschiedene Weise bestimmt werden können, werden nur die beiden häufigsten Methoden im nächsten Kapitel behandelt.

Ausdauertests

Die aerobe Ausdauer drückt sich in der sogenannten maximalen Sauerstoffaufnahme aus. Die maximale Sauerstoffaufnahme (VO_{2max}) ist die maximale Menge Sauerstoff, die eine Person in einer gegebenen Zeit (meist in einer Minute) aufnehmen und in ihrem Körper verbrauchen kann. Da das Körpergewicht einen Bezug zur aufgenommenen und verbrauchten Sauerstoffmenge aufweist (je schwerer man ist, desto mehr Sauerstoff verbraucht man), wird die maximale Sauerstoffaufnahme in der Regel bezogen auf das Körpergewicht ausgedrückt. Die Standardmethode der Darstellung der aeroben Ausdauer ist, sie in Millilitern Sauerstoff pro Kilogramm Körpergewicht pro Minute (ml/kg/min oder $ml^{-1}.kg^{-1}.min^{-1}$) auszudrücken. Wenn sie absolut dargestellt wird, wird die aerobe Ausdauer in Litern pro Minute (l/min) ausgedrückt.

Aerobe Ausdauer als Teil der physiologischen Komponente des Oregon Taekwondo-Forschungsprojekts (OTRP) wurde durch Anwendung eines modifizierten, für Sportler empfohlenen Astrand-Protokolls gemessen (6). Eine Protokoll ist ein Plan, ein Schritt-für-Schritt-Programm, daß der Wissenschaftler verwendet, um eine bestimmte Variable zu messen. Im vorliegenden Fall absolvierten die Sportler einen Stufentest auf dem Laufband bis zur Erschöpfung. Der Test wurde so gestaltet, daß der Sportler mindestens zehn Minuten laufen mußte, bis der Test abgebrochen wurde. Die Herzfrequenz der Versuchsperson wurde aus Sicherheitsgründen während des gesamten Tests kontinuierlich kontrolliert. Wie aus Abbildung IV.1 ersichtlich, reichen zehn Belastungsminuten aus, um sicherzustellen, daß der Hauptenergiebeitrag vom aeroben System geliefert wird.

Die anaerobe Ausdauer wird typischerweise in anaerobe Maximalleistung und anaerobe Durchschnittsleistung unterteilt. Anaerobe Maximalleistung bezieht sich auf die maximale Arbeit, die ohne einen signifikanten Beitrag von Sauerstoff geleistet werden kann. Anaerobe Durchschnittsleistung bezieht sich auf die Fähigkeit des Individuums, einen maximalen Einsatz ohne einen signifikanten Beitrag von Sauerstoff fortsetzen zu können (7). Anaerobe Maximalleistung und Durchschnittsleistung wurden durch den sogenannten Anaeroben Wingate-Radfahrtest bestimmt (7). Die Testpersonen wurden aufgefordert, 30 Sekunden mit maximalem Einsatz auf dem Fahrrad zu fahren. Dem Test ging ein Aufwärmen von 2 bis 4 Minuten voraus mit einer Intensität, die ausreichte, um die Herzfrequenz des Sportlers auf 150 bis 160 Schläge pro Minute zu bringen. Sowohl das Aufwärmen als auch das Abwärmen fanden auf dem Fahrrad statt. Während des eigentlichen Tests fuhr die Testperson so schnell wie möglich, während der Widerstand vom ersten Beobachter innerhalb von 2 bis 4 Sekunden auf eine vorher auf Basis des Körpergewichts des Athleten festgelegte Höhe eingestellt wurde. Sobald diese Belastung erreicht war, wurden die Pedalumdrehungen 30 Sekunden lang von einem zweiten Beobachter mit Hilfe eines am Rad befestigten Computers gemessen.

Anaerobe Maximalleistung, anaerobe Durchschnittsleistung und der Leistungsabfall wurden vom Computer anhand der Veränderungen der Pedalumdrehungen in jedem 5-Sekunden-Abschnitt des Tests errechnet. Die anaerobe Maximalleistung wird normalerweise während der ersten fünf bis zehn Sekunden des Tests erreicht (siehe Abbildung IV.1). Die Energie stammt aus dem Abbau von CP und ATP. Die Durchschnittsleistung ist ganz einfach der Durchschnitt aller Leistungswerte im Verlauf der ersten 30 Test-Sekunden, und es wird angenommen, daß sie den Abbau von CP, ATP und Glykogen repräsentiert. Sowohl die anaerobe Maximal- als auch die Durchschnittsleistung werden in Watt (W) ausgedrückt. Der Unterschied zwischen der höchsten und der niedrigsten Leistung gibt den Leistungsabfall an und kann als Maß für die Ermüdung verwandt werden (7). Der Leistungsabfall wird als Prozentwert ausgedrückt: Je höher der Wert, desto mehr ermüdete der Sportler im Verlauf des Tests. Die Ermüdungsrate ist besonders relevant für Taekwondo-Sportler, denn die Milchsäure spielt eine Rolle in der zweiten Testhälfte. Je besser der Sportler in der Lage ist, der Ermüdung zu widerstehen, desto eher ist er in der Lage, in der letzten Runde des Kampfes Tritte auszuführen, wenn die Milchsäurekonzentration ansteigt.

Vorsaison (Vorbereitungsperiode)

Aerobe Ausdauer

In der Vorsaison (Vorbereitungsperiode) sollte das Konditionstraining des Taekwondo-Sportlers, wie im vorangegangenen Kapitel erwähnt, betont werden. Aerobe und anaerobe Ausdauer wie auch Kraft stellen den Hauptteil des Konditionstrainingsprogramms des Taekwondo-Sportlers in der Phase der allgemeinen Vorbereitung der Vorbereitungsperiode dar. Um einen besseren Eindruck von der relativen Bedeutung sowohl der aeroben als auch der anaeroben Ausdauer zu gewinnen, werden die Ergebnisse der physiologischen Komponente des OTRP zuerst vorgestellt. Auf Basis dieser Ergebnisse werden Trainingsrichtlinien formuliert und Übungen für das Training beider Arten von Ausdauer vorgeschlagen.

Taaffe und Pieter (13) untersuchten die anaerobe und aerobe Ausdauer amerikanischer Spitzen-Taekwondo-Kämpfer und -Kämpferinnen. Das Durchschnittsalter dieser Sportler betrug 24,3 Jahre bei den Männern und 25,6 Jahre bei den Frauen. Die Körperhöhe der Sportler war 1,79 m (Männer) bzw. 1,72 m (Frauen). Das Körpergewicht betrug 72,5 kg (Männer) bzw. 61,4 kg (Frauen). Tabelle IV.1 zeigt die anaeroben Ausdauerwerte der erwachsenen amerikanischen Spitzen-Taekwondo-Kämpfer und -Kämpferinnen. Die anaerobe Ausdauer dieser Sportler wird weiter unten erläutert. Die aerobe Ausdauer der erwachsenen Spitzen-Taekwondo-Kämpfer ist vergleichbar mit der von erwachsenen amerikanischen und kanadischen Spitzen-Judoka und -Ringern und höher als diejenige von Vereins-Taekwondo-Kämpfern und kanadischen Ringern des Griechisch-Römischen Stils (siehe Tabelle IV.2).

Nur wenige Untersuchungen wurden gefunden, die vergleichbare Daten für Kampfsportlerinnen enthalten. Little (8) bestimmte die Leistung junger weiblicher (14 bis 17 Jahre) und männlicher (17 bis 20 Jahre) Judoka sowie die Leistung erwachsener weiblicher (18+ Jahre) und männlicher

(21+) Judoka, die 1989 dem regionalen Judo-Team von Alberta angehörten. Verglichen mit den erwachsenen weiblichen Judoka erreichten die erwachsenen Taekwondo-Kämpferinnen höhere Werte der aeroben Ausdauer relativ zum Körpergewicht (10), aber geringere Werte als die amerikanischen weiblichen Spitzen-Judoka (5). Die Elite-Taekwondo-Sportlerinnen erreichten etwas höhere Werte als die Kampfsportlerinnen unterschiedlicher Stile (3). Generell erreichten die erwachsenen Taekwondo-Sportlerinnen einen ähnlichen Wert wie andere Sportlerinnen, deren Disziplin durch intermittierende Aktivität gekennzeichnet ist, wenn die aerobe Ausdauer unter Bezug auf das Körpergewicht ausgedrückt wird (13). Ein Vergleich der Ergebnisse findet sich in Tabelle IV.2.

	Männer	Frauen
VO_{2max} (l/min)	4,02	2,82
VO_{2max} (ml/kg/min)	55,79	46,95

Tabelle IV.1: Mittelwerte der aeroben Ausdauer von Elite-Taekwondo-Kämpfern (Aus: 13)

	Männer	Frauen
Kanadische Judoka (14)	57,67	
Kanadische Ringer (2)	57,67	
Kanadische Ringer des Griechisch-Römischen Stils (15)	50,40	
Taekwondo-Vereinssportler (16)	44,00	
Kampfsportler unterschiedlicher Stile (3)	54,20	44,90
Amerikanische Elite-Judoka (5)	55,60	52,00
Alberta-Judoka (8)	53,75	43,72
Amerikanische Volleyballer (11)		50,60
Amerikanische Basketballer (17)		49,60

Tabelle IV.2: Mittelwerte der aeroben Ausdauer (in ml/kg/min) von Elite-Kampf-Sportlern und anderen Sportlern

Auf der Basis dieser Daten wird empfohlen, daß der Taekwondo-Athlet seine Ausdauer so trainiert wie Sportler anderer Disziplinen mit intermittierender körperlicher Aktivität, denn mehr Training scheint weder logisch noch notwendig. Ein über dieses Maß hinausgehendes aerobes Training führt dazu, daß der Körper sich zu sehr an die Anforderungen der aeroben Aktivität anpaßt, was bedeutet, daß man seine aerobe Ausdauer über das für Taekwondo-Wettkämpfe erforderliche Maß ausbildet. Konsequenterweise wird die für den Taekwondo-Wettkampf benötigte Explosivität zurückgehen, da das Training der aeroben Ausdauer üblicherweise Steady-state-Belastungen mit niedriger Intensität erfordert (siehe den vorhergehenden Abschnitt), während anaerobes Training durch (supra-)maximale, hochintensive Belastungen gekennzeichnet ist, wie man sie im Taekwondo-Wettkampf antrifft. Dennoch ist es wichtig, die aerobe Ausdauer zu trainieren, denn eine gut entwickelte anaerobe Ausdauer kann nur auf einer guten aeroben Ausdauer basieren. Daneben erfordert das Wesen des Taekwondo-Wettkampfes - gekennzeichnet durch (supra-)maximale Aktivität, unterbrochen durch submaximale Belastungen während eines einzigen Kampfes, neben der Fähigkeit, das gesamte Turnier durchzustehen - aerobe Ausdauer.

Trainingsrichtlinien für die aerobe Ausdauer

Die in Kapitel II diskutierten Trainingsprinzipien können auch auf die Verbesserung der aeroben Ausdauer angewandt werden. Ein Beispiel, wie man vorgehen sollte, folgt.

Trainingshäufigkeit. Wie im vorangegangenen Kapitel erwähnt, sollte an mindestens drei Tagen in der Woche trainiert werden. Unter der Annahme, daß der Sportler an vier bis sechs Tagen in der Woche trainiert, kann die aerobe Ausdauer jeden zweiten Tag trainiert werden: dienstags, donnerstags und samstags.

Trainingsdauer. Die Dauer eines Trainings zur Verbesserung der aeroben Ausdauer sollte mindestens zehn Minuten betragen, das Auf- und Abwärmen nicht mitgerechnet. Die Einheit braucht jedoch 30 Minuten nicht zu überschreiten. In Abbildung IV.1 finden Sie eine Begründung für eine Minimaldauer von zehn Minuten.

Trainingsintensität. Die Intensität sollte progressiv ansteigen. Wie oben angedeutet, ist es ratsam, nach der Übergangsperiode mit einem geringen Prozentsatz der maximalen Herzfrequenz zu beginnen. Unter Anwendung der Karvonen-Formel kann die mögliche Spanne zwischen 65 und 85% betragen. Wenn man z.B. eine Ruheherzfrequenz von 54 und eine maximale Herzfrequenz von 200 Schlägen pro Minute hat (220 minus das Lebensalter des Sportlers), dann ist die Zielherzfrequenz wie folgt:

$HF_{Belast.} = HF_{Ruhe} + 0{,}70 \, (HF_{max} - HF_{Ruhe})$
$HF_{Belast.} = 54 + 0{,}70 \, (200 - 54) = 156 \text{ Schläge/Minute}$

Natürlich kann dieser Prozentsatz je nach Trainingszustand des Sportlers zu Beginn höher sein. Wenn das Training progressiv sein soll, muß es im Verlaufe der Vorbereitungsperiode gesteigert werden. Eine andere Methode der Steigerung der Intensität ist die Steigerung der Distanz oder Dauer. Man könnte z.B. mit einer Dauer von zehn Minuten beginnen und sie auf 15 Minuten steigern.

Trainingsart. Die bevorzugte Trainingsart ist zyklisch, unter Einbeziehung großer Muskelgruppen. Obwohl Radfahren und Schwimmen diesen Anforderungen gerecht werden, wird das Laufen zur Verbesserung der aeroben Ausdauer des Sportlers empfohlen. Ein Grund für diese Entscheidung ist der Zeitfaktor. Radfahren oder Schwimmen müssen über einen längeren Zeitraum erfolgen, um die gleiche Trainingswirkung wie beim Laufen zu erzielen (z.B. 18). Wenn man nur eine begrenzte Trainingszeit zur Verfügung hat, ist eine effizientere Methode, diese Zeit zu nutzen, von Vorteil. Ein anderer Grund ist die Trainingsspezifität. Laufen beansprucht einige Beinmuskeln so, wie sie im Taekwondo eingesetzt werden. Die gleichen Muskelgruppen werden beim Schwimmen im Unterschied zum Laufen etwas unterschiedlich eingesetzt. Aus diesem Grund ist Schwimmen nicht so gut zur Verbesserung der aeroben Ausdauer des Taekwondo-Athleten geeignet. Ferner kann Radfahren negative Auswirkungen auf die Beweglichkeit des Sportlers haben, die eine sehr wichtige Erfolgskomponente im Taekwondo-Wettkampf ist.

Trainingsprogramm zur Verbesserung der aeroben Ausdauer

Unter Berücksichtigung der angeführten Trainingsrichtlinien kann ein Programm zur Verbesserung der allgemeinen und spezifischen aeroben Ausdauer während der Vorbereitungsperiode entworfen werden. Obwohl ein derartiges Programm in Abhängigkeit von den persönlichen Vorlieben und Umständen variiert, ist das hier vorgestellte Programm ein Beispiel dafür, wie man vorgehen könnte (siehe Tabelle IV.3).

Zur Entwicklung eines Programms zur Verbesserung der aeroben Ausdauer sind einige Grundannahmen wichtig. Zunächst wird angenommen, daß die aerobe und anaerobe Ausdauer separat trainiert werden. Ein anspruchsvolleres Programm würde erlauben, beide Arten der Ausdauer gleichzeitig zu trainieren. Zweitens wird auch angenommen, daß das Programm sechs Wochen dauert, die Minimalzeit, die notwendig ist, um einen Trainingseffekt zu erzielen. Drittens wird in dem Programm die Trainingsintensität nur durch Manipulation des Zeitfaktors verändert. Mit anderen Worten wird zur Anpassung an eine verbesserte Ausdauer nach Setzen des Trainingsreizes (Laufen) die Intensität dadurch erhöht, daß man den Sportler länger laufen läßt. Es ist natürlich auch möglich, die Intensität durch Manipulation des Prozentsatzes der HF_{max}, mit dem der Sportler läuft, zu steigern, oder sowohl die Zeit als auch den Prozentsatz der HF_{max} zu manipulieren (siehe Kapitel II). Aus Praktikabilitätsgründen ist das Programm auch in zwei dreiwöchige Teile unterteilt. Eine andere Möglichkeit wäre die Aufteilung in drei zweiwöchige Abschnitte. Wiederum handelt es sich nur um ein Beispiel. Der Trainer hat die Freiheit, ein Programm zu entwerfen, das auf die Bedürfnisse des einzelnen zugeschnitten ist.

	Wochen 1 bis 3		
Häufigkeit	**Dauer**	**Intensität**	**Art**
Dienstag	15 Minuten	75% HF_{max}	Laufen
Donnerstag	15 Minuten	75% HF_{max}	Laufen
Samstag	15 Minuten	75% HF_{max}	Laufen
	Wochen 4 bis 6		
Häufigkeit	**Dauer**	**Intensität**	**Art**
Dienstag	20 Minuten	75% HF_{max}	Laufen
Donnerstag	20 Minuten	75% HF_{max}	Laufen
Samstag	20 Minuten	75% HF_{max}	Laufen

Tabelle IV.3: Programm zur Verbesserung der aeroben Ausdauer in der Vorsaison: allgemeine Vorbereitungsperiode

Da das Trainingsprogramm des Taekwondo-Sportlers nicht nur aus der konditionellen Komponente besteht, findet auch taekwondospezifisches Training statt. Ein Beispiel für ein derartiges Programm findet sich in Tabelle IV.4. Zum gegenwärtigen Zeitpunkt wurden in diese Tabelle nur das aerobe Training und das Taekwondo-Training eingetragen. Später müssen auch das anaerobe Ausdauertraining und das Krafttraining in das Programm integriert werden. Ein vollständigeres Programm wird im nächsten Kapitel vorgestellt; es wird, für die Vorsaison, beide Arten der Ausdauer und die Kraftkomponente enthalten. Die Begründung für die Aufnahme von Taekwondo-Trainingseinheiten in das Programm der Vorsaison hängt auch mit dem Transfer von Trainingseffekten vom Konditionstrainingsprogramm, d.h. Laufen und Krafttraining, auf die Taekwondo-Techniken zusammen. Mit anderen Worten sollten die verbesserte Ausdauer durch das Laufen oder die verbesserte Kraft durch das Krafttraining zu einer verbesserten Taekwondo-Ausdauer und kraftvolleren Ausführung der Taekwondo-Techniken führen. Stretching zur Verbesserung der Beweglichkeit sollte immer ein Bestandteil des Trainings des Sportlers sein. Stretching beugt Beweglichkeitsverlusten durch das Lauf- und Krafttraining vor und ist ebenfalls wichtig für die Ausführung von Taekwondo-Techniken. Zusätzlich dient es der Verletzungsprophylaxe.

Wochen 1 bis 3

Tag	Training	Trainingsart	Trainingsdauer
Sonntag	Taekwondo	tech./aer.*	2 Stunden
Montag	Ruhe	—	—
Dienstag	aerob	Laufen	15 Minuten
Mittwoch	Taekwondo	tech./aer.	2 Stunden
Donnerstag	aerob	Laufen	15 Minuten
Freitag	Taekwondo	tech./aer.	2 Stunden
Samstag	aerob	Laufen	15 Minuten

Wochen 4 bis 6

Tag	Training	Trainingsart	Trainingsdauer
Sonntag	Taekwondo	tech./aer.	2 Stunden
Montag	Ruhe	—	—
Dienstag	aerob	Laufen	20 Minuten
Mittwoch	Taekwondo	tech./aer.	2 Stunden
Donnerstag	aerob	Laufen	20 Minuten
Freitag	Taekwondo	tech./aer.	2 Stunden
Samstag	aerob	Laufen	20 Minuten

Tabelle IV.4: Ein sowohl Taekwondo- als auch aerobes Ausdauertraining in der Vorsaison enthaltendes Trainingsprogramm
*tech./aer. = technisch/aerob (Technik - plus aerobes Taekwondo-Training)

Im Taekwondo-Training sollte der Schwerpunkt in der Vorsaison auf dem Techniktraining liegen. Obwohl das Techniktraining ein Trainingsbestandteil während der ganzen Saison sein sollte, muß das Techniktraining schwerpunktmäßig in der Vorsaison stattfinden. Dies bedeutet, daß die Gesamtintensität notwendigerweise niedrig sein wird, weil das Techniktraining das Zentralnervensystem maximal belastet. Daher sollten Perioden völliger Ruhe eingeschaltet werden, und die unterschiedlichen Techniken sollten mit maximaler Schnelligkeit und Kraft ausgeführt werden.

Zusätzlich zum Techniktraining kann die Taekwondo-Komponente im Vorsaison-Programm auch aerobe und anaerobe Taekwondo-Trainingseinheiten enthalten. Ähnlich dem allgemeinen aeroben Training, für das Laufen als Trainingsart ausgewählt wurde, müssen die Taekwondo-Techniken im Rahmen des aeroben Taekwondo-Trainings kontinuierlich praktiziert werden. Wie zuvor sollten die unterschiedlichen Techniken stets maximal absolviert werden. Wie in Kapitel II erwähnt, kann die Erholungspause zwischen den Techniken allerdings unvollständig sein. Sie sollte jedoch aktiv sein, d.h., der Sportler sollte sich zwischen den einzelnen Techniken oder Technikkombinationen bewegen. Die Gesamtintensität liegt im Steady-state-Bereich, und die Fertigkeiten sollten mindestens zehn Minuten lang ausgeführt werden, bevor eine Erholungspause eingelegt wird. Wie beim Laufen sollte der Trainer die Intensität steuern, indem er die Zeitdauer der Technikausführung verlängert, oder indem er die Techniken auf eine Art und Weise ausführen läßt, die die Herzfrequenz in die Höhe treibt.

Angenommen, der Sportler trainiert in Blöcken à zehn Minuten und die Gesamtintensität ist submaximal. Denken Sie daran, daß dies eine aerobe Taekwondo-Trainingseinheit ist. Nach jedem Zehn-Minuten-Abschnitt sollte der Trainer (oder der Sportler selbst) die Herzfrequenz des Sportlers messen, um zu sehen, ob die Intensität der geplanten entspricht. Wenn die Intensität dem Plan entspricht, kann der nächste Zehn-Minuten-Block wie der vorangegangene ablaufen. Wenn die Herzfrequenz zu hoch war, sollten die Techniken in einem insgesamt niedrigeren Tempo absolviert werden, indem z.B. die Erholungspausen verlängert werden. Wenn die Herzfrequenz allerdings zu niedrig war, sollte das Tempo gesteigert werden.

Es kann zusammengefaßt werden, daß das Taekwondo-Training in der Vorsaison aus technischen und aeroben Komponenten bestehen kann. Stellen Sie sicher, daß das Techniktraining stets vor dem aeroben Taekwondo-Training absolviert wird. Wie oben angedeutet, belastet Techniktraining das zentrale Nervensystem (ZNS). Wenn das aerobe Taekwondo-Training zuerst absolviert würde, würde das ZNS folglich zu sehr ermüden, um das Techniktraining effektiv zu bewältigen. Dies bedeutet, daß jeder durch das Techniktraining hervorgerufene Trainingseffekt verloren wäre. Wie beim allgemeinen aeroben Training (d.h. Laufen) kann der Trainer die Intensität des aeroben Taekwondo-Trainings steuern, indem er die Zeit und/oder die Belastungsherzfrequenz des Sportlers (als Prozentsatz der HF_{max}) ändert bzw. beeinflußt. Durch Einbauen der Taekwondo-Trainingseinheiten in das Vorsaison-Programm werden die Gewinne aus dem allgemeinen Konditionsteil des Programms, d.h. die aerobe/anaerobe Ausdauer und Kraft, auf die Taekwondo-Fertigkeiten übertragen. Dies ermöglicht auch den motorischen Programmen im Gehirn des Sportlers sich umzustellen, so daß die aus dem Laufen resultierenden aeroben Trainingseffekte in eine verbesserte aerobe Ausdauer im Taekwondo übersetzt werden oder daß im Rahmen des Krafttrainings Bankdrücken zu kräftigeren Stößen im Taekwondo führt.

Anaerobe Ausdauer

Tabelle IV.5 zeigt die Mittelwerte der anaeroben Ausdauer von Spitzen-Taekwondo-Kämpfern und -Kämpferinnen, wie sie im Rahmen des OTRP gemessen wurden. Es gibt nur wenige vergleichbare Daten zur anaeroben Ausdauer von Kampfsportlern. Tabelle IV.6 zeigt Daten der maximalen Leistung relativ zum Körpergewicht, während Tabelle IV.7 den Leistungsabfall bei ausgewählten anderen Sportlern zeigt. Es wurde festgestellt, daß männliche Spitzen-Taekwondo-Kämpfer höhere maximale anaerobe Leistungswerte sowohl in absoluter Hinsicht wie relativ zum Körpergewicht aufweisen als australische Judoka, aber viel niedrigere Werte als kanadische Elite-Judoka (10). Elite-Taekwondo-Kämpferinnen erreichten höhere maximale Leistungswerte pro Kilogramm Körpergewicht, ermüdeten jedoch auch schneller (die Taekwondo-Sportlerinnen hatten einen größeren Leistungsabfall) als Eisschnelläuferinnen. Was den Leistungsabfall angeht, erreichten die männlichen Elite-Taekwondo-Sportler einen Wert zwischen den Eisschnelläufern und Ringern. Soweit die Autoren wissen, gibt es keine Werte zum Leistungsabfall bei anderen Kampfsportlern oder -sportlerinnen.

	Männer	Frauen
Maximale Leistung (Watt)	864,6	621,4
Maximale Leistung (Watt/kg)	11,8	10,2
Mittelwert der Leistung (Watt)	671,2	481,9
Mittelwert der Leistung (Watt/kg)	9,2	7,9
Leistungsabfall (%)	37,9	37,7

Tabelle IV.5: Mittelwerte der anaeroben Ausdauer von Elite-Taekwondo-Sportlern (Aus: 13)

	Männer	Frauen
Eisschnelläufer (12)	10,6	8,6
Ringer (4)	12,0	
Kanadische Elite-Judoka (14)	13,7	

Tabelle IV.6: Mittelwerte der maximalen anaeroben Leistung relativ zum Körpergewicht von anderen Sportlern

	Männer	Frauen
Eisschnelläufer (12)	25	30
Ringer (4)	43	

Tabelle IV.7: Mittelwerte des Leistungsabfalls (in %) anderer Sportler

Richtlinien für das Training der anaeroben Ausdauer

Trainingshäufigkeit. Wiederum sollten drei Tage in der Woche für das Training der anaeroben Ausdauer reserviert werden. Wie oben erwähnt, könnte die anaerobe Ausdauer nach den ersten sechs Wochen in der Vorsaison trainiert werden, d.h., nach dem aeroben Teil. So werden also jetzt Dienstag, Donnerstag und Samstag zu „anaeroben Tagen".

Trainingsdauer. Die Dauer jeder Übung ist sehr kurz, da das anaerobe System nur in der Lage ist, die Energie für wenige Minuten zur Verfügung zu stellen (siehe den Abschnitt zu Energiebereitstellung oben). In Abhängigkeit davon, welche spezifische Phase der anaeroben Ausdauer trainiert wird, kann die Dauer jeder Übung von etwa fünf Sekunden bis maximal zwei Minuten variieren. Übungen, die länger als zwei Minuten dauern, belasten nicht mehr das anaerobe System, sondern stellen aerobe Belastungen dar (siehe Abbildung IV.1).

Trainingsintensität. Anaerobe Trainingseinheiten sind maximale oder supramaximale Belastungen. Dies bedeutet, daß die Intensität, wie sie sich in der Karvonen-Formel darstellt, bei etwa 95% der HF_{max} oder höher liegt. Bei einem 20jährigen Taekwondo-Sportler mit einer Ruhe-Herzfrequenz von 60 Schlägen in der Minute ist die folgende Belastungsherzfrequenz angebracht:

$HF_{Belast.} = HF_{Ruhe} + 0{,}95 \, (HF_{max} - HF_{Ruhe})$
$HF_{Belast.} = 60 + 0{,}95 \, (200 - 60) = 193$ Schläge/Minute

Denken Sie daran, daß bei einem 20jährigen Sportler die geschätzte HF_{max} 220 minus Lebensalter entspricht: 220 - 20 = 200 Schläge pro Minute. Eine andere Methode der Modifizierung der Intensität der anaeroben Trainingseinheiten ist die Manipulierung der Arbeits- und Erholungsintervalle (siehe Trainingsart) oder die Länge der Läufe.

Trainingsart. Wiederum ist Laufen die bevorzugte Trainingsart. Die beste Methode, die anaerobe Ausdauer zu trainieren, ist das Intervalltraining. Intervalltraining besteht aus alternierenden Belastungs- und Erholungsphasen. In Abhängigkeit von der Intensität und Dauer können die Erholungsintervalle zwischen einigen Sekunden und mehreren Minuten schwanken. Eine Faustregel ist, dem Athleten zu raten, auf seinen eigenen Körper zu hören. Eine andere Faustregel ist abzuwarten, bis der Sportler wieder eine Erholungsherzfrequenz von 120 Schlägen pro Minute erreicht hat, bevor das nächste Belastungsintervall beginnt. Es liegen allerdings keine harten wissenschaftlichen Beweise dafür vor, warum man von einer Erholungsherzfrequenz von 120 Schlägen pro Minute ausgehen sollte. Wie zuvor, hängt alles vom individuellen Sportler ab: seinem Trainingsstatus, seiner genetischen Veranlagung, seinem Gesundheitszustand etc.

Man kann entweder Kombinationen von Intervalltrainingsformen innerhalb einer Trainingseinheit verwenden, oder man kann sie separat ausführen. So könnte z.B. eine Intervalltrainingsform folgendermaßen aussehen: 10 mal 100 m oder 8 mal 200 m etc. Man kann sich entscheiden, die 100 m-Sprints in nur einer Trainingseinheit über einen bestimmten Zeitabschnitt zu absolvieren, z.B. zwei Wochen lang. In der dritten und vierten Woche könnte man 200 m-Sprints laufen usw. Eine Kombination würde etwa folgendermaßen aussehen: fünfmal 100 m und viermal 200 m in einer Trainingseinheit. Je nach dem Trainingszustand des Sportlers kann die Anzahl der Wiederholungen gesteigert werden. In Tabelle IV.8 werden separate Intervalltrainingsformen für jede Trainingseinheit pro zwei Wochen gewählt (siehe nächsten Abschnitt).

Erholungsintervalle sind Perioden *aktiver* Ruhe, was bedeutet, daß der Sportler nicht stillstehen oder sich hinsetzen sollte. Statt dessen sollte er gehen oder mit sehr geringer Intensität joggen, um sich von der letzten Belastung zu erholen. Die Begründung der aktiven Erholung ist die Trainingswirkung auf das Herz als Ergebnis des Trainingsreizes. Der Trainingsreiz bezieht sich auf die Aktivität während des Belastungsintervalls. Wenn die Herzfrequenz sinkt, steigt die Kontraktilität des Herzmuskels an. Eine gesteigerte Kontraktilität bedeutet, daß bei niedrigerer Herzfrequenz mehr Blut durch den Körper gepumpt wird. Dies ist exakt das Wesen des Trainingseffektes: das Steigern der Effizienz der Körperfunktionen.

Aktive Erholungsperioden beschleunigen die Entfernung von Abfallprodukten, wie z.B. Milchsäure, die sich andernfalls ansammeln würden, aus dem Körper. Aktive Erholungsperioden verhindern auch das Absacken des Blutes. Während der Belastung sind die Blutgefäße der arbeitenden Muskeln weit geöffnet, um eine konstante Versorgung mit Sauerstoff und Nährstoffen und das Entfernen von Abfallprodukten zu gewährleisten. Die Kontraktion der Arbeitsmuskeln ist der wichtigste Mechanismus, der dafür sorgt, daß das aus den Muskeln kommende Blut zum Herz zurückkehrt. Die kontrahierenden Muskeln „quetschen" die Blutgefäße aus und drücken als Ergebnis das Blut zurück zum Herzen. Dieser Mechanismus wird Muskelpumpe genannt. Würde der Sportler die Belastung abrupt abbrechen, würde dieser Mechanismus nicht mehr weiterarbeiten und das Blut würde in den Muskeln bleiben. Dieser Vorgang wird Absacken *(Pooling)* des Blutes genannt. Dies kann dazu führen, daß der Sportler aufgrund einer kurzfristigen Mangeldurchblutung des Gehirns ohnmächtig wird. Eine Ansammlung des Blutes verhindert auch die weitere Entfernung von Abbauprodukten und verzögert daher den Erholungsprozeß.

Eine sehr grobe Richtlinie zum Erstellen eines anaeroben Ausdauertrainingsprogramms wird in Tabelle IV.8 vorgestellt (siehe Abschnitt unten: anaerobes Ausdauertrainingsprogramm). Wiederum sollte der Trainer daran denken, daß das Programm auf die individuellen Bedürfnisse des Sportlers zugeschnitten sein sollte.

Anaerobes Ausdauertrainingsprogramm

Dieselben Annahmen, die im Zusammenhang mit dem Trainingsprogramm zur Verbesserung der aeroben Ausdauer geäußert wurden (siehe oben), treffen auch hier zu (siehe Tabelle IV.8). Ähnlich dem aeroben Taekwondo-Training kann ein anaerobes Taekwondo-Training als Ergänzung des Taekwondo-Techniktrainings geplant werden. Dies bedeutet, daß die gleichen Trainingsprinzipien, wie Häufigkeit, Intensität, Dauer und Art angewandt werden können.

Was die Häufigkeit angeht, scheinen drei Tage pro Woche angebracht. Die Intensität kann über die Herzfrequenz, die Belastungsdauer, die Erholungsintervalle, die Anzahl der Tritte im Belastungsintervall oder Kombinationen dieser Komponenten variiert werden. Die Trainingsart bezieht sich natürlich auf die Taekwondo-Techniken. Ein Beispiel für ein integriertes Programm, d.h. allgemeine anaerobe Ausdauer und taekwondospezifische anaerobe Ausdauer, wird in Tabelle IV.9 gezeigt. Es braucht nicht eigens erwähnt zu werden, daß das Techniktraining zu diesem Zeitpunkt der Vorsaison noch immer ein wichtiger Bestandteil des Taekwondo-Trainings ist. Wie zuvor, können Taekwondo-Technik-Training und anaerobes Training in einer Einheit absolviert werden, wobei das Techniktraining dem anaeroben Teil immer vorausgehen sollte.

Wochen 1 bis 2

Trainingshäufigkeit	Trainingsdauer	Trainingsintensität	Trainingsart
Dienstag	variiert	95 - 100% HF_{max}	5 x 100 m/4 x 200 m
Donnerstag	variiert	95 - 100% HF_{max}	5 x 100 m/4 x 200 m
Samstag	variiert	95 - 100% HF_{max}	5 x 100 m/4 x 200 m

Wochen 3 bis 4

Trainingshäufigkeit	Trainingsdauer	Trainingsintensität	Trainingsart
Dienstag	variiert	95 - 100% HF_{max}	4 x 200 m/2 x 300 m
Donnerstag	variiert	95 - 100% HF_{max}	4 x 200 m/2 x 300 m
Samstag	variiert	95 - 100% HF_{max}	4 x 200 m/2 x 300 m

Wochen 5 bis 6

Trainingshäufigkeit	Trainingsdauer	Trainingsintensität	Trainingsart
Dienstag	variiert	95 - 100% HF_{max}	2 x 300 m/3 x 400 m
Donnerstag	variiert	95 - 100% HF_{max}	2 x 300 m/3 x 400 m
Samstag	variiert	95 - 100% HF_{max}	2 x 300 m/3 x 400 m

Tabelle IV.8: Konditionsprogramm zur Verbesserung der anaeroben Ausdauer in der Vorsaison

Hauptsaison (Wettkampfperiode)

Taekwondospezifische Wettkampfausdauer

Die taekwondospezifische Wettkampfausdauer ist eine Kombination von aerober und anaerober Ausdauer. Gemäß dem, was derzeit über Taekwondo bekannt ist, liegt der Schwerpunkt des Taekwondo-Wettkampfes vermutlich auf der anaeroben Energiebereitstellung. Weitere Untersuchungen sind jedoch notwendig, bevor man zu definitiven Schlußfolgerungen kommen sollte. Beobachtungen von Taekwondo-Sportlern während des Wettkampfes zeigen, daß sie zwischen abwechselnden Angriffen und Täuschungen, Blockmanövern, Hin- und Her-Bewegungen usw. abwechseln. Wenn man die Aktionen der Sportler als Intensitätsbereiche ausdrückt, sieht ein typischer Taekwondo-Kampf etwa folgendermaßen aus: niedrige Intensität, maximale Intensität, submaximale Intensität, maximale Intensität, niedrige Intensität usw.

Wochen 1 bis 2

Tag	Training	Trainingsart	Trainingsdauer
Sonntag	Taekwondo	tech./anaer.	2 Std.
Montag	Ruhe		
Dienstag	anaerob	10 x 100 m	variiert
Mittwoch	Taekwondo	tech./anaer.	2 Std.
Donnerstag	anaerob	10 x 100 m	variiert
Freitag	Taekwondo	tech./anaer.	2 Std.
Samstag	anaerob	10 x 100 m	variiert

Wochen 3 bis 4

Tag	Training	Trainingsart	Trainingsdauer
Sonntag	Taekwondo	tech./anaer.	2 Std.
Montag	Ruhe		
Dienstag	anaerob	6 x 200 m	variiert
Mittwoch	Taekwondo	tech./anaer.	2 Std.
Donnerstag	anaerob	6 x 200 m	variiert
Freitag	Taekwondo	tech./anaer.	2 Std.
Samstag	anaerob	6 x 200 m	variiert

Wochen 5 bis 6

Tag	Training	Trainingsart	Trainingsdauer
Sonntag	Taekwondo	tech./anaer.	2 Std.
Montag	Ruhe		
Dienstag	anaerob	5 x 300 m	variiert
Mittwoch	Taekwondo	tech./anaer.	2 Std.
Donnerstag	anaerob	5 x 300 m	variiert
Freitag	Taekwondo	tech./anaer.	2 Std.
Samstag	anaerob	5 x 300 m	variiert

Tabelle IV.9: Programm mit sowohl Taekwondo- als auch anaerobem Ausdauer-Training

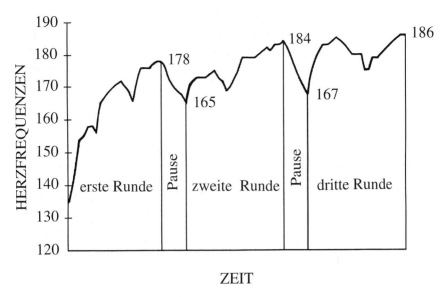

Abbildung IV.2: Typisches Herzfrequenzmuster während eines Taekwondo-Kampfes

Wenn diese Intensitäten zu den Herzfrequenzen eines Sportlers während eines Wettkampfes in Bezug gesetzt werden, würden sie den Herzfrequenzen in Abbildung IV.2 entsprechen. Die hohen Herzfrequenzwerte (178, 184 und 186 Schläge pro Minute) sind die Herzfrequenzen am Ende der ersten, zweiten und dritten Runde, während die beiden niedrigen Werte (165 und 167 Schläge pro Minute) die Herzfrequenzen am Ende der ersten und zweiten Pause sind. Konsequenterweise sollte das Programm zum Training der spezifischen Freikampf-Ausdauer von Taekwondo-Sportlern aus tatsächlichen Freikämpfen bestehen. Wie sonst auch, diktieren die individuellen Trainingsziele die exakten Formen und Inhalte des Trainingsprogramms des Sportlers.

Das Trainingsprogramm für die Wettkampfsaison besteht ausschließlich aus Taekwondo-Trainingseinheiten. Obwohl die Länge variieren kann, ist ein Minimum von acht Wochen für das Programm der Wettkampfperiode nicht ungewöhnlich. Alles hängt davon ab, wann der Sportler seinen Leistungshöhepunkt erreichen muß und wieviel spezifisches Wettkampftraining er benötigt. Wenn der Sportler relativ unerfahren ist, kann ein zwölfwöchiges Programm für die Wettkampfperiode vor dem entscheidenden Wettkampf nötig sein. Jede Trainingseinheit kann in zwei oder mehr Blöcke unterteilt werden, in denen die Aufmerksamkeit auf Schwächen, Stärken oder Spezialübungen gerichtet wird. So kann man sich z.B. entscheiden, während des ersten zweiwöchigen Blocks am Angriff zu arbeiten mit einer maximalen Pause von zehn Sekunden zwischen den Angriffen. Der nächste zweiwöchige Block kann dem Sparring über sechs Runden à drei Minuten mit einer bestimmten Anzahl von Wiederholungen während der Trainingseinheit gewidmet sein. Weitere Blöcke können vom Trainer nach eigenem Ermessen geplant werden. Ein mögliches Programm für die Wettkampfperiode ist in Tabelle IV.10 dargestellt.

Dieses Programm sollte bewußt als sehr vage aufgefaßt werden. Jedes Programm sollte Raum für Flexibilität lassen, was bedeutet, daß der Trainer darauf vorbereitet sein sollte, das Programm nötigenfalls zu modifizieren. Da die Erholungspausen für das Erreichen von Trainingseffekten entscheidend sind, sollte der Trainer mehr als einen Erholungstag pro Woche gestatten. Eine Faustregel ist, maximal vier Ruhetage pro Woche einzuplanen, je nachdem, wie der Sportler sich fühlt. Jeder weitere Ruhetag wird der optimalen Vorbereitung des Sportlers auf den Wettkampf nicht dienlich sein. Überhaupt keine Ruhetage sind mit Sicherheit leistungsabträglich (siehe Kapitel II). Nach einer intensiven Woche mit zwei wichtigen Wettkämpfen, wie z.B. in Woche 2 in Tabelle IV.10, sollte die nächste Woche nur einen Leistungshöhepunkt aufweisen, wie z.B. Woche 1 in der Tabelle.

Beispielübungen für spezifisches Taekwondo-Training

Einige Beispiele für Taekwondo-Techniken, die verwendet werden können, um an der taekwondospezifischen Ausdauer des Sportlers zu arbeiten, sind die folgenden:

1. Kampfkombinationen gegen einen imaginären Gegner;
2. Kampfkombinationen gegen ein Polster;
3. Kampfkombinationen gegen einen Tretsack;
4. Kampfkombinationen mit einem Gegner.

Gegen einen imaginären Gegner
- Vorgegebene Kampfkombinationen gegen einen imaginären Gegner, die in einem richtigen Wettkampf eingesetzt werden können. Es sollten mindestens zwei Techniken hintereinander geübt werden.
- Kampfkombinationen mit beliebigen Vorwärts- und Rückwärtsbewegungen;
- beliebige, vom Trainer genannte Kampfkombinationen.

Gegen ein Polster
- Kampfkombinationen gegen ein stationäres Polster;
- vorgegebene Kampfkombinationen gegen ein bewegliches Polster;
- Kampfkombinationen, wobei mit der letzten Technik ein Polster getroffen wird;
- beliebige, vom Trainer genannte Kampfkombinationen gegen ein Polster.

Gegen einen Tretsack
- Kampfkombinationen gegen einen stationären Tretsack;
- Kampfkombinationen, wobei mit der letzten Technik der Tretsack getroffen wird;
- Kampfkombinationen gegen einen schwingenden Tretsack.

Mit einem Gegner
- Vorgegebene Kampfkombinationen gegen einen sich bewegenden Gegner;
- beliebige Kampfkombinationen mit einem sich bewegenden Gegner;
- Kampfkombinationen mit unterschiedlichen Gegnern;
- Kampfkombinationen, bei denen der Sportler in der Mitte eines Kreises steht, während seine Gegner um ihn herumstehen. Die Gegner greifen nacheinander an, entweder in vorgegebener oder in zufälliger Reihenfolge.

Woche 1

Trainingshäufigkeit	Trainingsdauer	Trainingsintensität	Trainingsart
Montag	Ruhe		
Dienstag	2 Std.	70 - 75% HF_{max}	Taekwondo
Mittwoch	2 Std.	75 - 85% HF_{max}	Taekwondo
Donnerstag	2 Std.	80 - 85% HF_{max}	Taekwondo
Freitag	2 Std.	75 - 80% HF_{max}	Taekwondo
Samstag	2 Std.	85 - 90% HF_{max}	Taekwondo
Sonntag	2 Std.	95 - 100% HF_{max}	Taekwondo

Woche 2

Trainingshäufigkeit	Trainingsdauer	Trainingsintensität	Trainingsart
Montag	Ruhe		
Dienstag	2 Std.	80 - 85% HF_{max}	Taekwondo
Mittwoch	2 Std.	70 - 75% HF_{max}	Taekwondo
Donnerstag	2 Std.	95 - 100% HF_{max}	Taekwondo
Freitag	2 Std.	75 - 80% HF_{max}	Taekwondo
Samstag	2 Std.	85 - 90% HF_{max}	Taekwondo
Sonntag	2 Std.	95 - 100% HF_{max}	Taekwondo

Tabelle IV.10: Trainingsprogramm zur Verbesserung der taekwondospezifischen Ausdauer während der Wettkampfperiode

Beispiele von Kampfkombinationen

*Tiefer Halbkreistritt, Dreh-Rücken-Tritt und Stoß;
*tiefer Halbkreistritt, tiefer Halbkreistritt mit dem anderen Bein, Dreh-Rücken-Tritt;
*doppelter tiefer Halbkreistritt mit dem gleichen Bein, Dreh-Rücken-Tritt mit dem anderen Bein;
*tiefer Halbkreistritt, hoher Halbkreistritt mit dem anderen Bein, Dreh-Rücken-Tritt;
*tiefer Halbkreistritt, hoher Halbkreistritt mit dem gleichen Bein, Dreh-Rücken-Tritt;
*tiefer Halbkreistritt, Stoßtritt vorwärts mit dem anderen Bein, Dreh-Rücken-Tritt;
*tiefer Halbkreistritt, Stoßtritt vorwärts mit dem anderen Bein, Axttritt mit dem gleichen Bein;
*tiefer Halbkreistritt, Dreh-Rücken-Tritt, tiefer Halbkreistritt.
*Seittritt, Dreh-Rücken-Tritt, tiefer Halbkreistritt.
*Tiefer Block, Stoß, tiefer Halbkreistritt, Dreh-Rücken-Tritt.

Umgekehrter Faust-stoß mit dem rechten Arm

Mittlerer Halbkreis-tritt mit dem rechten Bein

Axttritt mit dem rechten Bein

Abbildung IV.3: Kampfkombinationen I

Mittlerer Halbkreistritt mit dem rechten Bein

Hoher Halbkreis-tritt mit dem linken Bein

Mittlerer Dreh-Rücken-Tritt mit dem rechten Bein

Abbildung IV.4: Kampfkombinationen II

Übergangsperiode

Wie in Kapitel II ausgeführt, besteht die Übergangsperiode aus aktiver Erholung. In Abhängigkeit vom Wettkampfplan des Sportlers und seinen langfristigen Plänen kann die Übergangsperiode zwischen zwei und vier Wochen lang sein. Aktive Erholung kann bedeuten, daß der Sportler anderen Aktivitäten als Taekwondo nachgeht, wie z.B. Schwimmen oder Ballspiele. Es sollte darauf geachtet werden, daß der Sportler sich keine Verletzungen zuzieht, die ihn am Erreichen seiner Trainingsziele hindern. Ein mögliches Szenarium kann aussehen wie das in Tabelle IV.11 dargestellte. Der Trainer und der Sportler sind frei, beliebig viele Aktivitäten auszuwählen, denen der Sportler nachgehen will. So kann der Sportler z.B. in der zweiten Woche der Übergangsperiode Tennis und Frisbee spielen, statt zu schwimmen und Basketball zu spielen.

Trainingshäufigkeit	Trainingsdauer	Trainingsintensität	Trainingsart
Montag	2 Std.	50 - 60% HF_{max}	Schwimmen
Dienstag	2 Std.	70 - 80% HF_{max}	Schwimmen
Mittwoch	2 Std.	65 - 70% HF_{max}	Basketball
Donnerstag	Ruhe		
Freitag	2 Std.	70 - 80% HF_{max}	Basketball
Samstag	2 Std.	65 - 70% HF_{max}	Schwimmen
Sonntag	Ruhe		

Tabelle IV.11: Programm für eine einwöchige Übergangsperiode

Literaturhinweise

1. Astrand, P.O./Rodahl, K. (1986): *Textbook of Work Physiology.* New York u.a.: McGraw-Hill Book Company.

2. Bell, R.D./Faulkner, R.A./Goldade, R./Laxdal, V.A. (1989): Performance Characteristics of Elite Canadian Wrestlers. *Journal of Physical Education and Sport Sciences,* 1, 1: 33-37.

3. Birrer, R.B./Stein, R./Kalman, F./McGloin, E./Chesler, R. (1988): The Fitness Profile of the Black Belt Martial Arts Athlete. In: C.O. Dotson/ J.H. Humphrey (Hrsg.): *Exercise Physiology. Current Selected Research.* New York: AMS Press, Inc.: 133-140.

4. Bouchard, C./Taylor, A.W./Simoneau, J.-A./Dulac, S.: Testing Anaerobic Power and Capacity. In: J.D. MacDougall/H.A. Wenger/H.J. Green (Hrsg.): *Physiological Testing of the High-Performance Athlete,* Champaign, IL: Human Kinetics Books: 175-221.

5. Callister, R./Callister, R.J./Staron, R.S./Fleck, S./Tesch, P./Dudley, G.A. (1991): Physiological Characteristics of Elite Judo Athletes. *International Journal of Sports Medicine,* 12, 2: 196-203.

6. Heyward, V. (1984): *Designs for Fitness.* Minneapolis: Burgess Publishing Company.

7. Lamb, D. (1984): *Physiology of Exercise, Responses and Adaptations.* New York: MacMillan Publishing Company.

8. Little, N.G. (1991): Physical Performance Attributes of Junior and Senior Women, Juvenile, Junior and Senior Men Judokas. *Journal of Sports Medicine and Physical Fitness*, 31, 4: 510-520.

9. MacDougall, J.D./Wenger, H.A. (1991): The Purpose of Physiological Testing. In: J.D. MacDougall/H.A. Wenger/H.J. Green (Hrsg.): *Physiological Testing of the High-Performance Athlete*, Champaign, IL: Human Kinetics Books: 1-5.

10. Pieter, W. (1991): Performance Characteristics of Elite Taekwondo Athletes. *Korean Journal of Sport Science,* 3: 94-117.

11. Puhl, J./Case, S./Fleck, S./Van Handel, P. (1982): Physical and Physiological Characteristics of Elite Volleyball Players. *Research Quarterly*, 53, 3: 257-262.

12. Seresse, O./Simoneau, J.-A./Lortie, G./Bouchard, C./Boulay, M.R. (1989), unveröffentlichte Rohdaten.

13. Taaffe, D./Pieter, W. (1990): Physical and Physiological Characteristics of Elite Taekwondo Athletes. In: *Commonwealth and International Conference Proceedings. Volume 3. Sport Science Part 1. Auckland*, New Zealand: NZAHPER: 80-88.

14. Taylor, A.W./Brassard, L. (1981): A Physiological Profile of the Canadian Judo Team. *Journal of Sports Medicine and Physical Fitness,* 21, 2: 160-164.

15. Taylor, A.W./Brassard, L./Proteau, L./Robin, D. (1979): A Physiological Profile of Canadian Greco-Roman Wrestlers. *Canadian Journal of Applied Sports Science*, 4, 2: 131-134.

16. Thompson, W.R./Vinueza, C. (1991): Physiologic Profile of Tae Kwon Do Black Belts. *Sports Medicine, Training and Rehabilitation,* 3, 1: 49-53.

17. Vaccaro, P./Clarke, D.H./Wrenn, J.P. (1979): Physiologic Profiles of Elite Women Basketball Players. *Journal of Sports Medicine*, 19, 1: 45-54.

18. Wilmore, J.H./Costill, D.L. (1988): *Training for Sport and Activity*. Dubuque, Iowa: Wm. C. Brown Publishers.

KAPITEL V

Krafttraining im Taekwondo

Einleitung

Wie für Bewegungen im täglichen Leben, ist für Taekwondo-Bewegungen Muskelkraft erforderlich. Im Gegensatz zu einigen anderen Sportarten, in denen Kraft vielleicht dominierender als Ausdauer ist, z.B. Kugelstoß, Speerwurf, und im Gegensatz zu einigen Sportarten, in denen die Ausdauer eine größere Rolle als die Kraft spielt, z.B. im Marathonlauf, 10 km-Lauf, können Kraft und Ausdauer im Taekwondo als gleich wichtig angesehen werden. Kraft ist wichtig für Tritte und Stöße, hat aber auch eine wichtige Funktion im Rahmen der Verletzungsprophylaxe. So scheint Kraft z.B., je nachdem, wie man sie mißt, mit der Schnelligkeit, mit der der Körper oder Teile des Körpers bewegt werden können, zusammenzuhängen (23). Untersuchungen haben gezeigt, daß die mittels eines isokinetischen Gerätes (siehe weiteres zur isokinetischen Kraft unten) gemessene Kraft einen positiven Bezug zur Trittschnelligkeit im Taekwondo aufweist (6). Es wurde auch festgestellt, daß ein Bezug zwischen der allgemeinen Kraft und der Trittkraft besteht. Es wird vermutet, daß der Kraft eine verletzungsvorbeugende Funktion zukommt (4; 10; 12). Dies bedeutet, daß es um so weniger wahrscheinlich ist, daß benachbarte Strukturen, z.B. das Knie, verletzt werden, je kräftiger bestimmte Körperbereiche sind, z.B. die Oberschenkel- und die Wadenmuskulatur.

Die Integration eines Krafttrainingsprogramms in die Vorbereitung des Sportlers auf einen Taekwondo-Wettkampf ist etwas relativ Neues. Es gibt noch immer viele Trainer und Sportler, die meinen, Krafttraining sei der Leistung im Taekwondo abträglich. Dieser Glauben mag zum Teil auf Hörensagen, Tradition, einem Informationsmangel hinsichtlich der positiven Auswirkungen des Krafttrainings oder auf einer Kombination dieser und anderer Faktoren beruhen. Ähnlich dem Boxen (7) können die folgenden Gründe für den Einbau eines Krafttrainingsprogramms in das Gesamttrainingsprogramm des Taekwondo-Athleten vorgebracht werden:

- Verletzungsprophylaxe;
- verbesserte Muskelausdauer;
- verbesserte Muskelkontraktionsschnelligkeit;
- verbesserte Kraft und Schnellkraft.

Es ist eine Fehlauffassung, daß Krafttraining einen negativen Einfluß auf die Schnelligkeit, Beweglichkeit und Koordination hat. Es wird zugegebenermaßen isolierte Fälle geben, in denen sich einige oder alle der genannten Variablen verschlechtert haben. Es ist jedoch mehr als wahrscheinlich, daß diese Sportler nicht die geeigneten Krafttrainingsprinzipien befolgten und/oder daß sie versäumt haben, bereits erworbene Fertigkeiten, wie Beweglichkeit oder Koordination, weiter zu trainieren. Die folgenden Anregungen, wie man die eventuell nachteiligen Auswirkungen eines Krafttrainings auf die Schnelligkeit, Beweglichkeit oder die Koordination bekämpft, basieren auf Lombardi (14).

Vor jedem Krafttraining sollte man sich aufwärmen und danach abwärmen. Es sollten sowohl allgemeine als auch spezifische Aufwärmübungen verwendet werden (siehe die Trainingsrichtlinien unten). Hierdurch wird das Auftreten von Muskelübersäuerung verhindert. Beziehen Sie ein Stretching- und Beweglichkeitsprogramm in Ihr Krafttraining ein, um potentielle Beweglichkeitsverluste zu verhindern und Verletzungen vorzubeugen. Sehr wichtig ist folgender Hinweis: TRAINIEREN SIE IHRE TAEKWONDO-FERTIGKEITEN PARALLEL ZUM KRAFTTRAINING. Wenn Sie Ihre Taekwondo-Techniken nicht trainieren, werden sie sich zwangsläufig verschlechtern, unabhängig davon, ob Sie ein Krafttraining absolvieren oder nicht. Stellen Sie sicher, daß Sie alle Übungen in Ihrem Krafttrainingsprogramm unter Ausnutzung des vollen Bewegungsumfangs absolvieren (siehe Trainingsrichtlinien unten). Dies trägt zur Beibehaltung Ihrer Beweglichkeit bei.

Eine andere Fehlauffassung ist, daß der Taekwondo-Sportler durch Krafttraining seine Muskelmasse übermäßig vergrößert. Wenn man schwere Gewichte mit ein bis drei Wiederholungen und langen Pausen hebt, wird man seine Muskelmasse definitiv steigern. Diese Art von Kraft, die Maximalkraft genannt wird und die für den Kugelstoß und Speerwurf notwendig ist, wird jedoch im Taekwondo-Wettkampf nicht benötigt. Statt dessen sollten im Taekwondo-Training leichte Gewichte mit vielen Wiederholungen gehoben werden (siehe unten), was lediglich zu einer „Tonisierung" der Muskeln führt.

Dennoch ist ein Wort der Vorsicht angebracht. Es besteht die Gefahr, daß Krafttraining zu einem geringen Gewichtszuwachs führt, da das Muskelgewicht zunimmt. Dies trifft besonders auf diejenigen zu, deren „natürliches" Gewicht unmittelbar über einer leichteren Gewichtsklasse liegt und die in der Regel diese zusätzlichen Kilos verlieren müssen, um in dieser leichteren Gewichtsklasse zu starten (16). Wenn ein derartiger Sportler darüber hinaus nicht viel Fett zu verlieren hat und vielleicht sogar „von Natur aus" muskulös ist, kann es gegebenenfalls beim Krafttraining zu Problemen kommen. Wenn z.B. die Grenze der Bantam-Gewichtsklasse der Frauen bei 55 kg liegt, wird die Athletin, die um 57 kg wiegt, Gewicht verlieren wollen. Wenn diese Athletin einen geringen Körperfettanteil aufweist, werden selbst die geringsten Gewichtszunahmen durch Krafttraining zu einem ernsten Problem werden. In diesem Fall ist es sinnvoll, sich von einem Fachmann für Sporternährung und einem Krafttrainingsspezialisten beraten zu lassen.

Dieses Kapitel handelt von Muskelkraft und Krafttraining für Taekwondo-Wettkämpfe. Es behandelt die Art und Weise, mit der Muskeln kontrahieren, und die verschiedenen Methoden des Krafttrainings. Es wird auch erläutert, wie die Kraft gemessen wird. Die Ergebnisse der Kraftkomponente des OTRP werden ebenfalls vorgestellt werden. Trainingsrichtlinien und -prinzipien werden zusätzlich zu einem möglichen Programm für die Vor- und Hauptsaison vorgestellt.

Muskelkontraktionen

Wenn Muskeln kontrahieren, erzeugen sie Bewegungen. Im allgemeinen werden die folgenden Arten von Kontraktionen unterschieden:

-statische Kontraktionen;
-dynamische Kontraktionen;
 *konzentrisch;
 *exzentrisch.

Statische Kontraktionen. Diese Kontraktionen werden auch *isometrische* Kontraktionen genannt. Isometrisch bedeutet wörtlich „gleiche Länge", d.h., es ist nicht sichtbar, daß die kontrahierenden Muskeln ihre Länge verändern, und auch der Gelenkwinkel, den sie umspannen, ändert sich nicht nennenswert (14). Im Taekwondo kann man diese Art der Kontraktion bei einem geraden Stoß ohne Zurückziehen des Arms oder beim Tritt ohne Zurückziehen des Beins beobachten. Während der Zeit, in der der Arm oder das Bein gestreckt gehalten werden, kontrahieren die Muskeln isometrisch. Ein weiteres Beispiel für isometrische Kontraktionen im Taekwondo ist die Muskelaktion bei einem Block am Ende der Bewegung. So kontrahieren die Armmuskeln zum Beispiel beim tiefen Block *(arae makki)* am Ende des Blocks, wenn sich der Unterarm über der Hüfte befindet, isometrisch.

Dynamische Kontraktionen. Diese Kontraktionen werden auch *isotonische* Kontraktionen genannt. Bei isotonischen Kontraktionen ändert sich die Muskellänge sichtbar (14). Obwohl das Wort isotonisch „gleiche Spannung" bedeutet, ist die Bezeichnung im Grunde falsch, weil die Muskelspannung sich tatsächlich doch ändert (13; 14). Was sich nicht ändert, ist die äußere Spannung, gegen die diese Muskeln arbeiten. Wenn der Sportler z.b. Bizeps-Curls mit einer 30 kg schweren Hantel ausführt, verändert sich die Spannung im Bizeps in Abhängigkeit von dem Winkel, den das Gelenk durchläuft, während sich die äußere Belastung von 30 kg nicht verändert. Wenn sich die Bizepse während dieser Bewegung *verkürzen* (im Aufschwung), sagt man, daß die Muskeln *konzentrisch* kontrahieren. Während der Abschwungphase des Curls werden die Muskeln *gedehnt*, und man sagt, daß sie sich *exzentrisch* kontrahieren. Im Taekwondo verkürzen sich z.b. die vorderen Oberschenkelmuskeln (Quadrizeps) während der Streckphase des Halbkreistritts: Die Muskeln kontrahieren konzentrisch. Während der gleichen Bewegungsphase dieses Tritts kontrahieren die hinteren Oberschenkelmuskeln (ischiocrurale Muskeln oder Hamstrings) exzentrisch.

Eine weitere Art der Kontraktion, die beim Krafttraining des Taekwondo-Sportlers vorkommen kann, ist durch komplizierte Krafttrainingsgeräte bedingt und hat kein Gegenstück im Taekwondo. Diese Kontraktion wird *isokinetisch* genannt, was bedeutet, daß die Muskeln sich mit gleicher Geschwindigkeit, die von der Maschine vorgegeben wird, kontrahieren. Es handelt sich hierbei um eine Form der Muskelkontraktion unter idealen Bedingungen in dem Sinne, daß die Art der Kontraktion nur mit Hilfe des sogenannten isokinetischen Dynamometers hervorgerufen werden kann. Isokinetische Übungen sind durch Bewegungen mit konstanter Geschwindigkeit charakterisiert, während sich die Muskeln maximal oder nahezu maximal über die gesamte Bewegungsspannweite kontrahieren (14). Die Schnelligkeit der Maschine ist vorgegeben, und die moderneren isokinetischen Maschinen ermöglichen sowohl konzentrische als auch exzentrische Muskelkontraktionen.

Zusammfassend läßt sich also sagen, daß es grundsätzlich drei Arten von Muskelkontraktionen gibt, die der Taekwondo-Sportler im Krafttraining erleben kann. Während isometrischer Kontraktionen ändert sich die Muskellänge nicht sichtbar. Ein Beispiel für eine isometrische Kontraktion wäre das Gestrecktthalten des Arms während eines Fauststoßes. Bei dynamischen Kontraktionen verändert sich die Muskellänge. Wenn sich die Muskeln verkürzen, spricht man von einer konzentrischen Kontraktion, und wenn sie gedehnt werden, handelt es sich um eine exzentrische Kontraktion. Ein Beispiel für beide Kontraktionsarten sind die Aktionen des Quadrizeps (konzentrische Kontraktion) und der Hamstrings (exzentrische Kontraktion) während der Streckphase des Halbkreistritts. Die letzte Art der im Krafttraining zu findenden Kontraktion hängt von einer speziellen Maschine, der sogenannten isokinetischen Maschine, ab. Während konzentrischer und exzentrischer Kontraktionen weisen die Muskeln bei einer vorgegebenen Schnelligkeit der Maschine über den ganzen Bewegungsumfang eine maximale oder fast maximale Spannung auf. Basierend auf diesen Kontraktionsarten können die im nächsten Abschnitt vorgestellten Arten von Krafttraining unterschieden werden.

Krafttrainingsarten

Isometrisches Training

Isometrisches Training kann mit oder ohne Gewichte absolviert werden. Ein Beispiel für isometrisches Training ohne Gewichte wäre die Verwendung einer Wand oder eines anderen unbeweglichen Hindernisses, gegen das man in einem bestimmten Winkel mit seinem Arm drückt. Kraftgewinne als Ergebnis isometrischen Trainings sind winkelspezifisch (z.B. 3; 8). Dies würde bedeuten, daß isometrisches Training anderen Krafttrainingsformen unterlegen wäre, wenn man Kraft über den gesamten Bewegungsumfang ausüben wollte. In Kombination mit dynamischem Krafttraining kann isometrisches Training jedoch sehr wertvoll sein. Es wird oft eingesetzt, um die Punkte, an denen man in einem Bewegungsumfang während einer dynamischen Übung festhängt (sogenannte „Sticking Points"), zu überwinden (8; 14). An einem derartigen Punkt hat der Sportler mehr Probleme ein Gewicht zu heben als in jedem anderen Winkelpunkt. Durch ein isometrisches Üben in diesem spezifischen Winkel steigert der Sportler seine Kraft in eben diesem Winkel, und als Ergebnis wird er in der Lage sein, das Gewicht bei einer dynamischen Übung reibungslos durch diesen Punkt zu bewegen. Obwohl isometrisches Training winkelspezifisch ist, kann man in verschiedenen Winkelstellungen trainieren mit dem Ziel, die Kraft über einen größeren Bewegungsumfang zu verbessern.

Dynamisches Krafttraining mit konstanter Belastung

Dynamisches Krafttraining mit *konstanter Belastung* bezieht sich auf dynamische Übungen mit konstanter äußerer Belastung, wie z.B. mit einer 60 kg schweren Hantel. Typischerweise werden bei dieser Art des Krafttrainings Geräte wie Lang- und Kurzhanteln oder Mehrzweckmaschinen, mit denen eine Vielfalt von Übungen möglich sind, eingesetzt. Bei dynamischem Krafttraining mit konstanter Belastung sind sowohl konzentrische als auch exzentrische Kontraktionen möglich. Im Gegensatz zu isometrischem Krafttraining kommt es während des dynamischen Krafttrainings über den gesamten Bewegungsumfang zu Kraftgewinnen. Forschungsergebnisse scheinen darauf hinzudeuten, daß eine Kombination von konzentrischen und exzentrischen Kontraktionen zu optimalen Kraftgewinnen führt (8). Eine Möglichkeit einer Kombination dieser beiden Kontraktionsformen ist, das Gewicht langsam zu senken, nachdem es konzentrisch gehoben wurde. Bei Ausführung des Bizeps-Curls würde man z.B. den Bizeps beim Aufschwung konzentrisch kontrahieren, während es beim langsamen Absenken des Gewichtes zu einer exzentrischen Kontraktion käme, was beim Eintreten der Trainingswirkungen zu der gewünschten optimalen Kraft führen würde. Allerdings ist hinsichtlich des exzentrischen Krafttrainings ein Wort der Vorsicht angebracht. Exzentrisches Training führt ziemlich häufig zu einem Muskelkater, der jedoch schon bald wieder nachläßt (8; 14). Stellen Sie darüber hinaus sicher, daß beim Training mit Hanteln aus Sicherheitsgründen stets ein Beobachter anwesend ist. Dynamisches Krafttraining mit konstanter Belastung ist die typische Trainingsart für viele Sportler.

Beginn auf der Bank

Absprung von der Bank

Sprung nach oben

Abbildung V.1: Beispiel für plyometrisches Training: Tiefsprung

Eine Art des Krafttrainings, die völlig auf exzentrischen Kontraktionen basiert, ist das sogenannte plyometrische Training (3; 14). Beim plyometrischen Training [das manchmal auch Explosivkrafttraining genannt wird (14)] werden die Muskeln vor der Kontraktion gedehnt. Zu den Übungen des plyometrischen Trainings gehören Sprünge mit beidbeinigem Absprung und beidbeiniger Landung, mit einbeinigem Absprung und beidbeiniger Landung und Sprünge mit einbeinigem Absprung und einbeiniger Landung (22). Ein Beispiel für plyometrisches Training findet sich in Abbildung V.1. Die Sportlerin springt von der Bank und hält ihre Knie vor dem Sprung in die Luft gebeugt. In diesem Fall werden die Quadrizeps-Muskeln bewußt gedehnt (sie kontrahieren exzentrisch), wenn die Sportlerin nach dem Sprung von der Bank auf dem Boden landet. Sodann kontrahieren diese Muskeln konzentrisch, um den Sprung nach oben zu ermöglichen. Plyometrisches Training wurde von den Autoren dieses Buches mit Erfolg eingesetzt, um die Sprungkraft von Taekwondo-Sportlern zu verbessern.

Dynamisches Training mit variablem Widerstand

Wie der Name bereits sagt, variiert beim dynamischen Krafttraining mit variablem Widerstand der Widerstand über den gesamten Bewegungsumfang, um schwächeren und stärkeren Winkeln in diesem Bewegungsumfang gerecht zu werden. Das oben erwähnte Phänomen der Sticking Points ist charakteristisch für dynamisches Krafttraining mit konstanter Belastung. Durch die Verwendung spezieller Maschinen mit Nocken und Zugseilen (8) wird der Widerstand der Gewichte variiert, um sich der Kraft des Athleten anzupassen, was zu Kraftgewinnen über den gesamten Bewegungsumfang führt. Obwohl das Prinzip des angepaßten Widerstandes auch aus anatomischer/biomechanischer Sicht Sinn macht, ist es nicht möglich, Maschinen zu bauen, die jedem individuellen Unterschied im Körperbau und dem resultierenden Unterschied in der Extremitätenlänge und anderen Variationen der anatomischen Struktur gerecht werden (8). Dennoch kommt es beim Einsatz von Maschinen mit variablem Widerstand definitiv zu Kraftverbesserungen. Wenn die Gelegenheit besteht, konstante Lasten und variables Widerstandstraining miteinander zu verbinden, hätte der Taekwondo-Sportler ein Werkzeug zur Hand, um sein Krafttraining freudvoller zu gestalten.

Isokinetisches Training

Wie bereits oben erwähnt, sind spezielle Apparate notwendig, um ein isokinetisches Krafttraining zu absolvieren. Der Hauptvorteil des Einsatzes isokinetischer Geräte besteht darin, daß der Widerstand in allen Winkelstellungen des Bewegungsumfangs der Kraft des Sportlers proportional ist. Ein gravierender

Nachteil ist, daß bei hohen Geschwindigkeiten, wie z.B. 300°/sec oder höher, die Bewegung nur über einen sehr kurzen Bewegungsumfang wirklich isokinetisch ist. Die Extremität braucht Zeit, um sich der Schnelligkeit der Maschine anzupassen, was bedeutet, daß sie bereits einen Teil des Bewegungsumfangs durchlaufen hat, bevor sie aufholt. Konsequenterweise zeigen die Muskeln als Ergebnis des isokinetischen Trainings nur über einen Teil des Bewegungsumfangs Kraftgewinne. Bei den niedrigeren Geschwindigkeiten, wie 30°, 60° oder 90°/sec, kommt es über den gesamten Bewegungsumfang zu einem Kraftzuwachs. Kraftgewinne durch isokinetisches Training sind schnelligkeitsspezifisch. Wenn man mit einer Geschwindigkeit von 30°/sec trainiert, kommt es z.B. nur bei dieser Geschwindigkeit zu einem Kraftgewinn, aber nicht notwendigerweise bei niedrigeren oder höheren Geschwindigkeiten (z.B. 8). Forschungsergebnisse deuten darauf hin, daß die optimalen Geschwindigkeiten für das isokinetische Training zwischen 95° und 110°/sec zu liegen scheinen, um Kraftgewinne sowohl bei niedrigeren als auch höheren Geschwindigkeiten zu bewirken (8).

Krafttests

Die Bestimmung der Muskelkraft des Taekwondo-Sportlers gibt mehr Informationen über das Kraftprofil des Individuums. Die Ergebnisse können während einer Rehabilitationsphase nach einer Verletzung als Basisdaten dienen. Auf diese Weise ist es möglich, die Kraft der verletzten Extremität mit der der unverletzten zu vergleichen. Die Kraftmessung hilft auch bei der Kontrolle des Trainingsfortschritts des Sportlers. So will der Trainer vielleicht nach der Vorsaison sein Trainingsprogramm evaluieren und eine Testbatterie anwenden, um unter anderem die Muskelkraft zu bestimmen. Je nachdem, wie die Trainingsdaten ausfallen, können Änderungen gemacht werden.

Obwohl es verschiedene Methoden der Kraftmessung gibt, wurden die Sportler, die freiwillig am OTRP teilnahmen, isokinetisch getestet. Zu diesem Zweck wurde eine sogenannte Cybex-Maschine benutzt, die an einen Computer gekoppelt war. Die Sportler wurden bei vier verschiedenen Geschwindigkeiten getestet: 120°, 180°, 240° und 300°/sec während Beinstreckung und -beugung. Aus Zeitmangel konnte die Armkraft gar nicht und die Hüftkraft nur ansatzweise gemessen werden. Für die Hüftkraft sind die Daten also unvollständig, und für die Armkraft liegen überhaupt keine Daten vor. Die Armkraft ist natürlich für Faustströße wichtig, während die Beinkraft für Tritte wichtig ist. Der Grund für das Bestimmen der Beinstreckung und -beugung ist der Einsatz der vorderen und hinteren Oberschenkelmuskulatur bei den Tritten. Im Rahmen des OTRP wurden nur konzentrische Kontraktionen des Quadrizeps und der Hamstrings getestet. Der Hauptschwerpunkt war die Bestimmung des Verhältnisses zwischen der Kraft der Hamstrings und der Kraft des Quadrizeps. Je geringer die relative Kraft der Hamstrings ist (relativ in bezug zur Kraft des Quadrizeps), desto größer ist das Verletzungsrisiko. Untersuchungen haben gezeigt, daß die Hamstrings im Taekwondo sehr verletzungsanfällig sind (25). Vor allem bei der Ausführung der Axt- und Halbkreistritte ist die Belastung der Hamstrings sehr hoch.

Während des Tests saßen die Versuchspersonen auf dem isokinetischen Kraftmeßgerät, wobei der Oberkörper und das zu testende Bein mit Gurten befestigt waren, um zusätzliche Bewegungen, die die objektive Messung der Kraft der Quadrizeps und Hamstrings hätten stören können, auszuschließen. Den Sportlern wurde gestattet, sich auf der Maschine sowohl allgemein als auch spezifisch aufzuwärmen, um sich an den Testvorgang zu gewöhnen. Ihnen wurden drei Versuche bei jeder zu messenden Geschwindigkeit während des eigentlichen Tests gestattet. Während der Versuche durften sie sich eine Minute lang erholen. Das maximale Kraftmoment, die höchste gemessene Kraft, wurde verwendet, gleichgültig, bei welchem Winkel sie auftrat.

Ergebnisse der Taekwondo-Forschung

Tabelle V.1 zeigt die Mittelwerte des Verhältnisses der hinteren zur vorderen Oberschenkelmuskulatur, auch H/Q-Verhältnisse genannt (H für Hamstrings und Q für Quadrizeps), von Elite-Taekwondo-Kämpfern und -Kämpferinnen bei vier getesteten Geschwindigkeiten (19).

Schnelligkeit	Frauen	Männer
$120°$	65	69
$180°$	69	73
$240°$	72	75
$300°$	75	76

Tabelle V.1: Mittelwerte der H/Q-Verhältnisse (in %) von Elite-Taekwondo-Sportlern (auf der Basis von 19)

Mit steigender Geschwindigkeit tendieren auch die H/Q-Verhältnisse dazu anzusteigen. Es wird vermutet, daß bei den höchsten getesteten Geschwindigkeiten, 240° und 300°/sec, die H/Q-Verhältnisse bei etwa 80 - 90+% liegen sollten (19; 21). Es wird anerkannt, daß die H/Q-Verhältnisse nicht nur von der eingestellten Geschwindigkeit der isokinetischen Maschine abhängen, sondern daß ideale H/Q-Verhältnisse sportabhängig sind. Anders gesagt, optimale H/Q-Verhältnisse können auch von der Sportart der getesteten Sportler abhängen. Forschungsergebnisse (25) und anekdotenhafte Belege deuten jedoch darauf hin, daß die Hamstrings bei Taekwondo-Tritten sehr verletzungsanfällig sind, was starke Hamstrings nur noch wichtiger macht.

Angesichts des Auftretens potentieller Verletzungen und des Vorhandenseins von Grunddaten, mit denen man die verletzte Extremität vergleichen kann, sind Informationen zum H/Q-Verhältnis des linken und des rechten Beines erforderlich. Tabelle V.2 stellte die Mittelwerte der H/Q-Verhältnisse beider Beine bei Elite-Taekwondo-Kämpfern und Kämpferinnen, die bei drei Geschwindigkeiten getestet wurden, vor (20).

Schnelligkeit	Frauen		Männer	
	rechts	links	rechts	links
180°	70	72	72	75
240°	74	73	75	75
300°	75	78	73	79

Tabelle V.2: Mittelwerte der H/Q-Verhältnisse (in %) von Elite-Taekwondo-Sportlern: Vergleiche zwischen links und rechts (auf der Basis von 20)

Es ist deutlich zu sehen, daß zwischen dem rechten und dem linken Bein ein Unterschied in den H/Q-Verhältnissen besteht. Forschungsergebnisse deuten darauf hin, daß ein Kraftunterschied zwischen dem rechten und linken Bein von etwa 10 bis 20% Verletzungen wahrscheinlich macht (z.B. 9; 18). Anders gesagt, wenn die Hamstrings des linken Beines z.B. 10 bis 20% schwächer als die des rechten Beines wären, wäre die Chance, daß es auf der linken Seite zu Verletzungen kommt, größer als auf der rechten Seite. Es wurde gezeigt, daß ein Vergleich zwischen dem linken und dem rechten Bein innerhalb von 7% lag (die Hamstrings des linken Beines war nur maximal 7% schwächer als die des rechten Beines), und in einigen Fällen waren die Hamstrings des linken Beines sogar kräftiger als die des rechten Beines (20). Aus praktischer Sicht gaben jedoch manche Athleten in Gesprächen Hamstring-Verletzungen an. Anders gesagt, obwohl der Unterschied zwischen dem rechten und dem linken Bein innerhalb des in der Literatur vorgeschlagenen Bereichs lag, war der Unterschied zwischen den Hamstrings und den Quadrizeps scheinbar zu groß, was seinen Ausdruck in den relativ niedrigen H/Q-Verhältnisse findet und was dazu führte, daß es zu Verletzungen der Hamstrings kam. Es wird daher empfohlen, die Hamstrings so gut wie möglich zu kräftigen.

Vergleiche mit anderen Kraftsportlern sind schwer anzustellen. Wie gewöhnlich gibt es kaum Daten, die Vergleiche ermöglichen. Des weiteren sind Vergleiche nicht gerechtfertigt, da die Sportler auf unterschiedliche Weise getestet wurden. Vage Annäherungen haben ergeben, daß das H/Q-Verhältnis kanadischer Elite-Judoka bei 120°/sec bei etwa 72,5% liegt (24). Besser geeignet ist ein auf noch unveröffentlichten Daten basierender Vergleich mit Sportlern, die auf die gleiche Weise getestet wurden wie die amerikanischen Taekwondo-Sportler. Belgische Elite-Taekwondo-, Judo- und Karate-Sportler wurden hinsichtlich der Beinstreckung und -beugung bei 240°/sec getestet (5). Auf Basis einer noch zu veröffentlichenden Untersuchung, in der Vergleiche zwischen diesen Sportlern und den im OTRP getesteten Sportlern angestellt wurden, wurde beobachtet, daß sowohl die amerikanischen Taekwondo-Kämpfer als auch die -Kämpferinnen höhere H/Q-Verhältnisse bei 240°/sec erreichten als die belgischen Taekwondo-Kämpfer und -Kämpferinnen. Die Belgier lagen entweder in den niedrigen 50% (Männer) oder in den hohen 50% (Frauen). Es wird vermutet, daß der Unterschied zwischen den amerikanischen und belgischen Sportlern auf die relativ schwachen Hamstrings der Belgier zurückzuführen ist.

Krafttrainingsprinzipien

Obwohl, wie in Kapitel II beschrieben, es allgemeine Trainingsprinzipien gibt, hat jede Komponente des Konditionstrainings, d.h. Ausdauer und Kraft, ihre eigenen Prinzipien, die der Taekwondo-Sportler befolgen sollte. Spezifische Trainingsprinzipien für die aerobe und anaerobe Ausdauer wurden bereits im vorangegangenen Kapitel beschrieben. In diesem Abschnitt werden spezifische Krafttrainingsprinzipien behandelt. Die Informationen beruhen auf Texten von Brooks und Fahey (3), Fleck und Kraemer (8), Lamb (13) und Lombardi (14). Die folgenden Prinzipien werden behandelt:

- Überlastung und Spezifität;
- voller Bewegungsumfang;
- große Muskeln/kleine Muskeln;
- vorderes/hinteres und oberes/unteres Gleichgewicht;
- Erholung;
- Trainingsgeschwindigkeit.

Überlastung und Spezifität. Wenn das Kraftprogramm zu einer besseren Taekwondo-Leistung führen soll, sollte es eine Überlastung der spezifischen Muskelgruppen bewirken, die für Taekwondo-Fertigkeiten wichtig sind. Diese Überlastung sollte auf progressive Weise erfolgen, um das Auftreten einer Muskelübersäuerung zu verhindern. Es ist logisch und sinnvoll, die Muskeln zu kräftigen, die spezifisch für die Taekwondo-Techniken sind, um die Leistung im Wettkampf zu steigern. Welche Muskeln bei den Taekwondo-Techniken eine Rolle spielen, kann durch sogenannte Bedarfsanalysen bestimmt werden (siehe nächsten Abschnitt).

Spezifität bezieht sich zusätzlich zu den spezifischen Muskeln, die bei der Technik eine Rolle spielen, auch auf die Bewegungsspezifität. Die Bewegungsspezifität kann am besten durch die Ausführung der Taekwondo-Techniken trainiert werden. Dies bedeutet nicht, daß man bei den Tritten oder Faustößen Gewichtbänder um die Knie oder Handgelenke tragen sollte. Dies würde die diesen Techniken zugrundeliegenden motorischen Programme und damit auch die Technikausführung stören und könnte vielleicht sogar zu Verletzungen führen. Es bedeutet auch nicht, daß man Krafttrainingsgeräte zur Ausführung von Tritten und Faustößen verwenden sollte, wenn dies möglich wäre. Es bedeutet jedoch, daß man die Muskeln, die bei den Taekwondo-Techniken eingesetzt werden, isoliert und daß man versuchen sollte, Übungen in sein Programm aufzunehmen, die einen Bezug zu den Taekwondo-Techniken aufweisen, wie z.B. Bankdrücken, Beinstreckungen und Bein-Curls (siehe die Abschnitte Bedarfsanalyse und Vorsaison).

Voller Bewegungsumfang. Zu einem Kraftzuwachs kommt es nur in den spezifischen Winkeln, in denen trainiert wird. Da die Taekwondo-Techniken stets über den vollen Bewegungsumfang ausgeführt werden, sollten auch die Kraftübungen über den vollen Bewegungsumfang (FROM = Full Range of Motion) ausgeführt werden. Wie oben erwähnt, ist der Hauptnachteil des isometrischen Krafttrainings, daß es nur in spezifischen Winkelstellungen zu einem Kraftzuwachs führt. Es ist möglich, dynamisches Krafttraining durch isometrisches zu ergänzen, um die Sticking Points zu überwinden. In derartigen Fällen kann der Bewegungsumfang begrenzt sein, es sollte aber nie unter Ausschluß von FROM-Übungen trainiert werden.

Große Muskeln/kleine Muskeln. Wenn die Muskeln ermüden, wird das Training weniger effektiv. In der Regel ermüden Muskeln, weil kleinere Muskelgruppen, die bei den jeweiligen Bewegungen involviert sind, ermüden. Wenn man z.B. zuerst Handgelenk-Curls und -Streckungen ausführt, können die Unterarme ermüden, so daß Bankdrücken oder Bizeps-Curls schwieriger als nötig werden. Statt dessen sollte man zuerst „bankdrücken" und erst danach die Bizeps-Curls und Ellenbogenstreckungen und schließlich die Handgelenk-Curls und -Streckungen absolvieren.

Gleichgewicht zwischen den vorderen und hinteren sowie den oberen und unteren Muskelgruppen. Es ist entscheidend, daß zwischen entgegengesetzten Muskelgruppen ein Gleichgewicht besteht. Der wichtigste Grund hierfür ist die Verletzungsprophylaxe (z.B. 4). Wie oben angedeutet, ist, wenn die Hamstrings relativ schwächer als die Quadrizeps-Muskeln sind, das Risiko einer Verletzung der Hamstrings bei Tritten höher. Wie groß der Unterschied zwischen entgegengesetzten Muskelgruppen sein sollte, ist nicht schwer zu beantworten. Für Taekwondo wird eine Spannbreite von 85 - 90+% bei einer Testgeschwindigkeit von etwa $240°$ bis $300°$/sec auf einer isokinetischen Maschine vorgeschlagen. Eine Faustregel wäre, die vorderen/hinteren und unteren/oberen Muskeln zu trainieren und dabei darauf zu achten, daß die entgegengesetzten Muskeln so kräftig wie möglich werden. Ein anderer Grund, nach einer ausgewogenen Entwicklung der Muskeln zu streben, ist der potentielle negative Effekt eines muskulären Ungleichgewichtes auf die Beweglichkeit, dergestalt, daß die Beweglichkeit reduziert wird. Eine reduzierte Beweglichkeit kann auch zu Verletzungen führen, was uns zum ersten Grund für eine ausgewogene Muskelentwicklung zurückbringt.

Erholung. Wie bereits wiederholt in diesem Buch betont wurde, ist es äußerst wichtig, auf angemessene Erholungsperioden zu achten. Anders gesagt, stellen Sie sicher, daß zumindest ein Ruhetag zwischen Krafttrainingseinheiten liegt. Wie beim Ausdauertraining ist ein Krafttraining an drei durch jeweils einen Ruhetag getrennten Tagen pro Woche für Taekwondo-Sportler ausreichend. Wie in den vorherigen Kapiteln erwähnt, kommt es zu einem Übertraining, wenn man sich nicht ausreichend erholt.

Trainingsgeschwindigkeit. Trainingsgeschwindigkeit bezieht sich auf die Geschwindigkeit, mit der der Sportler die Gewichte beim isotonischen Krafttraining anhebt oder mit der er den Arm beim Training an einer isokinetischen Maschine bewegt. Wenn man der Literatur folgt, ist es wahrscheinlich am besten, eine mittlere Geschwindigkeit einzuhalten. Wenn man die Gewichte so schnell wie möglich bewegt, wird der geeignete Widerstand nur für einen kurzen Zeitraum erreicht. Auf einer isokinetischen Maschine werden, wie bereits oben erwähnt, Geschwindigkeiten zwischen $95°$ und $110°$/sec als optimale Geschwindigkeiten für das Krafttraining angesehen. Höhere Geschwindigkeiten, wie beim isotonischen Training, trainieren die Muskeln nur über einen kurzen Anteil des Bewegungsumfangs. Für das Training der Muskelausdauer (siehe unten) auf einem isokinetischen Dynamometer wird eine Geschwindigkeit von etwa $180°$/sec mit Wiederholungen in drei Sätzen bis zur Erschöpfung vorgeschlagen (17).

Bedarfsanalyse

Der Trainer muß die Kraftart analysieren, die für den Taekwondo-Wettkampf benötigt wird, und ebenso, welche Muskeln bei der Technikausführung eine Rolle spielen. So brauchen z.b. kraftorientierte Sportler wie Kugelstoßer oder Speerwerfer Maximalkraft, während Marathonläufer eher aerobe Kraftausdauer benötigen. Taekwondo-Sportler andererseits benötigen anaerobe Kraftausdauer. Ein Beispiel dafür, welche Muskeln bei einem Halbkreistritt im Karate benötigt werden und wie man ihre Kraft trainiert, kann in dem Artikel von Hobusch und McClellan nachgelesen werden (11).

Maximalkraft ist die größte Kraft, die der Sportler einsetzen kann. Sie drückt sich aus in der höchsten Last, die ein Sportler heben kann. Zusätzlich zur Maximalkraft benötigen Kraftsportler auch die sogenannte Absolutkraft (2), worunter die unabhängig vom Körpergewicht entfaltete Maximalkraft verstanden wird. Wie bei der (aeroben und anaeroben) Ausdauer spielt das Körpergewicht auch bei der Kraft eine Rolle: Je schwerer ein Sportler ist, desto größer ist seine Absolutkraft. Relative Kraft ist andererseits die durch das Körpergewicht dividierte Kraft. Sie ist sehr wichtig bei Sportarten, in denen es Gewichtskategorien gibt, wie z.B. beim Taekwondo, in der der Sportler sich durch den Raum katapultieren muß. Anders gesagt, je höher die relative Kraft eines Sportlers, desto besser wird der Beitrag für eine verbesserte Leistung sein.

Aerobe Kraftausdauer (die auch aerobe Muskelausdauer genannt wird) bezieht sich auf die Ausdauer der Muskeln. Im vorangegangenen Kapitel, in dem die aerobe und anaerobe Ausdauer diskutiert wurden, bezog sich das Wort „Ausdauer" auf die Ausdauer des Herzens (14) Wenn man von aerober Kraftausdauer spricht, bezieht sich das Wort „Ausdauer" auf die Ausdauer der Muskeln (14). Aerobes Muskelausdauertraining ist durch hohe Wiederholungszahlen (mehr als 20) und niedrige Gewichte charakterisiert (2; 8).

Anaerobe Kraftausdauer, die im Taekwondo gebraucht wird, ist durch Muskelausdauer hoher Intensität charakterisiert und kann durch relative hohe Wiederholungen (10 bis 20) mit niedrigen Gewichten trainiert werden (2; 8). Anaerobe Kraftausdauer hilft dem Taekwondo-Sportler, seine Toleranz gegenüber der Milchsäure zu verbessern. Dies bedeutet, daß der Sportler besser imstande ist, der Anhäufung von Milchsäure zu widerstehen, vor allem in der letzten Kampfrunde. Die Toleranz gegenüber der Milchsäure kann durch kurze Ruheperioden während der Kraftübungen (kürzer als eine Minute) trainiert werden, was dazu führt, daß die Milchsäurekonzentration im Körper ansteigt.

Wenn der Trainer die Art Kraft, die für den Taekwondo-Wettkampf gebraucht wird, entwickelt hat, muß er die spezifischen Muskelgruppen identifizieren, die bei der Ausführung der Taekwondo-Techniken dominierend sind [ein Beispiel für Karate findet sich in dem Artikel von Hobusch und McClellan (11)]. Dazu ist ein Grundwissen der Anatomie und der Biomechanik erforderlich. Um dem Trainer, dem diese Information fehlt, zu helfen, findet sich weiter unten der Vorschlag für ein Übungsprogramm, das die für die Tritte und Stöße benötigten Muskeln kräftigt (siehe den Abschnitt zur Vorsaison). Weitere Informationen darüber, welche Muskeln für den Taekwondo-Wettkampf zu kräftigen sind, erhalten sowohl der Trainer als auch der Sportler von einem Kraftspezialisten und einem Leistungsphysiologen. Beide können bei der Gestaltung des Krafttrainingsprogramms des Sportlers helfen. Generell läßt sich sagen, daß es stets empfehlenswert ist, einen Profi zu befragen, denn die Verletzungsrisiken sind sehr real und stören die Taekwondo-Karriere des Sportlers.

Ein abschließender Aspekt der Bedarfsanalyse bezieht sich auf die Individualität (8). Der Trainer kann ein Programm für die gesamte Gruppe, für die er verantwortlich ist, entwickeln, aber es sollte Raum für ein individuelles Vorgehen bestehen. Wenn z.B. ein Sportler Kraftdefizite in den Hamstrings aufweist, müssen zusätzliche Übungen entwickelt werden, die diese Muskeln kräftigen. Es wäre auch möglich, diesen Sportler einen zusätzlichen Satz Bein-Curls absolvieren zu lassen.

Vorsaison

Die Vorsaison ist die Zeit, die man der Entwicklung der allgemeinen statt der speziellen Kraft widmet. Dies kann durch isotonische oder isokinetische Geräte erfolgen. Isometrische Übungen können sowohl mit isotonischen als auch mit isokinetischen Geräten durchgeführt werden. Mit isokinetischen Maschinen können isometrische Übungen realisiert werden, indem man die Geschwindigkeit auf null Grad pro Sekunde einstellt. Während der spezifischen Vorbereitungsperiode der Vorsaison sollte die spezifische Kraft trainiert werden. Wieder kann der Sportler isotonische oder isokinetische Geräte verwenden, er sollte jedoch später in dieser spezifischen Vorbereitungsperiode einen schweren Sack wählen. Dieser schwere Sack wird auch während der Wettkampfsaison verwandt werden. Er dient zwei Zwecken. Erstens wird der Sportler in der Lage sein, die Taekwondo-Techniken am Sack zu praktizieren, wobei er so hart wie möglich tritt oder boxt. Hierdurch trainiert er die taekwondospezifische Kraft. Zweitens ist es auch möglich, die anaerob-laktazide Ausdauer zu trainieren (siehe Kapitel IV).

Wenn der Sportler ein Krafttrainingsneuling ist oder wenn das allgemeine Kraftniveau des Sportlers niedrig ist, sollte er zunächst seine Maximalkraft entwickeln. In der allgemeinen Vorbereitungsperiode der Vorsaison wird die Maximalkraft entwickelt, und eine Vielfalt von Übungen wird eingesetzt. Tabelle V.3 enthält eine Liste möglicher Übungen. Es wird angenommen, daß der Trainer und der Sportler sich entschieden haben, isotonisches Krafttraining einzusetzen. Die Übungen in Tabelle V.3 sind nicht besonders geordnet. Es handelt sich lediglich um eine Auflistung von Übungen, nicht um ein Programm mit einem zugrundeliegenden Trainingsprinzip im Hinblick auf große/kleine Muskelgruppen. Die Anzahl der Wiederholungen zur Entwicklung der Maximalkraft ist niedrig (3 bis 5), die Lasten sind relativ hoch, und es werden drei Sätze pro Übung ausgeführt. Anaerobes Kraftausdauertraining findet während der spezifischen Vorbereitungsphase der Vorsaison statt. Wie oben erwähnt, ist die Belastung relativ niedrig mit hohen Wiederholungszahlen (10 bis 20). Ein anderes Beispiel für ein taekwondospezifisches Krafttrainingsprogramm wurde von Lowell (15) vorgestellt, obwohl sich kein Hinweis darauf findet, in welcher Saison dieses Programm eingesetzt werden sollte.

Oberkörper	**Untere Extremitäten**
Bankdrücken	Kniebeuge
Latissimus-Zug (lat-pull)	Beinpresse
Militär-Presse im Sitzen (seated military press)	Beinstreckung
Vornübergebeugtes Rudern	Bein-Curl
Fliege mit geneigtem Oberkörper (inclined chest fly)	Fersenheben
Delta-Fliege (deltoid fly)	Oberschenkel-Abduktion
Bizeps-Curl	Oberschenkel-Adduktion
Trizeps-Streckung	Hüftbeugung
Schulter-Hochziehen	Ausfallschritt
Handgelenkstreckung	Tiefsprung
Handgelenkbeugung	
Sit-ups	
Rückenstreckung	
Klimmzug	
Aufrechtes Rudern	

Tabelle V.3: Beispielübungen zur Entwicklung der Maximalkraft

Vor der Vorstellung der Trainingsrichtlinien ist es hilfreich, eine Anzahl von Krafttrainingsbegriffen zu definieren. *Wiederholung* bezieht sich darauf, wie oft eine bestimmte Last gehoben wird. Die höchste Last, die nur einmal gehoben werden kann, wird das *Wiederholungsmaximum* (RM = Repetition Maximum) genannt. Eine Übung, die aus einer oder mehr Wiederholungen besteht, wird Satz genannt. So wäre z.B. Bankdrücken mit einmal 10 RM ein Satz, während zweimal 10 RM zwei Sätze wären etc. Zehn RM beziehen sich auf die Fähigkeit des Sportlers, ein bestimmtes Gewicht zehnmal zu heben, während der Sportler die Last ein 11. Mal nicht mehr mit guter Technik heben könnte.

Trainingsrichtlinien

Wie bereits oben gesagt, werden während der allgemeinen Vorbereitungsphase der Vorsaison die Maximalkraft und die Kraftausdauer betont. In diesem Fall gelten die folgenden Richtlinien:

Häufigkeit. Für Taekwondo-Sportler ist es ausreichend, dreimal in der Woche ein Krafttraining zu absolvieren. Es ist am besten, die Krafttrainingseinheiten an einem anderen Tag als die aeroben und anaeroben Ausdauer-Trainingseinheiten zu planen, da vermutet wird, daß ein gleichzeitiges Kraft- und Ausdauertraining die Kraftentwicklung behindern kann (3). Dies trifft jedoch möglicherweise nur auf die Entwicklung der Maximalkraft zu, was bedeutet, daß Trainingseinheiten zur Verbesserung der Kraftausdauer am gleichen Tag wie aerobe und anaerobe Ausdauertrainingseinheiten geplant werden können. Es gibt zu diesem Thema noch nicht genügend Forschungsergebnisse, vieles ist also noch unbekannt. Es ist beispielsweise auch gut möglich, daß bei zwei Trainingseinheiten pro Tag, einer Ausdauer- und einer Krafttrainingseinheit, keine Störungen auftreten. Es ist daher dem Trainer überlassen, wie er die Ausdauer- und Krafttrainingseinheiten seiner Sportler plant.

Dauer. Die Länge der Trainingseinheiten variiert natürlich von Individuum zu Individuum. Sie hängt von solchen Faktoren ab wie der Anzahl der ausgewählten Übungen, der Anzahl der Wiederholungen und der Sätze sowie von den Erholungspausen zwischen den Übungen und den Sätzen. Die Arbeit an der Maximalkraft kann länger dauern als die an der Kraftausdauer, denn Maximalkrafttraining besteht aus mehr Übungen und längeren Erholungspausen zwischen Übungen und Sätzen. Die Gesamtdauer des Krafttrainingsprogramms kann auf 12 Wochen zur Entwicklung der Maximalkraft und auf 6 Wochen zur Entwicklung der Kraftausdauer angesetzt werden.

Intensität. An Stelle von Herzfrequenzen, die als Indikatoren der Intensität des Ausdauertraining verwandt wurden (siehe Kapitel IV), kann die Belastung zur Bestimmung der Intensität der Krafttrainingseinheiten verwandt werden. Es ist natürlich auch möglich, die Häufigkeit des Trainings zu variieren und die Erholungspausen so zu manipulieren, daß sich die Intensität der Trainingseinheiten ändert. Zur Zeit bleibt die Häufigkeit während des gesamten Krafttrainingsprogramms gleich, d.h. drei Tage pro Woche. Die Erholungsintervalle zwischen den Übungen und den Sätzen zur Entwicklung der Maximalkraft werden auf zwei Minuten festgesetzt. Dies bedeutet, daß zusätzlich zur gehobenen Last und zur Variation der Intensität nur die Anzahl der Wiederholungen manipuliert wird. Je mehr die Kraft des Sportlers sich verbessert, desto mehr muß die Last gesteigert werden, um Trainingseffekte zu erzielen. Zur Entwicklung der Maximalkraft werden 3 bis 5 RM (= Repetition Maximum = Wiederholungsmaximum) benutzt und zur Entwicklung der Kraftausdauer 10 bis 20. In den Tabellen V.4 und V.5 ist nur die Anzahl der Wiederholungen angegeben, um die Intensität zu kennzeichnen. Eine Ausnahme wird für Situps und Rückenstreckungen gemacht: Der Sportler kann so viele Wiederholungen absolvieren, wie er möchte. Die Anzahl der Wiederholungen kann immer gesteigert werden, wenn der Sportler meint, daß er sie bewältigen kann.

Trainingsart. Die Art des vom Sportler absolvierten Krafttrainings hängt von den vorhandenen Geräten ab. Es wird der Einfachheit halber angenommen, daß der Sportler ein isotonisches Krafttraining mit konstanter Last absolviert. In den Abbildungen V.2 bis V.12 sind einige Übungen dargestellt.

Es wird angenommen, daß das Krafttraining am gleichen Tag stattfindet, an dem der Sportler an seiner Ausdauer arbeitet. Man könnte z.B. nachmittags an der Ausdauer und am Nachmittag oder abends an der Kraft arbeiten. Dem Trainer steht es natürlich frei, einen abweichenden Plan zu erstellen.

Eine Reihe von Übungen zur Entwicklung der Maximalkraft wurde bereits in Tabelle V.3 vorgestellt. Tabelle V.6 zeigt Übungen, die sich zur Entwicklung der Kraftausdauer eignen. Beim Training der Maximalkraft und Kraftausdauer ist es wichtig, die trainierten Muskelgruppen abzuwechseln. Zusätzlich zum Training entgegengesetzter Muskelgruppen (siehe Krafttrainingsprinzipien) sollte der Sportler auch zwischen Übungen für den Ober- und den Unterkörper abwechseln. Eine detaillierte Beschreibung der Ausführung der unterschiedlichen Übungen und der genauen Muskelgruppen, die sie trainieren, würde den Umfang dieses Buches sprengen. Der Trainer und der Sportler sollten diesbezüglich einen Krafttrainingsspezialisten befragen.

	Wochen 1 bis 4		
Trainingshäufigkeit	Trainingsdauer	Trainingsintensität	Trainingsart
Dienstag	variiert	3 RM	isotonisch
Donnerstag	variiert	3 RM	isotonisch
Samstag	variiert	3 RM	isotonisch
	Wochen 5 bis 8		
Trainingshäufigkeit	Trainingsdauer	Trainingsintensität	Trainingsart
Dienstag	variiert	4 RM	isotonisch
Donnerstag	variiert	4 RM	isotonisch
Samstag	variiert	4 RM	isotonisch
	Wochen 9 bis 12		
Trainingshäufigkeit	Trainingsdauer	Trainingsintensität	Trainingsart
Dienstag	variiert	5 RM	isotonisch
Donnerstag	variiert	5 RM	isotonisch
Samstag	variiert	5 RM	isotonisch

Tabelle V.4: Programm zur Verbesserung der Maximalkraft in der Vorsaison

	Wochen 1 bis 3		
Trainingshäufigkeit	Trainingsdauer	Trainingsintensität	Trainingsart
Dienstag	variiert	10 RM	isotonisch
Donnerstag	variiert	10 RM	isotonisch
Samstag	variiert	10 RM	isotonisch
	Wochen 4 bis 6		
Trainingshäufigkeit	Trainingsdauer	Trainingsintensität	Trainingsart
Dienstag	variiert	15 RM	isotonisch
Donnerstag	variiert	15 RM	isotonisch
Samstag	variiert	15 RM	isotonisch

Tabelle V.5: Programm zur Verbesserung der Kraftausdauer in der Vorsaison

Oberkörper	Untere Extremitäten
Bankdrücken	Kniebeuge
Latissimus-Zug (lat-pull)	Beinstreckung
Vornübergebeugtes Rudern	Bein-Curl
Bizeps-Curl	Tiefsprung
Trizeps-Streckung	Hüftbeugung
Sit-ups	Fersenheben
Rückenstreckung	

Tabelle V.6: Beispielübungen zur Entwicklung der Kraftausdauer

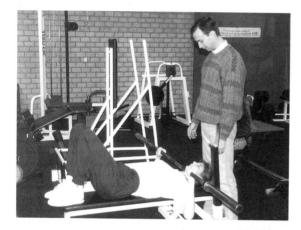

Beginn

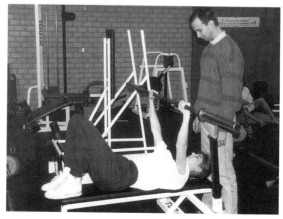

Ende

Abbildung V.2: Bankdrücken

Beginn   *Ende*

Abbildung V.3: Latissimus-Zug (lat-pull)

Beginn   *Ende*

Abbildung V.4: Vornübergebeugtes Rudern

Beginn   *Ende*

Abbildung V.5: Bizeps-Curl

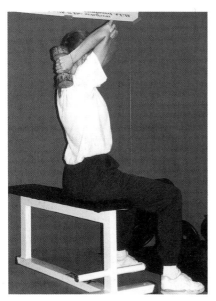 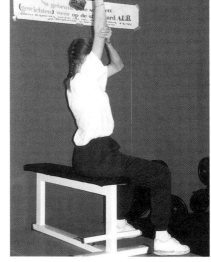

Beginn   *Ende*

Abbildung V.6: Trizeps-Streckung

Beginn   *Ende*

Abbildung V.7: Sit-ups

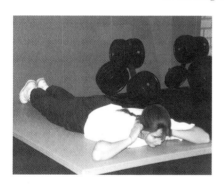

Beginn

Ende

Abbildung V.8: Rückenstreckung

Beginn   *Ende*

Abbildung V.9: Beinpresse

Beginn   *Ende*

Abbildung V.10: Beinstreckung

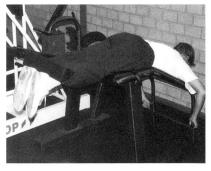 

Beginn *Ende*

Abbildung V.11: Bein-Curl

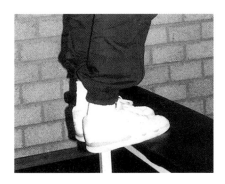 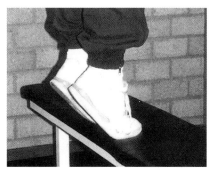

Beginn *Ende*

Abbildung V.12: Fersenheben

Ein mögliches Programm für die Vorsaison, das sowohl Ausdauer-, Kraft- und Taekwondo-Training enthält, ist in Tabelle V.7 dargestellt. In Abhängigkeit von der Phase, in der der Sportler sich befindet, kann das Krafttraining ein Maximalkrafttraining oder ein Kraftausdauertraining sein, während das Ausdauertraining aerob oder anaerob sein kann. Das gleiche gilt für das Taekwondo-Training. Wenn der Sportler z.B. die aerobe Ausdauer trainiert, kann das Taekwondo-Training aus Techniktraining und aerobem Taekwondo-Training bestehen. Die Intensität, die in Tabelle V.7 nicht gezeigt wird, variiert den Trainingszielen entsprechend (siehe dieses und das vorige Kapitel).

Wochen 1 bis 6

Tag	Training	Art	Dauer
Sonntag	Ausd./Kraft*	Laufen/isoton.	variiert
Montag	Ruhe		
Dienstag	Taekwondo	Technik/Ausd.*	2 Std.
Mittwoch	Ausd./Kraft	Laufen/isoton.	variiert
Donnerstag	Taekwondo	Technik/Ausd.	2 Std.
Freitag	Ausd./Kraft	Laufen/isoton.	variiert
Samstag	Taekwondo	Technik/Ausd.	2 Std.

Tabelle V.7: Programm für die Vorsaison, das Ausdauer-, Kraft- und Taekwondo-Training enthält
* Ausd. = Ausdauertraining
isoton. = isotonisches Krafttraining
Technik/Ausd. = Technik- und Taekwondo-Ausdauertraining (aerob oder anaerob)

Wettkampfsaison

Wie oben erwähnt, kann der letzte Abschnitt der spezifischen Vorbereitungsperiode während der Vorsaison dem Treten gegen den schweren Sack gewidmet sein, um die durch das Krafttraining entwickelte Kraft in taekwondospezifische Kraft umzuwandeln. Dieses taekwondospezifische Krafttraining sollte in der Wettkampfsaison fortgesetzt werden. Ein Beispiel eines möglichen Programmes für die Wettkampfsaison ist in Tabelle V.8 dargestellt. Es ist dem Trainer überlassen, wieviel Zeit er dem Training am Sack in einer Trainingseinheit widmet, aber das gesamte Training am Sack sollte möglichst drei Tage in der Woche nicht überschreiten, um dem Körper genügend Zeit zur Erholung zu geben. Der größte Vorteil des Tretens gegen den schweren Sack ist, daß es gleichzeitig ein Kraftausdauer- und ein anaerobes Ausdauertraining darstellt. Durch Veränderung der Erholungsphasen zwischen den Belastungsphasen kann der Trainer den einen oder anderen Aspekt betonen. Wenn die Erholungsperioden z.B. zwischen einer und vier Minuten lang sind, kommt das anaerobe laktazide System ins Spiel (1). Der Einsatz von Erholungsperioden von einer Minute oder kürzer bedeutet, daß die anaerobe Kraftausdauer trainiert wird (8). Die Belastungsintervalle müssen natürlich entsprechend angepaßt werden. Sind die Erholungsphasen länger, kann die Belastungsphase bis zu einer Minute dauern. Im Falle der kürzeren Erholungsphasen können die Belastungsphasen 5 bis 10 Sekunden dauern. Die Anzahl der Wiederholungen kann in diesem Fall 10 oder 20 betragen. Bei Einsatz der längeren Arbeits- und Erholungsintervalle muß die Anzahl der Wiederholungen in Abhängigkeit vom Sportler bis auf 5 oder 6 reduziert werden.

Zusätzlich zum taekwondospezifischen Krafttraining am schweren Sack sollte der Sportler auch ein Erhaltungskrafttrainingsprogramm mit Gewichten oder anderen Krafttrainingsgeräten absolvieren. Angenommen, der Sportler absolviert wieder ein isotonisches Krafttraining mit konstanter Belastung, dann kann das Erhaltungsprogramm einmal in der Woche durchgeführt werden. Die Anzahl der Übungen kann auf einige wichtige reduziert werden. Ein Beispiel findet sich in Tabelle V.9. Eine kurze Beschreibung der Trainingsrichtlinien für die Wettkampfsaison folgt.

	Wochen 1 bis 6		
Tag	**Training**	**Art**	**Dauer**
Sonntag	Taekwondo	Tech./Sack/Takt.*	2 Std.
Montag	Ruhe		
Dienstag	Taekwondo	Tech./Takt.	2 Std.
Mittwoch	Taekwondo	Tech./Sack/Takt.*	2 Std.
Donnerstag	Taekwondo	Tech./Takt.	2 Std.
Freitag	Taekwondo	Tech./Sack/Takt.*	2 Std.
Samstag	Taekwondo	Tech./Takt.	2 Std.

Tabelle V.8: Beispiel eines Programms in der Wettkampfsaison, dessen Schwerpunkt auf dem Training am Sack liegt.
* Tech./Sack/Takt. = Technik, Sack und Taktiktraining

Oberkörper	**Untere Extremitäten**
Bankdrücken	Beinstreckung
Latissimus-Zug (lat-pull)	Bein-Curl
Sit-ups	Hüftbeugung
Rückenstreckung	

Tabelle V.9: Beispielübungen für das Erhaltungsprogramm des Sportlers während der Wettkampfsaison

Trainingsrichtlinien

Häufigkeit. Zur Erhaltung der Kraft ist eine Trainingseinheit pro Woche ausreichend. Wie in Kapitel II dargestellt, ist der Kraftverlust nach Einstellen des Trainings weniger dramatisch als der Verlust an Beweglichkeit. Die Kraft kann leicht durch eine Trainingseinheit pro Woche aufrechterhalten werden. Forschungen scheinen darauf hinzudeuten, daß ohne Krafttraining nach einem Jahr noch 45% der Maximalkraft erhalten sind, während 70% der Kraftausdauer noch 12 Wochen nach dem Abtrainieren erhalten sind (17). Obwohl nicht genau bekannt ist, was die genaue Belastung, Häufigkeit oder Art des Krafttrainings sein sollte, um das Kraftniveau während der Wettkampfsaison aufrechtzuerhalten (8), ist es wahrscheinlich am besten, die Belastung so fortzusetzen wie während der spezifischen Vorbereitungsperiode in der Vorsaison.

Intensität. Die Intensität würde dann drei Sätze à 15 Übungswiederholungen sein, mit Ausnahme der Sit-ups und der Rückenstreckungen, von denen der Sportler so viele ausführen kann, wie er schafft.

Dauer. Da die Anzahl der Übungen reduziert wurde, ist die Gesamtdauer jeder Trainingseinheit viel kürzer als während der Vorsaison. Bompa (2) hat vorgeschlagen, dieses Erhaltungsprogramm bis zur Phase der Trainingsreduzierung vor dem Wettkampf fortzusetzen, aber dies braucht auf das Taekwondo-Training nicht zuzutreffen. Die Autoren dieses Buches empfehlen, das Erhaltungsprogramm etwa vier Wochen vor der Phase der Trainingsreduzierung abzubrechen.

Trainingsart. Wie zuvor handelt es sich bei der Trainingsart um isotonisches Krafttraining mit konstanter Last. Damit soll natürlich nicht gesagt werden, daß der Sportler keine isometrischen oder isokinetischen Methoden einsetzt. Es ist vielleicht sogar eine gute Idee zu versuchen, isometrische oder isokinetische Methoden miteinander zu verbinden. Isokinetische Maschinen sind sehr teuer und nicht immer vorhanden. Wenn sie allerdings vorhanden sind, hat der Trainer sicherlich die Möglichkeit, sie in das Programm des Sportlers einzubauen.

Übergangsperiode

Die Übergangsperiode ist, wie erwähnt, die Zeit, in der der Sportler sich vom Training der Vor- und Wettkampfperiode erholt. Es gelten die gleichen Richtlinien wie die im vorangegangenen Kapitel aufgeführten, auf die der Leser verwiesen wird. Je nachdem, wie lang die Übergangsperiode ist, kann der Trainer sich entscheiden, einmal in der Woche eine kurze Krafttrainingseinheit durchführen zu lassen. Hierbei würde es sich im wesentlichen um ein Erhaltungsprogramm handeln mit dem gleichen Format wie das in der Wettkampfperiode verwendete: einige Übungen, geringe Gewichte und 10 bis 20 Wiederholungen. Ein mögliches Programm ist in Tabelle V.10 dargestellt.

Trainingshäufigkeit	Trainingsdauer	Trainingsintensität	Trainingsart
Montag	Ruhe		
Dienstag	2 Std.	70 - 80% HF_{max}	Schwimmen
Mittwoch	2 Std.	65 - 70% HF_{max}	Basketball
Donnerstag	2 Std.	50 - 60% HF_{max}	Schwimmen
Freitag	2 Std.	70 - 80% HF_{max}	Basketball
Samstag	2 Std.	65 - 70% HF_{max}	Schwimmen
Sonntag	variiert	10 RM	Kraft

Tabelle V.10: Programm für die Übergangsperiode

Literaturhinweise

1. Astrand, P.O./Rodahl, K. (1986): *Textbook of Work Physiology.* New York etc.: McGraw-Hill Book Company.

2. Bompa, T.O. (1983): *Theory and Methodology of Training.* Dubuque, Iowa: Kendall/Hunt Publishing Company.

3. Brooks, G.A./Fahey, T.D. (1985): *Exercise Physiology. Human Bioenergetics and Its Applications.* New York etc.: John Wiley & Sons.

4. Burkett, L.N. (1979): Causative Factors in Hamstring Strains. In: *Medicine and Science in Sport,* 2, 1: 39-42.

5. Claes, L./Claes, D./Holemans, S./Verhoeven, M. (1990): Isometrische en isokinetische krachttest van de kniestrekkers en kniebuigers bij goed getrainde atleten. In: *Sportmedische Tijdingen,* 11, 44: 394-415.

6. Conkel, B./Braucht, J./Wilson, W./Pieter, W./Taaffe, D./Fleck, S./Kearney, J.T. (1988): Isokinetic torque, kick velocity and force in taekwondo. In: *Medicine and Science in Sports and Exercise,* 20, 2 (Supplement): 5.

7. Cordes, K. (1991): Reasons to Strength Train for Amateur Boxing. In: *National Strength and Conditioning Association Journal,* 13, 5: 18-21.

8. Fleck, S.J./Kraemer, W.J. (1987): *Designing Resistance Training Programs.* Champaign, Il: Human Kinetics Books.

9. Grace, T.G. (1985): Muscle Imbalance and Extremity Injury. A Perplexing Relationship. In: *Sports Medicine,* 2, 2: 77-82.

10. Grace, T.G./Sweetster, E.R./Nelson, M.A./Ydens, L.R./Skipper, B.J. (1984): Isokinetic Imbalance and Knee Joint Injuries. In: *Journal of Bone and Joint Surgery,* 66A, 5: 734-740.

11. Hobusch, F.L./McClellan, T. (1990): The Karate Roundhouse Kick. In: *National Strength and Conditioning Association Journal,* 12, 6: 6-9, 84-89.

12. Knapik, J.J./Baumann, C.L./Jones, B.H./Harris, J.M./Vaughan, L. (1991): Preseason Strength and Flexibility Imbalances Associated with Athletic Injuries in Female Collegiate Athletes. In: *American Journal of Sports Medicine,* 19, 1: 76-81.

13. Lamb, D. (1984): *Physiology of Exercise. Responses and Adaptations.* New York: MacMillan Publishing Company.

14. Lombardi, V.P. (1989): *Beginning Weight Training.* Dubuque, IA: Wm. C. Brown Publishers.

15. Lowell, L. (1990): Resistance Training for taekwondo. In: *Sports Medicine Update,* 5, 4: 20-21.

16. Lamers, J.W./Van der Molen, P. (1988): Gewichtsproblemen bij gewichtsklassesporters. In: W.H.M. Saris/Stasse-Wolthuis (Hrsg.): *Sport en Voeding.* Alpen a/d Rijn: Samson Stafleu: 84-96.

17. Moffatt, R.J. (1988). Strength and Flexibility Considerations for Exercise Prescription. In: S.N. Blair/P. Painter/R.R. Pate/L.K. Smith/C.B. Taylor (Hrsg.): *Resource Manual for Guidelines for Exercise Testing and Prescription.* Philadelphia: Lea & Febiger: 253-270.

18. Osternig, L.R. (1986): Isokinetic Dynamometry: Implications for Muscle Testing and Rehabilitation. In: K.B. Pandolf (Hrsg.): *Exercise and Sport Sciences Reviews. Volume 14.* New York: MacMillan Publishing Co: *45-80.*

19. Pieter, W./Heijmans, J. (1989): Hamstrings/quadriceps rations en piek vermogen bij toptaekwondoka. In: *Nederlands Tijdschrift voor Fysiotherapie,* 99, 10: 283-286.

20. Pieter, W./Taaffe, D. (1990): Peak Torque and Strength Ratios of Elite Taekwondo Athletes. In: *Conference Proceedings, Commonwealth and International Conference on Physical education, Sport, Health, Dance, Recreation and Leisure, Volume 3, Part I: 67-79.* Auckland: The New Zealand Association of Health, Physical Education and Recreation. Inc.

21. Pieter, W./Taaffe, D./Troxel, R./Heijmans, J. (1992). Quadriceps/Hamstrings Ratios of Taekwondo Club Athletes and Beginning Tennis Players. In: *Journal of Physical Education and Sport Sciences,* IV, 1: 31-39

22. Radcliffe, J.C./Farentinos, R.C. (1985): *Plyometrics: Explosive Power Training,* 2nd ed., Champaign, IL.: Human Kinetics Publishers.

23. Sale, D.G. (1991): Testing Strength and Power. In: J.D. MacDougall/H.A. Wenger /H.J. Green (Hrsg.): *Physiological Testing of the High-Performance Athlete.* Champaign, Ill: Human Kinetics Books: 21-106.

24. Taylor, A.W./Brassard, L. (1981): A Physiological Profile of the Canadian Judo Team. In: *Journal of Sports Medicine and Physical Fitness,* 21, 2: 160-164.

25. Zandbergen, A. (o.J.): Taekwondo Blessures en Fysiotherapie. Unveröffentlichtes Manuskript, Twentse Akademie voor Fysiotherapie, Enschede.

KAPITEL VI

Techniktraining im Taekwondo

Einleitung

Techniktraining ist im Taekwondo ebenso wichtig wie in vielen anderen Sportarten. Je komplexer die Bewegungen in einer Sportart sind, desto wichtiger wird das Techniktraining (5). Technik kann als die spezifische Weise definiert werden, in der eine Bewegung ausgeführt wird. Wenn alle anderen Faktoren identisch sind, hängen Sieg oder Niederlage häufig von der Beherrschung der Technik ab. Eine gute Technik kann charakterisiert werden durch die rationellste wie auch ökonomischste Ausführung einer Fertigkeit (5). In diesem Fall bezieht sich rationell auch auf die biomechanisch korrekte (siehe unten) Ausführung einer bestimmten Technik. Eine effiziente Technik ist eine Technik, bei der nur die Muskelgruppen aktiviert werden, die notwendig sind, um die Bewegung ohne Energieverschwendung durch die Kontraktion anderer Muskeln zu Ende zu bringen.

Leider gibt es im Taekwondo keine allgemein akzeptierten Regeln für die Ausführung von Techniken, die Trainern und Sportlern als Modell dienen könnten. Nach Bompa (5) „sollte die Technik eines Meisters nur selten als Modell angesehen werden, da sie nicht immer alle Bedingungen erfüllt [biomechanisch korrekt und physiologisch effizient zu sein]" (S. 41). Der Grund dafür, daß es keine allgemein akzeptierten Regeln für die Ausführung von Taekwondo-Techniken gibt, hängt mit dem Mangel an wissenschaftlicher Forschung zusammen, der nicht überraschend ist, da Taekwondo ein relativ junger Kampfsport ist.

Die technische Ausführung von Taekwondo-Fertigkeiten darf nicht mit dem Stil ihrer Ausführung verwechselt werden. Technik hängt von biomechanischen und physiologischen Aspekten ab, während der Stil die individuelle Interpretation der Ausführung einer Fertigkeit ist. Der Halbkreistritt muß z.B. bestimmte Kriterien erfüllen, wie Anheben des Beines, Hüftdrehung, Beinbeugung, Stellung des Stützfußes etc., um ihn in biomechanischer Hinsicht als technisch korrekt zu bezeichnen. Die individuelle Interpretation dieser Kriterien macht daraus den Stil eines Sportlers, der mit dem Temperament des Sportlers, seiner Beweglichkeit, seinem Körperbau, seiner Koordination usw. zusammenhängt.

Die Technik hängt auch von der körperlichen und psychologischen Vorbereitung des Sportlers ab (5). Wenn der Sportler müde ist, wird er sehr wahrscheinlich Probleme haben, die Bewegungen effektiv auszuführen.

Mit anderen Worten, je besser der konditionelle Zustand des Athleten in Hinsicht auf Ausdauer, Kraft und Beweglichkeit ist, desto besser wird er die Fertigkeiten ausführen. Gleichermaßen beeinflußt der psychische Zustand des Sportlers seine Technik. Wenn der Sportler nicht konzentriert ist, kein Selbstvertrauen hat und nicht motiviert ist, wird seine Technik darunter leiden.

Technik sollte nicht als starre Komponente gesehen werden. Im Gegenteil, sie befindet sich in nahezu kontinuierlicher Entwicklung und ist auf die Anforderungen des Wettkampfes bezogen, auf die Einschätzungen des Trainers, die wissenschaftliche Forschung oder auf andere Quellen von Veränderungen (5). Es ist z.B. hinlänglich bekannt, daß es je nach Wettkampfsituation eine Anzahl von Möglichkeiten der Technikausführung gibt. So wurde z.B. vor nicht allzu langer Zeit der Halbkreistritt als Vollkreistritt ausgeführt. Sich ändernde Wettkampfbedingungen haben jedoch dazu geführt, daß er jetzt eher halbmondartig ausgeführt wird. Obwohl der Modifizierung des Kreis-Tritts Wettkampfanforderungen zugrunde lagen, ist es auch möglich, biomechanisch zu begründen, warum der moderne Tritt im Wettkampf effektiver ist. Aufgrund der kreisförmigen Bewegungsbahn war die traditionelle Trittvariante zeitaufwendiger als die gegenwärtige, deren Ausführung wesentlich weniger Zeit in Anspruch nimmt. Anders gesagt, auch aus biomechanischer Perspektive kann die neue Trittvariante schneller absolviert werden. Mehrere andere Beispiele werden dem Leser sicherlich einfallen. Da der biomechanische Aspekt der Ausführung einer Taekwondo-Technik eine der Stützen einer guten technischen Vorbereitung ist, werden weiter unten Grundprinzipien dieses wissenschaftlichen Bereiches behandelt. Zunächst soll allerdings kurz diskutiert werden, wie Taekwondo-Techniken erlernt werden.

Das Erlernen von Taekwondo-Techniken

Um Taekwondo-Sportlern neue Techniken beibringen zu können oder um in der Lage zu sein, Fehler zu korrigieren, benötigt der Trainer ein gutes Verständnis der grundlegenden biomechanischen Prinzipien (siehe nächster Abschnitt) wie auch ein Basiswissen darüber, wie der Sportler Fertigkeiten erlernt. Das Wissen, wie Fertigkeiten erlernt werden, erlaubt dem Trainer, den Sportler kompetent durch den Prozeß der Beherrschung der Taekwondo-Techniken zu führen. Der Trainer wird auch imstande sein herauszufinden, wo innerhalb des Lernprozesses Fehler aufgetreten sind, die den Sportler von der völligen Beherrschung der betreffenden Technik abgehalten haben.

Forschungsergebnisse deuten darauf hin, daß das Techniklernen in drei Phasen geschieht (19):

1. kognitive Phase;
2. assoziative Phase;
3. Automatisierungsphase.

Kognitive Phase. In der kognitiven Phase werden sich die Sportler der Grundelemente der Techniken, die sie im Moment lernen, bewußt (1). Sie haben nur ein globales Bild von der gesamten Fertigkeit. Wenn es zu einem Lernprozeß kommen soll, ist es wesentlich, dem Sportler zu Beginn dieser Phase visuelle Informationen zu geben. Dies bedeutet, daß der Trainer dem Sportler zeigen sollte, wie die Technik auszuführen ist, während er gleichzeitig seine verbalen Erläuterungen auf ein Minimum reduziert.

Beim Erlernen des Seittritts ist z.B. der wesentlichste Punkt des Tritts die Bewegung des Beins zur Seite. Dies ist das globale Bild, das dem Sportler präsentiert werden sollte. Dem Sportler sollten noch keine detaillierten Informationen über die Position des Oberkörpers, des Stützbeins, des Stützbeinfußes, den Winkel des Stützbeins mit dem Boden, die Stellung des Trittbeinfußes etc. gegeben werden.

Während der gesamten kognitiven Phase sollte die Leistung nicht betont werden. Statt dessen sollte der Sportler zu Beginn ausgiebig Gelegenheit bekommen, mit einem Modell als visuelle Hilfe zu üben (dem Trainer). Es wird vermutet, daß das Lernen in der kognitiven Phase direkt proportional zur Übungszeit ist, die dem Athleten gegeben wird und daß sie in einem umgekehrten Verhältnis zum Ausmaß der verbalen Erklärungen steht (1). Anders gesagt, je mehr verbale Informationen der Trainer gibt, desto länger dauert es, bis der Sportler die Fertigkeit erlernt hat. Je mehr Gelegenheit zum Üben der Sportler erhält, desto schneller erlernt er die Technik. Das Ende der kognitiven Phase ist dadurch gekennzeichnet, daß der Athlet in der Lage ist, die Fertigkeit auszuführen und gleichzeitig seine Aufmerksamkeit auf Einzelaspekte der Fertigkeit zu richten. So befindet sich der Sportler z.B. bei Ausführung des Seittritts am Ende der kognitiven Phase, wenn er in der Lage ist, sich bei Ausführung des Tritts auf seine Arme zu konzentrieren, was zu Beginn dieser Phase nicht möglich war.

Assoziative Phase. Während es in der kognitiven Phase vom Sportler nicht gefordert war, bestimmten Kriterien einer guten Technikausführung gerecht zu werden, muß der Sportler in der assoziativen Phase lernen, die Fertigkeit besser und effizienter auszuführen. Form und Präzision sind wichtige Kriterien, denen der Sportler in der assoziativen Phase gerecht werden sollte (1). Obwohl die visuelle Information noch immer wichtig ist, werden verbale Hinweise in dieser Phase effektiver. Wie in der vorangegangenen Phase sollte dem Üben der Fertigkeit ausreichend Zeit gewidmet werden. Bevor wir mit einem Beispiel, was in der assoziativen Phase zu tun ist, fortfahren, soll der Unterschied zwischen offenen und geschlossenen Fertigkeiten erläutert werden.

Geschlossene Fertigkeiten sind durch eine stabile Umgebung gekennzeichnet, in der die Bedingungen sich nicht ändern. Bowling ist beispielsweise eine geschlossene Fertigkeit. Die Kegel stehen immer in der gleichen Anordnung und im gleichen Abstand zueinander. Bei offenen Fertigkeiten ändert sich die Umgebung fast kontinuierlich. Tennis ist z.B. eine offene Fertigkeit. Der Gegner auf der anderen Seite des Netzes spielt manchmal einen Slice- oder einen Topspin-Aufschlag. Er spielt Drop-Schläge, Topspins, Drop-Volleys, Linienbälle usw. Im Taekwondo sind die Formen *(p'umse)* Beispiele geschlossener Fertigkeiten. Ein Beispiel für eine offene Fertigkeit ist ein Turnierkampf.

Beim Erlernen des Seittritts kann der Sportler in der assoziativen Phase aufgefordert werden, sein Stützbein und die Stellung seines Stützfußes zu beobachten. Das Üben des Tritts ohne einen sich bewegenden Partner macht diese Technik zur geschlossenen Fertigkeit. Sobald der Partner ins Spiel kommt, wird der Seittritt zur offenen Fertigkeit. In diesem Falle muß der Trainer dem Sportler Zeit geben, um sich an den sich bewegenden Partner zu gewöhnen. Dies kann getan werden, indem der Partner gebeten wird, sich auf eine bestimmte Weise nach hinten zu begeben, ohne selbst zu treten, oder indem er gebeten wird, sich seitlich nach hinten zu bewegen, um den Lernenden mit einer Vielfalt von Übungsbedingungen zu konfrontieren, wodurch sich das Lernen verbessert. Dennoch muß sich der Sportler in der assoziativen Phase immer noch bewußt bemühen, den Tritt auszuführen. Er muß lernen, sich auf alle Details der Fertigkeit zu konzentrieren, um seine Technikausführung zu verbessern.

Automatisierungsphase. In dieser Phase muß der Sportler sich nicht mehr bewußt bemühen, die Technik richtig auszuführen: Die Technik ist automatisiert (1). Statt von dem Athleten zu verlangen, sich auf Teile der Bewegung zu konzentrieren, ist es wesentlich, den Sportler mit einer ganzen Reihe von Bedingungen zu konfrontieren, unter denen er die Technik übt. So kann der Sportler z.B. die Technik ausführen, indem er vorwärts geht, rückwärts geht, gegen ein Trittpolster tritt, abwechselnd mit links und rechts tritt, gegen einen sich bewegenden Partner tritt usw. Je variantenreicher diese Bedingungen sind, desto besser wird die Technik und desto besser wird sie im Langzeitgedächtnis gespeichert. Die korrekte Ausführung der Technik wird in der Automatisierungsphase betont.

In den vorangegangenen Abschnitten wurde das Erlernen der Taekwondo-Fertigkeiten unter der Annahme diskutiert, daß die gesamte Fertigkeit gelehrt werden mußte. Offensichtlich sind einige der verwandten Beispiele für einen Trainer, der seine Sportler auf den Wettkampf vorbereitet, nicht von Relevanz, denn die Sportler wissen bereits, wie man beispielsweise einen Seittritt ausführt. Dennoch findet Techniktraining statt. Für Taekwondo-Sportler, die Wettkämpfe bestreiten, sind Technikdetails viel wichtiger als für Sportler, die keine Wettkämpfe bestreiten, denn im Elitebereich sind Wettkämpfe hart und die Leistungsunterschiede zwischen den Sportlern gering. Eine optimale Technikausführung kann einem Sportler den entscheidenden Vorteil geben. Ein Beispiel dafür, wie die Konzentration auf Details in das Techniktraining des Wettkampf-Taekwondo-Kämpfers integriert werden kann, wird unten vorgestellt.

Angenommen, der Sportler arbeitet am umgekehrten Fauststoß ohne vorangehenden Block. Der Stoß wird aus einer Kampfstellung ausgeführt. Um die Kraft des Stoßes noch weiter zu steigern, müssen Technikdetails betont werden. Ein Detail wäre, dem Sportler zu sagen, er soll darauf achten, vor Ausführung des Stoßes seine Hüften zu drehen. Ein weiteres Detail wäre die Schulterstellung vor, während und nach dem Stoß. Noch ein Detail wäre die Armbewegung in Relation zur Schulter während der gesamten Technikausführung. Um andere Details handelt es sich bei der Position des Gegenarms, der Stellung der Stoßfaust, der Beine etc. Diese Beispiele sind ganz offensichtlich von anderem Ausmaß als die, die an früherer Stelle für Anfänger gegeben wurden.

Damit der Trainer imstande ist, die Technik des Sportlers angemessen zu optimieren, muß er grundlegende biomechanische Prinzipien verstanden haben. Diese Prinzipien erlauben dem Trainer, sich auf Details zu konzentrieren, die dem Sportler helfen, seine Wettkampfleistung im Elitebereich zu verbessern (7). Der nächste Abschnitt handelt von grundlegenden biomechanischen Prinzipien, die dem Trainer erlauben, die Technik seiner Athleten besser zu kontrollieren.

Mechanische Prinzipien

Die Biomechanik untersucht die inneren wie auch die äußeren Kräfte, die den sich bewegenden menschlichen Körper beeinflussen, und die Wirkung dieser Kräfte (8). Kenntnisse der Biomechanik ermöglichen dem Trainer, die Faktoren zu bestimmen, die zu einer optimalen Ausführung und Verbesserung der spezifischen Taekwondo-Technik beitragen. Des weiteren wird der Trainer in die Lage versetzt, Fehler in der Ausführung der Techniken zu identifizieren, so daß Schritte zur Fehlerbeseitigung unternommen werden können.

Das Wort Biomechanik besteht aus zwei Teilen: *Bio* und *Mechanik* (2; 3). *Bio* bezieht sich natürlich auf den menschlichen Körper als Bestandteil eines biologischen Systems. *Mechanik* bezieht sich auf die Anwendung der Gesetze der Mechanik auf den menschlichen Bewegungsapparat. Taekwondo-Techniken werden also mit anderen Worten unter dem Gesichtspunkt der Schnelligkeit, Kraft, kinetischen Energie, des Impulses, der Beschleunigung etc. untersucht.

Eine der Funktionen der wissenschaftlichen Disziplin Biomechanik ist die Analyse einer Bewegung mittels mechanischer Prinzipien und die Entwicklung eines mechanischen Modells, anhand dessen diese Bewegung so effizient wie möglich ausgeführt werden kann. Obwohl eine bestimmte Technik aus mechanischer Hinsicht optimal ausgeführt werden kann, kann es sein, daß das menschliche biologische System nicht imstande ist, diesem Modell zu entsprechen. So ist es z.B. möglich, daß eine optimale biomechanische Ausführung einer bestimmten Technik die Muskeln und das Skelettsystem extremen Kräften aussetzen würde, so daß das System verletzt werden könnte. In solchen Fällen muß ein Kompromiß gefunden werden zwischen den mechanischen Prinzipien einer bestimmten Bewegung (biomechanische Theorie) und den Möglichkeiten des menschlichen Bewegungsapparates (Taekwondo-Praxis). Eine Auswahl biomechanischer Prinzipien, die für das Techniktraining im Taekwondo wichtig sind, wird im nächsten Abschnitt vorgestellt.

Kraft

„Ein Stoß (oder Zug), der den Bewegungszustand eines Körpers ändert oder dahin tendiert, ihn zu ändern, wird *Kraft* genannt" (9, S. 153). Im Taekwondo tendiert eine *äußere Kraft,* z.B. ein Halbkreistritt gegen den Kopf des Gegners, dazu, den Bewegungszustand des Kopfes zu ändern. Die Kraft, mit der das Gehirn sich innerhalb des Schädels als Ergebnis dieses Halbkreistritts bewegt, wird *innere Kraft* genannt. Diese besondere innere Kraft könnte zu einer Gehirnerschütterung führen, und obwohl diese Kraft von entscheidender Bedeutung ist, wird sie hier nicht behandelt. Die weitere Diskussion wird sich nur auf äußere Kräfte oder, noch spezifischer, darauf, wie man äußere Kräfte der Taekwondo-Techniken analysiert und optimiert, beschränken.

Eine Kraft ist ein Produkt aus Masse und Beschleunigung. In einer Formel ausgedrückt: F (Kraft) = m (Masse) x a (Beschleunigung). Die internationale Einheit zur Messung der Kraft ist Newton (N). Ein Newton ist „die Kraft, die zu einer Beschleunigung von $1 m/s^2$ in einem Körper mit einer Masse von 1 kg führt" (9, S. 156): $1 N = 1 kg \times 1 m/s^2$. Beschleunigung wird definiert als der Unterschied in der Geschwindigkeit eines Körpers über die Zeit (9). Anders gesagt, die Beschleunigung entspricht der Geschwindigkeitsveränderung eines Körpers, dividiert durch die Zeit, die diese Veränderung in Anspruch genommen hat. Also

Beschleunigung = (Endgeschwindigkeit - Anfangsgeschwindigkeit) / Zeit

Zusammengefaßt kann also gesagt werden, daß die Kraft (F) das Produkt von Masse (m) und Beschleunigung (a) ist: F = m x a. Eine Steigerung der Kraft kann entweder durch eine Erhöhung der Masse, der Beschleunigung oder durch beides erreicht werden. Die Steigerung der Kraft der Techniken kann also erreicht werden, indem man einen größeren Teil seines Körpergewichts einsetzt. Es ist auch möglich, aus dem Stand stärker zu beschleunigen.

Anders angewandt, bedeuten diese Prinzipien, daß derjenige von zwei mit gleicher Beschleunigung tretenden Sportlern mehr Kraft in seinen Tritt legen kann, der über die größere Körpermasse (= höheres Körpergewicht) verfügt. Umgekehrt, wenn einer von zwei Taekwondo-Sportlern mit gleicher Masse mit mehr Kraft treten will, sollte er sich bemühen, eine höhere Beschleunigung zu erreichen.

Eine Kraft kann durch einen sogenannten *Vektor* dargestellt werden. Ein Vektor ist ein Symbol, normalerweise ein Pfeil, der die *Größe* und *Richtung* einer Kraft anzeigt. Die Länge des Pfeiles symbolisiert die Größe der Kraft, während die Spitze des Pfeiles die Richtung anzeigt. Ein Beispiel von zwei Kräften unterschiedlicher Größe und Richtung wird in Abbildung VI.1 gezeigt.

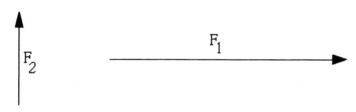

Abbildung VI.1: Vektoren, die zwei Kräfte darstellen: F_1 ist größer als F_2 und hat eine andere Richtung.

Zerlegung von Kräften

Eine Kraft kann in zwei Komponenten zerlegt werden, die in unterschiedliche Richtungen wirken. Die effektivste Kraft, mit der das Ziel getroffen wird, verläuft parallel zum Boden und senkrecht zum Ziel. Abbildung VI.2 zeigt die effektivste Methode der Technikausführung (VI.2B) und eine weniger effektive (VI.2A).

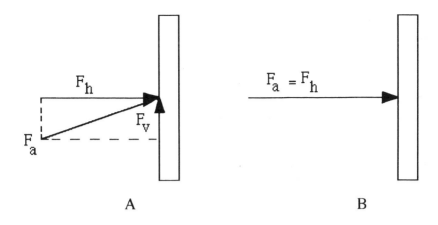

Abbildung VI.2: Zwei mögliche Methoden der Technikausführung

Angenommen, bei der Technik handelt es sich um einen Seittritt. Die Kraft dieses Tritts weist eine Bahn auf, die der Bahn des Trittbeins entspricht. F_h ist die horizontale Kraft, die parallel zum Boden verläuft und die bekannt ist als effektive Kraft, mit der der Sportler tritt. Die vertikale Kraft F_v wird benutzt, um sich vom Ziel oder vom getretenen Sportler wegzuheben und ist ein Beispiel für eine nicht-effektive Kraft. Fa ist die angewandte Kraft des Tritts. Wenn der Seittritt im Wettkampf eingesetzt würde, wäre der kräftigste Seittritt der in Abbildung VI.3B gezeigte, da im Unterschied zu Abbildung VI.3A und VI.3C keine Kraft verlorengeht.

Abbildung VI.3A: Tiefer Seittritt

Abbildung VI.3B: Mittlerer Seittritt mit maximaler Kraft

Abbildung VI.3C: Hoher Seittritt

Geradlinige und Drehbewegungen

Taekwondo-Techniken können in geradlinige und Drehbewegungen unterteilt werden. Eine geradlinige Bewegung im Taekwondo wäre z.B. ein Seittritt oder Fauststoß. Eine Drehtechnik wäre ein Halbkreistritt oder ein Block, wie z.B. *momt'ong an makki* (mittlerer Innenblock). Geradlinige Tritte, wie z.B. der Seittritt oder der Frontaltritt, werden auch als Stoßtritte bezeichnet, während der Halbkreistritt Schwungtritt genannt wird (18). Bei einer geradlinigen Bewegung liegt die Auftreffkraft sozusagen in der Verlängerung der Bewegung. Die Auftreffkraft einer Drehbewegung folgt jedoch nicht der Kreisbewegung der Fertigkeit. Statt dessen ist sie die Tagentialkraft, die senkrecht zum Kreisradius verläuft (12). Abbildung VI.4 zeigt zwei geradlinige Bewegungen im Taekwondo: einen Stoß (VI.4A) und einen Frontaltritt (VI.4B).

A B

Abbildung VI.4: Geradlinige Bewegungen im Taekwondo

Abbildung VI.5 zeigt die Kraft einer Drehtechnik, wie z.B. des Halbkreistritts, wie er normalerweise ausgeführt wird (kein auf den Wettkampf angepaßter Tritt) in graphischer Form. Die Bewegung des Tritts beschreibt eine Kreisbahn, während die Auftreffkraft senkrecht zum Radius dieser Kreisbewegung verläuft.

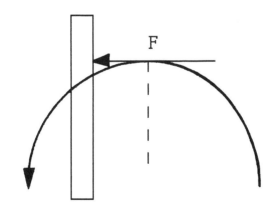

Abbildung VI.5: Auftreffkraft bei einer Drehbewegung

Zur Gesamtkraft beitragende Faktoren

Die Gesamtkraft jeder Technik im Taekwondo ist eine Kombination unterschiedlicher Faktoren. Drei dieser Faktoren werden im folgenden behandelt.

Summierung der Kräfte. Eine größere Kraft kann durch die Summierung mehrerer kleinerer Kräfte erzeugt werden. Ein Beispiel hierfür ist der nach vorne gerichtete Schlag mit dem Faustrücken *(dung jumok ap'e ch'igi)*, bei dem die Beine, die Hüfte, die Schultern und die Arme zur resultierenden Kraft des schlagenden Unterarms beitragen (15). Ein weiteres Beispiel ist der mittlere Innenblock *(momt'ong an makki)*, wie in den Abbildungen VI.6A bis VI.6E dargestellt.

Die Gesamtkraft des Blocks ist eine Kombination von Bewegungen und schließt die Hüfte (VI.6A) in Blockrichtung ein; die Rumpfdrehung (VI.6B), gefolgt von der Schulterdrehung (VI.6C), der Armdrehung (VI.6D) und schließlich der Unterarmdrehung (VI.6E). Nicht gezeigt ist die Kraft, die durch Einnahme der Vorderstellung *(ap kubi)* aus der Ausgangsposition erzeugt wird.

Damit die Summierung der Kräfte wirksam wird, müssen die folgenden beiden Bedingungen erfüllt sein (17):

1. „Damit jede der aufeinanderfolgenden Gelenkaktionen ihren maximalen Beitrag leistet, müssen die darunter befindlichen Gelenke fest stabilisiert sein, so daß die Reaktionskomponente der Kraft nicht zu einen Zurückrutschen führt".
2. „Die Kräfte jeder der aufeinanderfolgenden Gelenkaktionen müssen präzise getimt sein" (S. 440).

Diese beiden Bedingungen implizieren, daß alle potentiell beitragenden Gelenke mobilisiert werden müssen, um den optimalen Effekt aus der Ausführung der Taekwondo-Techniken zu ziehen. Was das Treten anbelangt, bezieht sich dies meist auf das eigene Körpergewicht oder wie viele Trainer sagen würden: „Setze Deine Hüften ein", und zwar so sehr wie möglich. Es ist auch wichtig, den Beitrag des Tretbeins zu optimieren (Ober- und Unterschenkel), indem es richtig gehoben und gebeugt wird. Der Einsatz des eigenen Körpergewichts erhöht die Schlagmasse des Tritts, was in der Folge, wie oben erwähnt, zur Gesamtkraft beiträgt (denken Sie an die Formel: $F = m \times a$).

Abbildung VI.6: Beispiel einer Drehbewegung: mittlerer Innenblock

Aktion - Reaktion. Wie bei vielen anderen Aktivitäten unseres täglichen Lebens oder in anderen Sportarten, spielt dieses Prinzip eine wichtige Rolle bei Taekwondo-Bewegungen. Wenn der Taekwondo-Sportler z.B. gegen einen schweren Sack tritt, übt er durch den Tritt eine Aktion auf den Sack aus, während der Sack seinerseits auf den Sportler eine Gegenreaktion ausübt, die der Aktion in der Kraft entspricht, aber in die entgegengesetzte Richtung verläuft. Wenn die Aktion des Sportlers größer als die Reaktion des Sacks ist, verliert der Sportler sein Gleichgewicht oder kann sogar stürzen.

Das gleiche gilt für Tritte gegen den Gegner im Wettkampf oder für das Spalten eines Brettes. Es ist für den Sportler von Vorteil, eine größere Aktion zur erzeugen als die Reaktion des Gegners oder des Brettes (13). Die Kraft der Aktion kann durch Einsatz des Körpergewichts beim Tritt gesteigert werden oder durch die Optimierung des Zusammenspiels aufeinanderfolgender Gelenke, die ihren Beitrag zur Gesamtkraft des Tritts leisten.

Kraftübertragung. Die effektivste Methode der Kraftübertragung ist entlang einer geraden Linie. Die Übertragung einer Kraft bei einem Tritt findet z.B. statt, indem das Trittbein im Moment des Aufpralls gestreckt wird, so daß die Reaktionskräfte mittels der Hüfte über den gesamten Körper verteilt werden (14). Wenn das Tretbein oder das Stützbein nicht gestreckt werden, werden Kräfte vergeudet, was zu einem weniger optimalen Tritt führt. Dieses Prinzip wird im folgenden anhand der Analyse des Stützbeins während des Seittritts illustriert (10).

Bei der Ausführung des Seittritts werden die Aktions- und Reaktionskräfte durch das Tretbein, die Hüfte und das Stützbein umgewandelt. Nach Choi (6) und Ingber (11) wird das Stützbein beim Seittritt im Taekwondo (Choi) und Karate (Ingber) gebeugt. Diese Art des Tretens kann jedoch dazu führen, daß das Knie- und Sprunggelenk Kräfte mobilisieren müssen, um die Kräfte zu korrigieren, die die Gesamtkraft des Tritts reduzieren. Das Kniegelenk ist ein Scharniergelenk (siehe Kapitel IX), das die Kräfte im gestreckten Zustand besser als im gebeugten Zustand überträgt (siehe Abbildung VI.7). Konsequenterweise ist es vorteilhafter, das Stützbein gestreckt zu halten (nicht überstreckt oder starr!), was auch Muskelenergie spart, die nötig wäre, um den Sportler bei gebeugtem Stützbein im Gleichgewicht zu halten.

Es wird daher empfohlen zu versuchen, das Stützbein bei solchen Techniken wie dem Seit- oder Halbkreistritt zu strecken. Allerdings können biologische Gegebenheiten dieser theoretischen Empfehlung zuwiderlaufen. So wird z.B. bei den meisten Sportlern das Stützbein während des Axttritts mangels Beweglichkeit gebeugt sein. Es sollte daran gedacht werden, daß das Bein gestreckt, aber nicht arretiert ist, so daß es als Ergebnis nicht zu Verletzungen kommt.

Gestrecktes Stützbein *Gebeugtes Stützbein*

Abbildung VI.7: Seittritt mit gestrecktem und gebeugtem Stützbein

Ergebnisse aus der Taekwondo-Forschung

Daß es im Wettkampf von Vorteil ist, wenn man mit dem linken Arm und Bein genauso schnell und hart zustoßen bzw. treten kann wie mit dem rechten, scheint eine sinnvolle Annahme zu sein. Immerhin könnte der Sportler in eine Situation kommen, in der es besser wäre, wenn er mit seiner nicht-dominanten Seite treten oder stoßen würde, um einen Punkt zu erzielen. Es kann kampfentscheidend sein, wenn die Extremitäten einer Seite schwächer als die der anderen sind.

Eines der Ziele der biomechanischen Komponente des Oregon Taekwondo-Forschungsprojekts war der Vergleich der Schnelligkeit und der Auftreffkraft der rechten und linken Körperseite erwachsener Taekwondo-Sportler bei der Ausführung ausgewählter Techniken. Die Schnelligkeit wurde mit Hilfe von zwei Lichtstrahlen gemessen. Die Strahlen waren in einer bekannten Distanz voneinander aufgestellt und mit einem Computer verbunden. Die Sportler wurden aufgefordert, beide Lichtstrahlen im mittleren Bereich zu durchtreten oder zu durchstoßen. Die Schnelligkeit, mit der der Fuß oder die Faust die Strahlen durchbrach, wurde vom Computer registriert und in Metern pro Sekunde (m/s) ausgedrückt. Das Treffen beider Lichtstrahlen verlangte eine perfektere Technikausführung, als einige Athleten gewohnt waren. Auch andere Wissenschaftler (20) stießen auf dieses Problem.

Die Kraft wurde mittels eines mit Wasser gefüllten Sackes mit einem eingebauten Kraftmesser, der ebenfalls mit einem Computer verbunden war, gemessen. Der Sack konnte der Körpergröße des Sportlers angepaßt werden. Die Sportler trugen bei allen Tritten sogenannte Taekwondo-Schuhe. Die vom Computer registrierten Rohdaten wurden später in Newton-Einheiten (N) umgewandelt.

Die folgenden Techniken wurden im Rahmen des OTRP überprüft: der Rundtritt *(ap tollyo ch'agi)*, der Seittritt *(yop ch'agi)*, der Tritt mit Rückendrehung *(twit ch'agi)* und der gedrehte Fauststoß *(chirugi)*. Hinsichtlich der Schnelligkeit wurden keine signifikanten Unterschiede zwischen der rechten und der linken Seite gefunden. Allerdings waren zwischen der rechten und linken Seite Kraftunterschiede offensichtlich (16). Mit anderen Worten, die Tritte oder Stöße mit der linken Seite waren nicht so kräftig wie die mit der rechten Seite. Die getesteten Sportler zeigten eine Rechtsdominanz. Daher wurde ihnen geraten, häufiger mit der linken Seite zu üben.

Tabelle VI.1 zeigt die durchschnittliche Schnelligkeit der unterschiedlichen Techniken, die im Rahmen der biomechanischen Komponente des OTRP getestet wurden. Tabelle VI.2 gibt einen Überblick über die durchschnittlichen Kräfte der gleichen Techniken.

	Männer		Frauen	
	rechts	links	rechts	links
Tollyo cha'gi	15,51	16,26	13,49	13,10
Yop cha'gi	6,87	6,32	6,00	5,21
Twit cha'gi	9,14	8,73	7,56	6,62
Chirugi	11,38	10,05	8,97	8,41

Tabelle VI.1: Durchschnittliche Schnelligkeit ausgewählter Taekwondo-Techniken (in m/s)

	Männer		Frauen	
	rechts	links	rechts	links
Tollyo cha'gi	518,74	510,51	406,97	404,11
Yop cha'gi	461,78	456,72	408,39	390,66
Twit cha'gi	606,92	661,86	584,22	500,89
Chirugi	560,48	457,37	391,65	341,77

Tabelle VI.2: Durchschnittliche Kraft ausgewählter Taekwondo-Techniken (in N)

Die in Tabelle VI.1 dargestellten Daten sind eine gute Illustration der genetischen Grundlagen der Schnelligkeit. Obwohl Krafttraining und spezielle Übungen zu leichten Verbesserungen führen können, ist die Schnelligkeit weitgehend genetisch festgelegt (siehe Kapitel V zum Krafttraining). Die Marge für Verbesserungen durch Training ist im Falle der Schnelligkeit viel kleiner als im Falle der aeroben Ausdauer oder der Kraft (23). Konsequenterweise ist es nicht überraschend, daß hinsichtlich der Schnelligkeit zwischen der linken und der rechten Seite keine signifikanten Unterschiede nachweisbar waren.

Tabelle VI.2 zeigt ein interessantes Muster. Der extrem hohe Kraftwert für den Faustsstoß mit rechts bei den Männern ist möglicherweise ein Meßfehler. Dennoch besteht bei Männern und Frauen eine Tendenz zu relativ kräftigeren Stößen als Seittritten, was auch auf die Testmethode zurückgeführt werden kann. Aus theoretischer Sicht verlangt dieses Phänomen nach einer Erläuterung. Obwohl beim Stoß eine höhere Geschwindigkeit erreicht werden kann, kann bei Ausführung des Seittritts mehr Masse eingesetzt werden, was die Wissenschaftler zu der Erwartung verleitete, daß der Seittritt kräftiger sein würde als der Stoß.

Anscheinend wird der Seittritt im Wettkampf kaum eingesetzt. Man könnte argumentieren, daß der Seittritt zu langsam ist, um im Wettkampf effektiv zu sein, was normalerweise dazu führt, daß man dem Üben dieser Technik im Training weniger Zeit widmet. Dies bewirkt wiederum, daß der Seittritt im Wettkampf noch langsamer ausgeführt wird. Wie oben bereits angedeutet, bewirkt Training leichte Verbesserungen der Schnelligkeit, wenn auch in weniger großem Ausmaß als im Falle der Ausdauer oder Kraft. Es ist daher ratsam, dem Seittritt mehr Aufmerksamkeit zu widmen.

Eine letzte Beobachtung hinsichtlich der in den Tabellen VI.1 und VI.2 enthaltenen Informationen ist folgende: Der Unterschied in der Schnelligkeit zwischen der rechten und der linken Faust der im OTRP getesteten männlichen Taekwondo-Sportler ist vielleicht nicht signifikant, aber im Wettkampf trifft die rechte Faust ihr Ziel viel schneller als die linke. Obwohl die ziemlich hohen Kraftwerte, die für den Stoß gemessen wurden, wahrscheinlich auf Test-Idiosynkrasien zurückzuführen sind, wird der praktische Unterschied zwischen der Schnelligkeit auch deutlich durch den Unterschied in der Kraft zwischen beiden Extremitäten illustriert (die hohen Kraftwerte per se sind nicht relevant, aber statt dessen die Diskrepanz zwischen links und rechts). In diesem Falle war der Unterschied auch signifikant. Als Konsequenz sollte die Empfehlung, den Stoß mit links häufiger zu üben, ziemlich ernst genommen werden.

Vergleich mit anderen Sportlern

Der Vergleich der Ergebnisse der biomechanischen Komponente des OTRP mit den Ergebnissen anderer Untersuchungen ist schwierig, da zur Messung der Schnelligkeit und Kraft unterschiedliche Methoden verwandt wurden. Es ist aber dennoch lehrreich, die Vergleiche der vorliegenden Untersuchung denen einer Untersuchung männlicher, koreanischer Taekwondo-Sportler gegenüberzustellen, um einen Eindruck von einigen allgemeinen Trends hinsichtlich der Schnelligkeit zu erhalten. Besonders die Kraft hängt von den Methoden ab, die zu ihrer Messung eingesetzt werden. Folglich werden keine Vergleiche mit der koreanischen Untersuchung durchgeführt.

So besteht z.B. der erwartete Unterschied zwischen den unterschiedlichen Techniken hinsichtlich der Schnelligkeit. Sowohl bei den amerikanischen Männern als auch Frauen wurde die größte Schnelligkeit beim Halbkreistritt gemessen und nicht beim gedrehten Faustsoß, wie man hätte erwarten können. Sung et al. (20) stellten auch fest, daß der Halbkreistritt zum mittleren Körperabschnitt am schnellsten war.

Sung und Mitarbeiter (20) untersuchten unter anderem die Auftreffschnelligkeit bei ausgewählten Tritt-Techniken bei vier männlichen Taekwondo-Sportlern, die alle Mitglieder der koreanischen Taekwondo-Nationalmannschaft waren, die 1986 an den Asien-Spielen teilnahm. Die Autoren verwandten Hochgeschwindigkeits-Film- und Videokameras, um die Schnelligkeit zu messen. Die Auftreffschnelligkeit der koreanischen Sportler war viel höher als die ihrer amerikanischen Kollegen: Seittritt: 10,3 m/s; Halbkreistritt: 19,2 m/s und Rückentritt: 10,4 m/s. Diese Unterschiede sind möglicherweise auf die unterschiedliche Schnelligkeitsmessung in beiden Untersuchungen zurückzuführen.

Richtlinien für das Techniktraining

Die folgenden Richtlinien können nützlich sein, um dem Trainer zu helfen, sein Techniktraining für den Wettkampf zu optimieren. Wenn nichts anders erwähnt wird, basieren sie auf Vorschlägen von Weineck (22).

Beim Vermitteln einer neuen Technik ist es wesentlich, nach einer optimalen biomechanischen Ausführung der Technik zu streben, um eine spätere „Neuprogrammierung" des Sportlers zur Behebung automatisierter Fehler zu verhindern. So ist es z.B. nach Automatisierung des Tritts mit gebeugtem Stützbein viel schwieriger, dem Sportler beizubringen, sein Stützbein bei der Ausführung des Seittritts zu strecken, als in der kognitiven Phase des Techniklernens.

Die Wettkampfteilnahme zu einem Zeitpunkt, wenn die Taekwondo-Fertigkeiten noch nicht voll automatisiert sind, stört den Lernprozeß dieser Techniken. Der Wettkampfdruck erleichtert das Einschleichen von Fehlern in das Bewegungsmuster und verzögert den Prozeß des Techniklernens. So ist es z.B. vertretbar, im Kampf das Tretbein bei der Ausführung des Halbkeistritts nicht so weit zu strecken, wie es aus theoretischer Perspektive sein sollte. Obwohl spezifische Wettkampfbedingungen die Ausführung eines modifizierten Halbkreistritts ratsam erscheinen lassen, kann die optimale Kraft nur bei einem im Auftreffmoment fast gestreckten Bein erzeugt werden. Wenn andererseits die korrekte Ausführung des Tritts erlernt wurde, ergibt die Ausführung des modifizierten Halbkreistritts noch genügend Kraft, um einen Punkt zu erreichen.

Techniktraining belastet die Konzentration des Sportlers. Dies impliziert, daß Techniktraining nur absolviert werden sollte, wenn der Sportler noch nicht ermüdet ist. Anders gesagt, es ist besser, Techniktraining zu Beginn einer Trainingseinheit einzuplanen. Wenn der Sportler ermüdet ist, kommt es leicht zu Fehlern, und die Trainingswirkung kann minimal sein.

Wie bereits im Verlaufe des gesamten Buches betont, hängen Techniktraining, Ausdauer und Kraft zusammen. Wenn der Sportler zu schwach ist und schnell ermüdet, wird es immer schwieriger, seine Technik zu verbessern. Wenn die Hamstrings z.B. relativ zum Quadrizeps zu schwach sind, ist es nicht möglich, das Tretbein bei voller Geschwindigkeit mit optimaler Kraft zu strecken. Am Ende der Streckphase des Tretbeins, müssen die Hamstrings die Aktion des Quadrizeps unterbrechen, um eine Überstreckung des Kniegelenks zu verhindern. Wenn die Hamstrings nicht kräftig genug sind, unterbrechen sie die Bewegung entweder zu früh, was zu einem weniger kräftigen und schnellen Tritt führt, oder zu spät, was eine Überstreckung des Kniegelenks bewirkt und sehr wahrscheinlich auch zu Zerrungen im Bereich der Hamstrings führt. Eine mangelhafte Ausdauer hindert den Sportler natürlich daran, die Techniken ausreichend lange zu üben. Wie bereits früher angedeutet, ist der Technikerwerb des Sportlers um so besser, je mehr er übt.

Der Fortschritt kann nicht nur durch einen Mangel an Ausdauer oder Kraft behindert werden, sondern kann auch das Resultat anderer Faktoren sein. Einer der möglichen Faktoren ist eine Überlastung des Lernenden durch Informationsverarbeitung. Wenn der Trainer z.B. zu wenig Zeit aufbringt, um dem Sportler die Technik beizubringen, kann der Lernfortschritt ausbleiben. Anders gesagt, wenn der Schüler eine Fertigkeit lernen muß, ohne ausreichend Zeit zum Üben zu haben, hat er mehr Informationen zu verarbeiten, als er auf einmal verarbeiten kann. Um das Beispiel des Fauststoßes wieder zu verwenden, so wird die Fähigkeit des Sportlers, Informationen zu verarbeiten, wahrscheinlich überfordert sein, wenn er sich gleichzeitig Details über den Stoßarm, den Gegenarm, den Oberkörper, die Schultern, die Oberschenkel, die Unterschenkel und die Füße merken muß. All dies stört den Lernprozeß.

Ein Mangel an Informationen oder Fehlinformationen des Trainers ist ein weiterer Faktor, der den Technikerwerb des Sportlers behindert. Ein Informationsmangel oder Fehlinformationen haben mit der Wissensbasis des Trainers zu tun und sollten sofort behoben werden. Wenn der Trainer sich z.B. des biomechanischen Prinzips der Summierung von Kräften nicht bewußt ist, wird er nie imstande sein, den Sportlern mitzuteilen, wie sie bei Fauststößen oder Tritten genügend Kraft erzeugen können.

Andere Faktoren, die das Erlernen von Taekwondo-Techniken behindern, sind mangelnde Aufmerksamkeit, eine mangelnde Motivation, fehlendes Selbstvertrauen oder Konzentrationsmängel auf Seiten des Sportlers. Wenn der Sportler leicht abgelenkt wird, ist es ziemlich schwierig, sich auf eine spezifische Technik als Ganzes zu konzentrieren, geschweige denn auf Details. Als Ergebnis kann die Motivation nachlassen, was die Angelegenheit noch weiter verkompliziert.

Ein optimales Techniktraining ist nur möglich, wenn die Trainingseinheiten zeitlich nicht zu weit auseinanderliegen. Es wäre ziemlich nutzlos, nur einen Tag in der Woche dem Techniktraining zu widmen. Ein Minimum von drei Tagen ist vorzuziehen, je nachdem, in welcher Saison man sich befindet und wie die individuellen Umstände sind. Techniktraining ist, wie bereits in den früheren Kapiteln erwähnt wurde, durch vollständige Erholungsphasen charakterisiert und sollte nicht zu lange dauern. Zwei Stunden Techniktraining wären eine Übertreibung. In Abhängigkeit von der Ausdauer, Kraft, Konzentration, Motivation etc. des Sportlers kann das Techniktraining von etwa 15 Minuten bis zu einer Stunde dauern. Der Trainer sollte auch die Saison berücksichtigen (siehe nächsten Abschnitt).

Wenn er einen Fehler korrigiert, sollte der Trainer sich zunächst auf die Hauptfehler konzentrieren und sie gleichzeitig behandeln (21). Kleinere Fehler können nach Korrektur der Hauptfehler behandelt werden. So sind z.B. beim Faustsoß eines Wettkampf-Taekwondo-Sportlers zwei Hauptfehler die fehlende Rumpfdrehung und eine zu hohe Position der Stoßarm-Schulter am Ende des Stoßes. Der Trainer sollte zuerst diese beiden Fehler (nacheinander) korrigieren, bevor er sich einem kleineren Fehler zuwendet, wie z.B. der Position der Schlagfaust.

Der Trainer sollte vermeiden, die Fehler zu betonen (21), denn dies wäre eine negative Verstärkung. Statt dessen sollte er versuchen, sich dem Sportler aus einer positiveren Perspektive zu nähern. Dies erhöht die Motivation und das Erfolgserlebnis des Sportlers. Wenn man dem Sportler sagt, daß er gute Arbeit geleistet hat, erreicht man hinsichtlich des Lernens und der Motivation Wunder.

Dem Trainer ist zu raten, unterschiedliche Methoden zu verwenden, um seine Botschaft an den Schüler zu bringen (21). Zusätzlich zur Verbalinformation kann der Trainer Bilder, Zeichnungen, Videos etc. einsetzen. Videofilme sind ein besonders wirkungsvolles Lernmittel und sollten zur Ausrüstung des Trainers gehören. Welches Mittel auch immer man auswählt, geben Sie stets eine sofortige Rückmeldung. Wenn der Videofilm oder das Bild zwecks Fehlerkorrektur einige Tage nach der Trainingseinheit gezeigt werden, hat der Sportler vergessen, was er während der Trainingseinheit getan hat.

Periodisierung des Techniktrainings

Obwohl das Techniktraining während des ganzen Jahres stattfindet, variiert die ihm gewidmete Zeit als Teil des Gesamttrainingsprogramms in Abhängigkeit von der Saison. Wie zuvor hängt die Planung des Techniktrainings des Sportlers von individuellen Umständen ab. Wenn der Sportler viel an seiner Technik arbeiten muß, muß der Trainer die Ziele des Jahresplans entsprechend definieren. Ein mögliches Programm wird in Tabelle VI.3 gezeigt.

Wochen 1 bis 2			
Häufigkeit	**Dauer**	**Intensität**	**Art**
Mittwoch	30 Minuten	50% HF_{max}	Taekwondo
Freitag	30 Minuten	50% HF_{max}	Taekwondo
Sonntag	30 Minuten	50% HF_{max}	Taekwondo
Wochen 3 bis 4			
Häufigkeit	**Dauer**	**Intensität**	**Art**
Mittwoch	45 Minuten	50% HF_{max}	Taekwondo
Freitag	45 Minuten	50% HF_{max}	Taekwondo
Sonntag	45 Minuten	50% HF_{max}	Taekwondo
Wochen 5 bis 6			
Häufigkeit	**Dauer**	**Intensität**	**Art**
Mittwoch	60 Minuten	50% HF_{max}	Taekwondo
Freitag	60 Minuten	50% HF_{max}	Taekwondo
Sonntag	60 Minuten	50% HF_{max}	Taekwondo

Tabelle VI.3: Programm für das Techniktraining in der Vorsaison

Es wird angenommen, daß die allgemeine Vorbereitungsperiode der Vorsaison sechs Wochen lang ist. Es ist selbstverständlich, daß es eine Reihe von Methoden gibt, die Dauer und Gesamtintensität zu manipulieren, um die Gesamtbelastung im Techniktraining zu steigern. Wenn sich z.B. Ausdauer und Kraft verbessern, muß die Belastung höher sein, um 50% der HF_{max} zu erreichen. In Tabelle VI.3 wurde entschieden, die Trainingsdauer alle zwei Wochen zu steigern, aber es wäre auch möglich gewesen, die Intensität zu steigern und die Dauer mit 30 Minuten konstant zu halten. Andere Kombinationen wären auch möglich gewesen.

Während der spezifischen Vorbereitungsperiode der Vorsaison wird das Taekwondo-Training auf sechs Tage pro Woche gesteigert (siehe auch Kapitel III). Das Techniktraining kann über diese sechs Tage ausgedehnt werden, aber es wird von kürzerer Dauer sein, da andere Komponenten wichtiger werden. Die allgemeine Kraft und Ausdauer werden in taekwondospezifische Kraft und Ausdauer umgewandelt, während sich die dem Taktiktraining gewidmete Zeit ebenfalls allmählich steigert. Für die spezifische Vorbereitungsperiode der Vorsaison kann der Trainer somit einen Plan, wie den in Tabelle VI.4 vorgestellten, wählen.

Der Rest der spezifischen Vorbereitungsphase zeigt eine weitere Abnahme der dem Techniktraining gewidmeten Zeit auf etwa 20 Minuten an allen sechs Tagen und verbleibt auch während der Wettkampfsaison so. Denken Sie daran, daß der Techniktrainingsplan von Individuum zu Individuum variiert. Im allgemeinen jedoch nimmt die dem Techniktraining gewidmete Zeit bis zur zweiten Hälfte der spezifischen Vorbereitungsperiode ab und bleibt dann während der Wettkampfsaison gleich. Techniktraining wird jedoch immer ein Teil des Gesamttrainingsprogramms des Sportlers sein, auch während der Übergangsperiode. Ein möglicher Plan für die Übergangsperiode ist in Tabelle VI.5 dargestellt. In der Übergangsperiode sind drei Tage Techniktraining pro Woche völlig ausreichend. Die Dauer ist notwendigerweise kurz, um dem Sportler ausreichend Gelegenheit zu geben, sich vom Taekwondo und den Belastungen in der Vor- und Wettkampfsaison zu erholen.

Techniktraining sollte vor der Aktivität in einer für die Übergangsperiode typischen Sportart, z.B. Schwimmen oder Tennis, absolviert werden. In diesem Fall und auf Grundlage von Tabelle VI.5 folgen Schwimmen, Tennis oder eine andere Aktivität dem Taekwondo-Techniktraining am Dienstag, Donnerstag und Samstag. Um unnötige Ermüdung zu vermeiden, wird empfohlen, das Techniktraining vor einer für die Übergangsperiode typischen, anderen sportlichen Aktivität durchzuführen. Die Dauer des Techniktrainings während der Übergangsperiode sollte nicht gesteigert werden, und die Gesamtintensität sollte niedrig bleiben.

Wochen 1 bis 3

Häufigkeit	Dauer	Intensität	Art
Montag	Ruhe		
Dienstag	30 Minuten	50% HF_{max}	Taekwondo
Mittwoch	30 Minuten	50% HF_{max}	Taekwondo
Donnerstag	30 Minuten	50% HF_{max}	Taekwondo
Freitag	30 Minuten	50% HF_{max}	Taekwondo
Samstag	30 Minuten	50% HF_{max}	Taekwondo
Sonntag	30 Minuten	50% HF_{max}	Taekwondo

Tabelle VI.4: Programm für das Techniktraining während der spezifischen Vorbereitungsphase in der Vorsaison

Häufigkeit	Dauer	Intensität	Art
Montag	Ruhe		
Dienstag	30 Minuten	45% HF_{max}	Technik
Mittwoch	2 Stunden	65-70% HF_{max}	Basketball
Donnerstag	30 Minuten	45% HF_{max}	Technik
Freitag	2 Stunden	65-70% HF_{max}	Basketball
Samstag	30 Minuten	45% HF_{max}	Technik
Sonntag	variiert	10 RM	Kraft

Tabelle VI.5: Programm für das Techniktraining während der Übergangsperiode

Angriff und Abwehr

In Kapitel II, Abbildung II.1, wurde hinsichtlich des Techniktrainings eine Unterscheidung gemacht zwischen Abwehr und Angriff. Was die vorangegangenen biomechanischen Prinzipien angeht sowie die Trainingsrichtlinien und die drei Phasen des Lernprozesses, ist es irrelevant, ob die Techniken offensiv oder defensiv eingesetzt werden. Die biomechanischen Prinzipien treffen, genauso wie die Lernphasen und Trainingsrichtlinien, sowohl auf die Offensiv- als auch auf die Defensivtechniken zu. Es ist jedoch denkbar, bestimmte biomechanische Variablen mehr als andere zu betonen, in Abhängigkeit davon, ob man es mit Angriffs- oder Defensiv-Fertigkeiten zu tun hat.

Wenn der Sportler z.B. Defensivtechniken erlernt, kann es sein, daß der Trainer sich auf die Minimierung der Energieabsorption der Defensivtechniken durch Drehaktionen konzentrieren will (4) (siehe geradlinige Bewegungen und Drehbewegungen, S. 140). Andererseits kann der Trainer, wenn der Sportler Offensivtechniken lernt, die Minimierung der Ausführungszeit betonen, indem er sich darauf konzentriert, daß der Sportler den Tritt oder Fauststoß mit einer geraden Bewegungsbahn ausführt (4) (Horizontalkraft parallel zum Boden; siehe Auflösung von Kräften und Kraftübertragung, S. 137 ff).

Literaturhinweise

1. Adler, J. (1981): Stages of Skill Acquisition: A Guide for Teachers. In: *Motor Skills: Theory Into Practice,* 5, 2: 75-80.

2. Ariel, G. (1984a): The Bio. In: *Track and Field Quarterly Review,* 82, 1: 55-61.

3. Ariel, G. (1984b): The Mechanics. In: *Track and Field Quarterly Review,* 82, 4: 57-62.

4. Bauer, W.L./Von Oehsen, E. (1988): Discovering Common Biomechanical Factors of Different Karate Techniques. In: G. de Groot, A./P. Hollander/P.A. Huijing/G.J. v. Ingen Schenau (Hrsg.): *Biomechanics XI-B, ISB, Volume 7-B.* Amsterdam: Free University Press: 920-924.

5. Bompa, T.O. (1983): *Theory and Methodology of Training.* Dubuque, Iowa: Kendall/Hunt Publishing Company.

6. Choi, H.H. (1972): *Taekwondo. The Korean Art of Self-Defence.* Toronto: International Taekwondo Federation.

7. Dillman, C. (1989): Improving Elite Performance through Precise Biomechanical Analysis. In: J.S. Skinner/C.B. Cornin/D.M. Landers/P.E. Martin/C.L. Wells (Hrsg.): *Future Directions in Exercise and Sport Science Research.* Champaign, IL: Human Kinetics Books: 91-95.

8. Hay, J.G. (1985): *The Biomechanics of Sports Techniques.* Englewood Cliffs, NJ: Prentice Hall, Inc.

9. Hay, J.G./Reid, J.G. (1982): *The Anatomical and Mechanical Bases of Human Motion.* Englewood Cliffs, N.J.: Prentice-Hall, Inc.

10. Heijmans, J./Pieter, W. (1985): A Kinesiological Analysis of the Taekwondo Side Kick. Unveröffentlichtes Manuskript, University of Oregon, Department of PEHMS, Eugene, OR.

11. Ingber, L. (1981): *Karate Kinematics and Dynamics*, Hollywood. CA: Unique Publications, Inc.

12. LeVeau, B. (1977): *Biomechanics of Human Motion*. Philadelphia: W.B. Saunders Company.

13. Pieter, F. (1981a): Algemene Grondslagen B-AG2. Les t.b.v. TBN/NTA Niveau Test. Unveröffentlichtes Manuskript, Den Haag: TBN/NTA.

14. Pieter, F. (1981b): Algemene Grondslagen C-AG2. Les t.b.v. TBN/NTA Niveau Test. Unveröffentlichtes Manuskript, Den Haag: TBN/NTA.

15. Pieter, F./Pieter, W./Heijmans, J. (1987): Movement Analysis of Taekwondo Techniques. In: *Asian Journal of Physical Education*, 10, 3: 45-58.

16. Pieter, F./Pieter, W. (1994): Speed and Force of Selected Taekwondo Techniques. Zur Veröffentlichung eingereicht.

17. Rasch, P./Burke, R. (1978): *Kinesiology and Applied Anatomy*. Philadelphia: Lea & Febiger.

18. Serina, E.R./Lieu, D.K. (1991): Thoracic Injury Potential of Basic Competition Taekwondo Kicks. In: *Journal of Biomechanics*, 24, 10: 951-960.

19. Schmidt, R.A. (1982): *Motor Control and Learning. A Behavioral Emphasis*. Champaign, IL: Human Kinetics Publishers.

20. Sung, N.J./Lee, S.G./Park, H.J./Joo, S.K. (1987): An Analysis of the Dynamics of the Basic Taekwondo Kicks. In: *US Taekwondo Journal*, VI, 2: 10-15.

21. Vrijens, J. (1988): *Basis Voor Verantwoord Trainen*. Gent: W. Verbessem.

22. Weineck, J. (1980): *Optimales Training*. Erlangen: Verlagsgesellschaft.

23. Wilmore, J.H./Costill, D.L. (1988): *Training for Sport and Activity*. Dubuque, Iowa: Wm. C. Brown Publishers.

KAPITEL VII

Psychologische Vorbereitung auf Taekwondo-Wettkämpfe

Einleitung

Es wird behauptet, Kampfsportarten würden „den Charakter bilden" oder sie hätten einen positiven Einfluß auf die Persönlichkeit. Funakoshi (11) beobachtete z.b., daß Karate zur Entwicklung von Mut, Höflichkeit, Integrität, Bescheidenheit und Selbstkontrolle beiträgt. Forschungen zu den Kampfsportarten und Persönlichkeitsmerkmalen haben bislang jedoch zu eher ambivalenten Ergebnissen geführt. Kroll und Carlson (18) fanden keine Unterschiede zwischen den Persönlichkeitsmerkmalen von Karateka und männlichen College-Studenten. Auch Masi (23) fand keine Unterschiede zwischen Karateka und Studenten, die kein Karate betreiben, zwischen Anfängern und fortgeschrittenen Karate-Schülern oder zwischen männlichen und weiblichen Sportlern. Andererseits stellten Duthie und Mitarbeiter (4) Unterschiede fest u.a. hinsichtlich des Selbstvertrauens, der Dominanz, Autonomie und der Leistung zwischen Kampfsportlern, die im *Who's Who in the Martial Arts* stehen, und zwischen Karateka aus lokalen Kampfsport-Clubs, wobei die erstgenannten in den gemessenen Variablen bessere Werte erzielten. Layton (19) stellte fest, daß Karateka mit schwarzem Gürtel im Hinblick auf die mittels eines psychologischen Fragebogens gemessene Extroversion sowie dem ebenso gemessenen Neurotizismus und Psychotismus schlechtere Werte erzielten als ihre Kameraden mit farbigen Gürteln. All diese Untersuchungen versuchten, die Frage nach den Auswirkungen von Kampfsporttraining auf die Persönlichkeit des Individuums zu beantworten.

Es ist auch möglich, einen Blick auf das psychologische Profil des Sportlers zu werfen und zu untersuchen, in welchem Verhältnis es zur Leistung steht. Wenn die Sportler über die gleichen Trainings-Randbedingungen verfügen und sich auch hinsichtlich des Trainingsumfangs, der Fertigkeiten etc. keine Unterschiede ergeben, ist die Psyche des Athleten letztendlich der entscheidende Faktor. Es wird oft gesagt, daß Wettkämpfe zu 90% mental bestimmt sind (12). Bereits seit längerem wissen Sportwissenschaftler, Trainer und Sportler, daß das psychologische Training Spitzensportlern hilft, Spitzenleistungen zu erbringen. Sportpsychologen in den USA und in anderen Ländern arbeiten zur Zeit mit Spitzensportlern im Bereich Skilauf, Eiskunstlauf, Kunstturnen, Judo usw. zusammen. In einigen Fällen gehören die Sportpsychologen sogar dem Trainingspersonal an.

Obwohl einige Taekwondo-Sportler Sportpsychologen um Rat gefragt haben, ist dies nicht zur gängigen Praxis geworden. Die vorläufigen Ergebnisse unserer Untersuchung zeigen, daß Elite-Taekwondo-Sportler im allgemeinen keine psychologischen Techniken in ihr Trainingsprogramm aufgenommen haben. Psychologische Fertigkeiten tragen zur Reduktion von Angst bei, die die sportliche Leistung behindert. Diese Fertigkeiten können auch helfen, Übertraining zu verhindern. Elite-Taekwondo-Sportler zeigten zum Testzeitpunkt Anfänge eines Übertrainings oder Burnouts. Es ist hinlänglich bekannt, daß Übertraining zu einer Leistungsverschlechterung und schließlich zum Dropout führt. Es wird daher empfohlen, daß Taekwondo-Trainer psychologisches Training als Bestandteil ihres regulären Trainingsprogramms aufnehmen oder daß sie ihren Sportlern raten, mit einem Sportpsychologen zusammenzuarbeiten.

Dieses Kapitel diskutiert zwei psychologische Variablen, die von Wissenschaftlern als leistungsbeeinträchtigend identifiziert wurden: Wettkampfangst und Übertraining. Übertraining wird im Zusammenhang mit dem sogenannten Stimmungsprofil der Sportler behandelt, das sich als ein guter Indikator für ein beginnendes Übertraining herausgestellt hat. Nach einer Diskussion des theoretischen Hintergrundes jeder Variablen werden im folgenden die Ergebnisse des Oregon Taekwondo-Forschungsprojekts vorgestellt. Empfehlungen werden die Abschnitte zur Wettkampfangst und zum Übertraining abschließen.

Der letzte Teil dieses Kapitels behandelt dann ausgewählte psychologische Fertigkeiten, die helfen, der Angst oder dem Übertraining des Sportlers vorzubeugen oder sie bzw. es zu reduzieren. In Abhängigkeit vom Land und seinen spezifischen Regeln und Verordnungen zur psychologischen Beratung des Sportlers muß der Trainer einen Sportpsychologen um Rat oder Hilfe fragen. Unabhängig davon, wie psychologische Fertigkeiten eingeführt werden, sollte man sich daran erinnern, daß diese Techniken nur dann eine Wirkung haben, wenn sie so geübt werden wie die körperlichen Fertigkeiten. Konsequenterweise werden die Ergebnisse nur nach angemessenem Training offensichtlich. Erwarten Sie keine unmittelbaren Wirkungen, genausowenig wie Sie erwarten würden, daß sich Ihre aerobe Ausdauer nach nur zwei Trainingstagen verbessert. Psychologische Variablen sind nicht die einzigen Determinanten des Erfolgs. Wie in einem früheren Kapitel erwähnt, spielen beim Sieg oder der Niederlage viele Faktoren eine Rolle. Dies impliziert, daß es ratsam ist, Informationen aus vielfältigen wissenschaftlichen Quellen zusammenzufügen, um das Training von Taekwondo-Sportlern zu optimieren.

Wenn man im Gedächtnis behält, daß das Zusammenspiel zwischen Taekwondo einerseits und den psychologischen Variablen andererseits nicht so klar ist, wie man hätte vermuten können, sollte der Trainer auch informiert sein, daß die Wirkung der Umgebung eine wichtige Rolle bei der Reaktion des Taekwondo-Sportlers spielt. Ein derartiger externer Faktor ist z.b. der Wettkampf. Für den Trainer sind in dieser Hinsicht das Angstniveau und Stimmungscharakteristika von besonderem Interesse. Diesen Faktoren wendet sich die Diskussion im folgenden zu.

Wettkampfangst

Wettkampfangst besteht hypothetisch aus zwei Komponenten: Eigenschafts- und Zustandsangst (21). Eigenschaftsangst ist eine Voraussetzung, um bestimmte Stimuli aus seiner Sportumgebung als bedrohlich wahrzunehmen und darauf mit variierenden Stufen von Furcht und Spannung zu reagieren. Diese Reaktion wird dann Zustandsangst genannt und hängt mit der Aktivierung des Individuums zusammen. Es handelt sich um einen emotionalen Zustand, der wieder verschwindet, sobald die als bedrohlich empfundenen Stimuli verschwunden sind. Zustandsangst hat drei Aspekte: kognitive Angst, somatische Angst und Selbstvertrauen (22) (siehe unten).

Die Wettkampf-Eigenschaftsangst bei männlichen und weiblichen Taekwondo-Kämpfern der Spitzenklasse wurde als Teil der psychologischen Komponente des OTRP mit Hilfe des sogenannten *Sport Competition Anxiety Tests* (SCAT) gemessen (21), während die Wettkampf-Zustandsangst mit Hilfe des *Competitive State Anxiety Inventory-2* (CSAI-2) gemessen wurde (22). Je höher die im SCAT erreichten Werte sind, desto mehr neigt der Sportler dazu, in Voraussicht eines kommenden Wettkampfes angespannt und nervös zu werden. Das höchstmögliche Ergebnis in diesem Test sind 30 Punkte und das niedrigste sind 10 Punkte. Es besteht eine Korrelation zwischen dem SCAT und der Subskala für somatische Angst des *Competitive State Anxiety Inventory-2* (CSAI-2). Anders gesagt, je mehr Punkte der Sportler im SCAT erreicht, desto höher tendiert sein mit dem CSAI-2 gemessener Wert für somatische Angst, was besonders dann zutrifft, wenn der CSAI-2 unmittelbar (innerhalb einer Stunde) vor dem Wettkampf angewandt wird (22).

Der CSAI-2 besteht aus drei Subskalen: kognitive Angst, somatische Angst und Selbstvertrauen. Bei jeder dieser Subskalen kann ein Maximalwert von 36 und ein Minimalwert von 9 Punkten erreicht werden. *Kognitive Angst* bezieht sich auf das Ausmaß der Sorgen, die ein Sportler sich zum Zeitpunkt der Testdurchführung hinsichtlich eines kommenden Wettkampfes macht. Ein hoher Wert bedeutet, daß der Sportler sich Sorgen hinsichtlich des zukünftigen Wettkampfes gemacht hat, während ein niedriger Wert darauf hindeutet, daß er sich ruhig und entspannt fühlte.

Nervös und besorgt hinsichtlich eines zukünftigen Wettkampfes zu sein, ist eine natürliche Reaktion auf eine Wettkampfsituation. Dies wird normalerweise nur dann zum Problem, wenn der Athlet derart beunruhigt ist, daß seine Konzentration vor dem Wettkampf gestört wird. Die Angst verschwindet in der Regel bei Wettkampfbeginn. Wenn die Angst jedoch während des Wettkampfes anhält, kann sie eine gute Leistung stören. In einem derartigen Fall kann ein Sportpsychologe mit dem Sportler zusammenarbeiten, um Wege zu finden, seine Angst zu reduzieren und während des Wettkampfs ruhig zu werden. Psychologische Fertigkeiten, dies zu erreichen, können jede beliebige Kombination der folgenden Maßnahmen beinhalten:

- Statt sich über das Ergebnis des Wettkampfs zu ängstigen, konzentriert der Sportler seine Aufmerksamkeit mehr auf seine Leistung (z.B. achtet er auf die korrekte Ausführung seiner Techniken);
- Entspannungsübungen (z.B. tiefes, langsames Atmen);
- Selbstgespräche zum Aufbauen des Selbstvertrauens (z.B. „Ich weiß, daß ich das schaffen kann").

Beispiele für Entspannungsübungen finden sich im Abschnitt *Psychologische Fertigkeiten zur Steigerung der Leistung* weiter unten.

Die Subskala zur *somatischen Angst* mißt das Niveau der physiologischen Erregung oder „Nervosität" bezüglich des nächsten Wettkampfs. Folglich spiegelt der gemessene Wert wider, wie sehr der Sportler sich zum Zeitpunkt der Testdurchführung in somatischer (körperlicher) Hinsicht hinsichtlich des kommenden Wettkampfes geängstigt hat. Ein hoher Wert deutet darauf hin, daß der Sportler sich hinsichtlich des Wettkampfes physiologisch sehr erregt hat, während ein niedriger Wert anzeigt, daß er sich vor dem Wettkampf ruhig fühlte.

Körperliche Nervosität (unruhiger Magen, Herzrasen) ist wie die Sorge eine natürliche Reaktion vor einem Wettkampf. Man kann nervös und erregt sein, ohne sich über den Wettkampf wirkliche Sorgen zu machen (hohe somatische Angst, niedrige kognitive Angst). Es wird nur dann zum Problem, wenn sie die Konzentration des Sportlers vor dem Wettkampf stört, oder wenn der Sportler merkt, daß seine ganze Energie aufgebraucht wird, bevor der Wettkampf beginnt. In derartigen Fällen kann ein Sportpsychologe zu Rate gezogen werden, der mit dem Sportler zusammen Methoden entwickelt, die Angst zu senken und vor einem Wettkampf ruhig zu werden. Die angewandten psychologischen Techniken können Entspannungsübungen (Atmungsübungen oder Muskelentspannungsübungen) beinhalten, Aufmerksamkeits- und Konzentrationsübungen oder Meditation (ein Beispiel für eine Konzentrationsübung findet sich weiter unten).

Die Subskala zum *Selbstvertrauen* mißt das Niveau des Selbstvertrauens im Hinblick auf einen kommenden Wettkampf. In diesem Fall gibt die Wertung an, wie groß das Selbstvertrauen des Sportlers zum Zeitpunkt der Testdurchführung ist. Ein hoher Wert deutet an, daß der Sportler ein hohes Selbstvertrauen hinsichtlich des Wettkampfes hat, während ein niedriger Wert auf einen Mangel an Selbstvertrauen hinsichtlich des nächsten Wettkampfes hinweist.

Ein selbstbewußtes Herangehen an den Wettkampf wird im allgemeinen als bevorzugter Stil der Vorwettkampfvorbereitung angesehen. Weniger bekannt ist, daß sogar Weltmeister oft einen „Mangel" an Selbstvertrauen vor einem Wettkampf zeigen, und daß das Selbstvertrauensniveau vieler Spitzensportler sehr stark fluktuiert. Wenn Sportler fühlen, daß ihr geringes Selbstvertrauen sie daran hindert, ihre Spitzenleistung zu erreichen, können sie den Wunsch äußern, mit ihrem Trainer oder einem Sportpsychologen zu arbeiten (in Abhängigkeit von den geographischen, lokalen oder persönlichen Umständen), um eine positive Haltung zum Taekwondo aufzubauen und zu steigern.

Die somatische Angst steigt bis zum Beginn des Wettkampfes allmählich an und fällt während des Wettkampfs ab. Kognitive Angst andererseits variiert in Abhängigkeit von der Erwartung des Sportlers hinsichtlich seines Erfolgs in dem betreffenden Wettkampf (22). Die Erwartung des Sportlers kann auch auf der Erwartung des Trainers oder von Unterstützungsgruppen basieren. Die exakte Unterscheidung zwischen diesen beiden Formen der Zustandsangst ist der Gegenstand laufender Forschungen. Es scheint allerdings eine Beziehung zwischen der kognitiven Angst und dem Selbstvertrauen zu bestehen. Es wird hypothetisiert, daß Selbstvertrauen eine Widerspiegelung eines Mangels an kognitiver Angst ist (22). Anders gesagt, ein hohes Niveau an kognitiver Angst deutet auf einen Mangel an Selbstvertrauen hin.

Untersuchungen haben gezeigt, daß Sportler in Kontaktsportarten (z.B. Ringen) höhere Werte der somatischen und kognitiven Angst erzielen, aber niedrigere Selbstvertrauenswerte als Sportler in „körperlosen" Sportarten (z.B. Leichtathletik und Turnen) (22). Wenn man subjektive Sportarten (wie z.B. Turnen und Taekwondo, wo die Ergebnisse vom subjektiven Urteil einer Person über Sieg oder Niederlage abhängt) und objektive Sportarten (wie z.B. Schwimmen, wo ein objektives Maß, wie z.B. die elektronisch gemessene Zeit, über Sieg oder Niederlage entscheidet), miteinander vergleicht, liegen die kognitiven Angstwerte der Sportler in subjektiven Sportarten höher; sie erreichten niedrigere Werte im Selbstvertrauen und unterschieden sich von den Aktiven in objektiven Sportarten nicht hinsichtlich der somatischen Angst. Frauen liegen im Hinblick auf die kognitive und somatische Angst höher als Männer, aber niedriger als diese im Hinblick auf Selbstvertrauen (22).

Ergebnisse der Taekwondo-Forschung

Die psychologische Komponente des OTRP zur Wettkampfangst zeigte, daß es zwischen den erwachsenen Spitzen-Taekwondo-Sportlern und den Freizeit-Taekwondo-Kämpfern keinen Unterschied gibt. Es bestehen auch keine Unterschiede zwischen Männern und Frauen (36). Die Abbildungen VII.1 und VII.2 zeigen die Werte für die männlichen bzw. weiblichen Taekwondo-Sportler relativ zur somatischen Eigenschaftsangst.

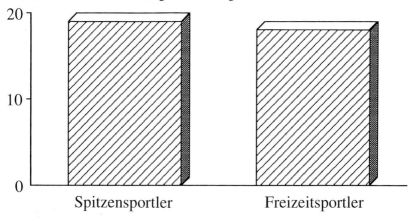

Abbildung VII.1: Somatische Eigenschaftsangst männlicher Taekwondo-Sportler

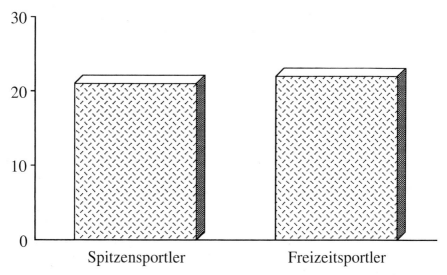

Abbildung VII.2: Somatische Eigenschaftsangst weiblicher Taekwondo-Sportler

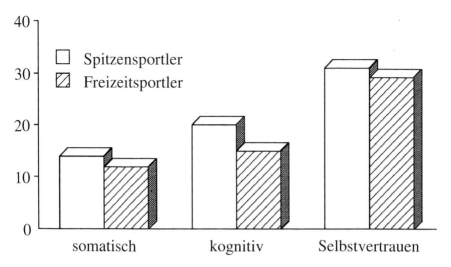

Abbildung VII.3: Wettkampf-Zustandsangst männlicher Taekwondo-Sportler

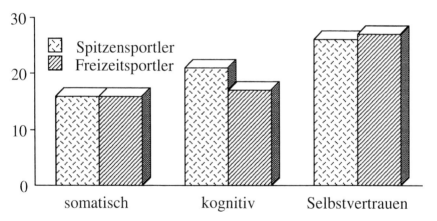

Abbildung VII.4: Wettkampf-Zustandsangst weiblicher Taekwondo-Sportler

Hinsichtlich der Wettkampf-Zustandsangst ergab sich, daß Taekwondo-Sportler der Spitzenklasse kognitiv ängstlicher sind als Hobby-Taekwondo-Sportler. Die Frauen zeigten als Gruppe einen geringeren Wert für Selbstvertrauen als die Männer. Da die Spitzensportler zwei Wochen vor den Taekwondo-Weltmeisterschaften 1987 in Barcelona getestet wurden, ist es nicht überraschend, daß sie kognitiv ängstlicher waren als die Hobby-Sportler. Abbildung VII.3 zeigt die unterschiedlichen Komponenten der Zustandsangst für männliche Taekwondo-Kämpfer der Spitzenklasse und für Hobby-Taekwondo-Kämpfer, während die Wettkampf-Zustandsangst der Spitzen-Taekwondo-

Kämpferinnen und der Hobby-Taekwondo-Kämpferinnen in Abbildung VII.4 gezeigt wird. Ein Vergleich zwischen männlichen und weiblichen Taekwondo-Kämpfern hinsichtlich des Selbstvertrauens ist in Abbildung VII.5 dargestellt.

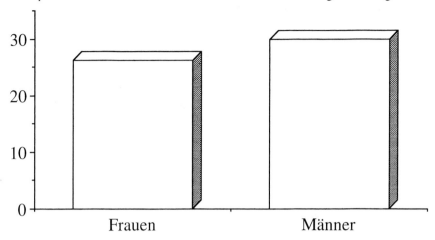

Abbildung VII.5: Selbstvertrauen männlicher und weiblicher Taekwondo-Sportler

Vergleiche mit Vertretern anderer Sportarten

Es ist instruktiv, die obigen Ergebnisse mit den veröffentlichten Normen für andere Sportler zu vergleichen (22). Ein Wort der Vorsicht scheint dennoch angebracht. Wettkampf-Zustandsangst ist situationsspezifisch. Dies bedeutet, daß der Sportler mehr oder weniger Zustandsangst zeigt. Am Ende dieses Abschnittes wird eine informative Abbildung vorgestellt, die zeigt, wie sich die Komponenten der Zustandsangst nach dem Wettkampf ändern.

Wenn man die somatische Eigenschaftsangst männlicher Freizeit-Taekwondo-Sportler mit der von Ringern und College-Studenten vergleicht, ist es offensichtlich, daß die Freizeitsportler, verglichen mit Ringern (= 21) und Studenten (= 21), den niedrigsten Wert (= 18) erreichen. Ringer und Studenten erreichen auch höhere Werte als die männlichen Spitzen-Taekwondo-Sportler (= 19). Männliche Leistungs-Taekwondo-Sportler der regionalen Klasse erreichten den höchsten Wert (= 23) in der somatischen Eigenschaftsangst (7). Die weiblichen Spitzen-Taekwondo-Sportler und Freizeit-Taekwondo-Sportler andererseits erreichten etwas höhere Werte als College-Studentinnen: 21 bzw. 22 für die Taekwondo-Sportlerinnen gegenüber 20 für die Studentinnen (siehe 22). Wettkampf-Taekwondo-Sportlerinnen der regionalen Klasse erreichten, ähnlich wie ihre männlichen Kollegen, die höchsten Werte (= 24) hinsichtlich der somatischen Eigenschaftsangst (7). Erinnern Sie sich daran, daß die körperliche Angst der Sportler um so höher ist, je höher der Wert für die somatische Eigenschaftsangst ist.

Was die somatische Zustandsangst angeht, erreichen die Ringer einen viel höheren Wert als die männlichen Spitzen- und Freizeit-Taekwondo-Sportler. Beide Gruppen der weiblichen Taekwondo-Sportler erreichten auch niedrigere Werte als Spitzensportlerinnen allgemein (22). Was die kognitive Zustandsangst angeht, erreichen die Taekwondo-Sportlerinnen der Spitzenklasse allerdings etwas höhere Werte als Spitzensportlerinnen allgemein (22).

Ohne die Anspannung eines näherrückenden Wettkampfes zum Zeitpunkt des Tests zeigten Taekwondo-Schülerinnen im College-Alter mehr Selbstvertrauen als eine Kontrollgruppe, die nichts mit Taekwondo zu tun hatte (6). Dies könnte als Hinweis dafür genommen werden, daß das Selbstvertrauen der Frauen positiv beeinflußt zu werden scheint, wenn sie Taekwondo betreiben. Das geringere Selbstvertrauen der Frauen im Gegensatz zu den Männern kann sich nur auf das Selbstvertrauen hinsichtlich des Wettkampfs oder hinsichtlich der Fähigkeit, einen Angriff abzuwehren, beziehen. Dies wurde bei Karate-Kämpferinnen festgestellt (20). Im Vergleich zu publizierten Normen erreichten sowohl männliche und weibliche Elite- als auch Freizeit-Taekwondo-Sportler höhere Werte als Ringer oder Spitzensportler generell (22). Bemerkenswert ist vor allem der Wert der männlichen Taekwondo-Gruppen (siehe Abbildung VII.6).

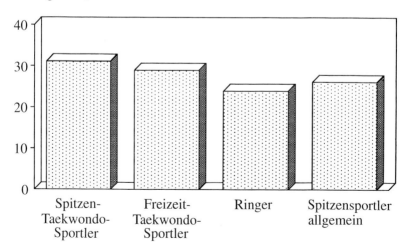

Abbildung VII.6: Selbstvertrauen männlicher Taekwondo-Sportler im Vergleich zu anderen Sportlern

Selbstverständlich sind in diesem Bereich weitere Untersuchungen nötig. Dennoch wird dem Trainer, der mit Taekwondo-Sportlerinnen arbeitet, geraten, ein geringeres Selbstvertrauen bei diesen Sportlern zu erwarten und das psychologische Training darauf auszurichten. Denken Sie daran, daß Selbstvertrauen zur kognitiven Angst in Bezug steht. Es bedarf daher kognitiver psychologischer Fähigkeiten, um diese Komponente der Wettkampf-Zustandsangst zu reduzieren (siehe den Abschnitt *Psychologische Fertigkeiten zur Steigerung der Leistung* weiter unten).

Eine der wenigen, wenn nicht sogar die einzige Untersuchung, in der Spitzen-Kampfsportler (männliche und weibliche Judoka) im Hinblick auf eine Reihe psychologischer Variablen untersucht wurden, wurde von Murphy und Mitarbeitern durchgeführt (33). Obwohl der Vergleich der Ergebnisse dieser Studie mit denen der psychologischen Komponente des OTRP nicht ganz zulässig ist, ist er aus erzieherischer Sicht instruktiv. Die somatische Zustandsangst der Spitzen-Judoka zu Beginn der Untersuchung war vergleichbar mit der der männlichen Elite-Taekwondo-Sportler, während die kognitive Zustandsangst zu Beginn der Judo-Untersuchung niedriger war als die der männlichen und weiblichen Elite-Taekwondo-Sportler. Das Selbstvertrauen der Judoka war grundsätzlich höher als das der Elite-Taekwondo-Sportlerinnen, aber geringer als das der männlichen Taekwondo-Sportler. Man sollte daran denken, daß die Werte für die Judoka sich aus Werten sowohl für männliche als auch weibliche Sportler zusammensetzen. Wie oben angedeutet, kann ein Geschlechtsunterschied hinsichtlich des Selbstvertrauens bestehen, der sich nicht in den Werten der Judoka niederschlägt.

Forschungen scheinen darauf hinzudeuten, daß die somatische Angst um so mehr steigt, je näher der Wettkampf heranrückt, während die kognitive Angst und das Selbstvertrauen relativ stabil bleiben (22). Andere haben vermutet, daß Männer und Frauen hinsichtlich des Niveaus der Zustandsangst unterschiedlich reagieren können, je näher der Wettkampf heranrückt, was auch von der Sportart der untersuchten Personen abhängen kann (16; 17; 22). Auf der Basis dieser Ergebnisse zeigte ein anfänglicher Vergleich zwischen Elite-Taekwondo-Sportlern und britischen männlichen und weiblichen College-Sportlern (16), daß die Werte der somatischen und kognitiven Angst der Taekwondo-Sportler zwei Wochen vor einem wichtigen Turnier höher waren als die Werte der britischen Sportler *30 Minuten* vor dem Wettkampf (35). Selbst wenn die vorhandenen Ergebnisse nur vager Natur sind, sollte der Taekwondo-Trainer sensibel auf psychologische Feinheiten des Sportlers reagieren und, wenn die Leistung verbessert werden soll, alles in seiner Macht stehende tun, um die körperliche wie auch psychologische Vorbereitung des Sportlers zu optimieren.

Empfehlungen

Auf Basis der Ergebnisse der psychologischen Komponente des OTRP konzentrieren sich die Empfehlungen zur Reduzierung der Zustandsangst im Taekwondo auf die Senkung des Erregungsniveaus der Sportler. Später in diesem Kapitel wird eine Anzahl psychologischer Techniken vorgestellt, die dem Trainer und Sportler bei der psychologischen Vorbereitung des Sportlers auf den Wettkampf helfen sollen. In diesem Abschnitt werden Untersuchungen diskutiert, bei denen psychologische Fertigkeiten eingesetzt wurden, um die Leistung im Karate zu verbessern. Die Ergebnisse sind um so relevanter, insofern es die einzigen Untersuchungen zu sein scheinen, die sich mit Leistungsverbesserungen durch psychologisches Training im Kampfsport beschäftigen.

In einer frühen Untersuchung von Weinberg und Mitarbeitern (43) wurde festgestellt, daß bei einer komplexen Fertigkeit wie Sparring eine Kombination von Entspannung und Vorstellungstraining zu besseren Leistungen zu führen scheint. Entspannung bezieht sich auf den Versuch, alle Körpermuskeln in einer ruhigen Umgebung zu entspannen, während Vorstellungstraining *(Imagery)* bedeutet, die Bewegungen in seiner Vorstellung durchzuführen. Beispiele beider Strategien werden am Ende dieses Kapitels vorgestellt.

Folgeuntersuchungen zeigten, daß psychologische Fertigkeiten, wie Entspannung und Vorstellungstraining, bereits von Beginn der Saison an geübt werden sollten, damit Leistungsverbesserungen erreicht werden (42). Dies bedeutet auch, daß der Trainer die psychologische Komponente des Trainingsprogramms auf einer regulären Basis kontrollieren sollte, indem er psychologische Tests durchführt, wie die, die in diesem Kapitel diskutiert werden. Es reicht nicht aus, die Sportler bloß aufzufordern, psychologisch zu üben. Wie beim körperlichen Training sollte der Trainer den Fortschritt des Sportlers periodisch kontrollieren. Je länger dem Sportler Gelegenheit gegeben wird, seine psychologischen Fertigkeiten zu üben, desto besser werden die Ergebnisse sein, vor allem wenn diese psychologischen Strategien auf das Individuum zugeschnitten werden (39).

Stimmungsprofil

Es wurde vermutet, daß ein positiver mentaler Gesundheitszustand einen Bezug zum Erfolg im Sport aufweist. Anders gesagt, „Erfolg im Sport steht in einem umgekehrten Verhältnis zur Psychopathologie" (27, S. 71). Der mentale Gesundheitszustand bezieht sich auf die Reaktion des Sportlers auf das Training und nicht so sehr auf sein psychisches Grundprofil, worunter das Profil vor Auftreten der Trainingsauswirkungen verstanden wird. Im Vergleich zu weniger erfolgreichen Sportlern zeigen die erfolgreichen Sportler niedrigere Angst-, Neurotizismus- und Depressionsspiegel (28).

Übertraining oder Ausbrennen ist ein negatives Ergebnis von Überlastungen, d.h. einem Anstieg der Trainingsbelastung des Sportlers, um einen optimalen Stimulus für die Anpassungsfähigkeit des Körpers mit dem Ziel der Leistungssteigerung zu setzen (30). Die undifferenzierte Steigerung der Trainingsbelastung zur Leistungsverbesserung, ohne dem Sportler ausreichende Erholungszeit zu geben, führt letztendlich zum Übertraining, was seinerseits zu einer Reduzierung der Leistung führt. Übertraining steigert auch die Verletzungsanfälligkeit des Sportlers, wodurch die Leistung des Sportlers zusätzlich eingeschränkt wird. Obwohl Übertraining ein Langzeitprodukt der Überlastung ist, kann es kurzfristig auch durch abrupte Wechsel der Trainingsbelastung verursacht werden (z.B. 30; 33) (siehe auch Kapitel II).

Das am häufigsten eingesetzte psychologische Instrument zur Bestimmung eines (beginnenden) Übertrainings und einer allgemeinen Stimmungsstörung ist das *Profile of Mood States* (POMS) (26). Der POMS ist eine Skala, die mißt, wie man sich zum Testzeitpunkt fühlt. Im Falle der Elite-Taekwondo-Sportler, die im Rahmen des OTRP getestet wurden, maß der POMS, wie sie sich in der Woche vor Beendigung des Tests fühlten.

Der POMS mißt das Spannungs-, Ärger-, Depressions-, Konfusions-, Ermüdungs- und Vitalitätsniveau. Ein Wert von 50 auf jeder Subskala für Anspannung, Ärger, Depression etc. ist ein für Durchschnittspersonen typisches Merkmal, aber nicht für (Spitzen-)Athleten. Sportler und andere aktive Menschen erreichen höhere Werte im Bereich Vitalität und niedrigere Werte in den anderen Bereichen als die Durchschnittsbevölkerung, was zum sogenannten Eisbergprofil (27) oder umgekehrten V-Profil führt. Eine Störung in diesem Profil steht mit Übertraining oder Burnout in Zusammenhang, was, wie oben angedeutet, letztendlich in einer Leistungsminderung resultiert. Ausgebrannte Sportler erreichen im Vergleich zur Durchschnittsbevölkerung niedrigere Werte im Bereich Vitalität und höhere in den anderen Bereichen. Wenn dies der Fall ist, sagt man, daß die allgemeine Stimmung des Sportlers gestört ist. Ein Wert von 60 oder höher in irgendeiner der negativen Stimmungskomponenten ist ein Anlaß zur Sorge. Eine effektive Methode zur Verhinderung von Übertraining ist eine Reduzierung der Trainingsbelastung oder völlige Ruhe. Zusätzlich zu diesen psychologischen Gesichtspunkten sollte man realisieren, daß Übertraining auch physiologische Dimensionen hat, aber diese sind kein Thema dieses Kapitels (z.B. 3).

Die *Anspannungs*-Subskala des POMS mißt das Anspannungsniveau und die Angst des Sportlers, und jeder Wert über 60 deutet darauf hin, daß der Sportler sich sehr angespannt fühlt, was nicht leistungsförderlich ist. Hohe Anspannungswerte können manchmal dadurch gemildert werden, daß man lernt, mit dem Streß besser umzugehen. Techniken, die gelernt werden können, um den Streß zu mildern, sind Atmungstechniken, Meditation und Biofeedback. Einige dieser Techniken können entweder vor oder nach dem Wettkampf angewandt werden.

Die *Depressions*-Subskala mißt die Gefühle Traurigkeit, Schuld und Einsamkeit. Es gibt viele Gründe, warum Menschen diese Gefühle haben können, z.B. den Verlust nahestehender Menschen, persönliche Rückschläge oder Wahrnehmungen von Unzulänglichkeit. Fortgesetzte Depressionen können oft durch persönliche Gespräche oder Medikamente gemildert werden. Ein Sportpsychologe kann hier um Hilfe gebeten werden.

Die *Ärger*-Subskala spiegelt die Gefühle von Ärger und Feindseligkeit gegenüber anderen wider. Diese Gefühle können eine Reihe von Ursachen haben. Wenn ein Sportler über längere Zeit intensive Gefühle von Ärger verspürt, kann die Leistung sich verschlechtern und die Gesundheit leiden. Die meisten von uns erfahren eine Reihe kurzfristiger Perioden hohen Ärgers, was in der Regel kein Problem darstellt. Ärger kann große Schwierigkeiten machen, wenn er zu Handlungen veranlaßt, d.h., wenn eine Person sich durch impulsive oder aggressive Aktionen in Schwierigkeiten bringt. In diesen Situationen sollte professionelle Hilfe gesucht werden.

Vitalität bezieht sich auf das Gefühl großer Energie und Aktivität. Wie an früherer Stelle erwähnt, erreichen Sportler in diesem Bereich im allgemeinen höhere Werte als die Durchschnittsbevölkerung. Wenn ein aktiver Sportler einen Vitalitätswert unter 50 aufweist, kann dies ein Warnzeichen dafür sein, daß dieser Sportler sich ausgebrannt fühlt. In einem derartigen Fall ist es sinnvoll, daß der Sportler die Situation mit jemandem diskutiert, z.B. mit dem Trainer oder Sportpsychologen.

Müdigkeit ist ein Zeichen von Überdruß, Trägheit und niedriger Energie. Bei Sportlern kann es während Perioden intensiven oder harten Trainings in diesem Bereich zu einem hohen Wert kommen, was normalerweise kein Problem darstellt. Wenn jedoch das Ermüdungsniveau unmittelbar vor dem Wettkampf hoch ist, ist dies ein Anlaß zu ernstlicher Sorge, da intensive Wettkämpfe normalerweise viel Energie verlangen. Das Müdigkeitsniveau sollte während einer Trainingssaison sorgfältig kontrolliert werden, denn es ist ein gutes Anzeichen für ein mögliches Übertraining.

Die Subskala für *Konfusion* mißt Verwirrungsgefühle. Sportlern, die auf dieser Skala Werte über 60 erreichen, wird geraten, den Anlaß für Verwirrung und Unsicherheit herauszufinden. Diese Gefühle können, wie auch die anderen negativen Stimmungszustände (Anspannung, Depression, Ärger und Ermüdung) die Leistung und das Entscheidungsverhalten stören.

Ergebnisse der Taekwondo-Forschung

Abbildungen VII.7 (Frauen) und VII.8 (Männer) stellen sowohl die Stimmungsprofile der Elite- als auch der Freizeit-Taekwondo-Sportler dar. Sowohl die Freizeitgruppen der Männer als auch der Frauen erreichten signifikant geringere Werte im Bereich Depression, Ärger, Ermüdung und Verwirrung als die Elite-Taekwondo-Gruppen. Obwohl die Freizeitgruppen höhere Werte im Bereich Vitalität erzielten als die Spitzensportler, waren die Unterschiede nicht signifikant. Die Freizeit-Taekwondo-Sportler ereichten auch geringere Werte hinsichtlich der völligen Stimmungsstörung (siehe Abbildung VII.9). Ein möglicher Fall von Übertraining ist in Abbildung VII.10 dargestellt.

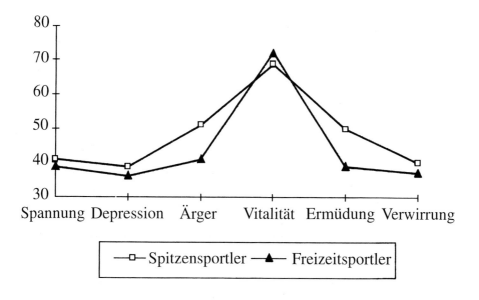

Abbildung VII.7: Stimmungszustände weiblicher Taekwondo-Sportler

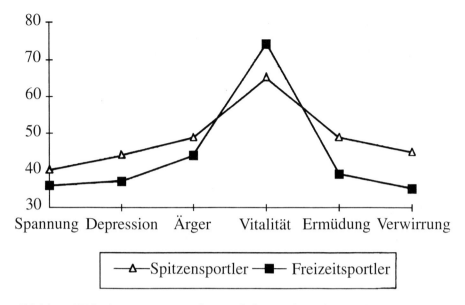

Abbildung VII.8: Stimmungszustände männlicher Taekwondo-Sportler

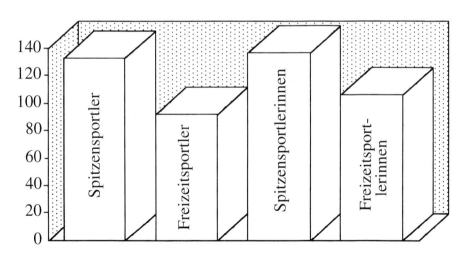

Abbildung VII.9: Gesamt-Stimmungsstörung von Taekwondo-Sportlern

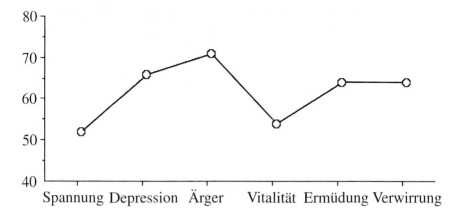

Abbildung VII.10: Stimmungsprofil potentiell übertrainierter Taekwondo-Sportler

Vergleiche mit anderen Sportlern

Mehrere Untersuchungen haben die Effekte intensiven Trainings oder von Wettkämpfen auf das Stimmungsprofil von Sportlern gezeigt (z.b. 13; 32; 41). Obwohl sowohl Elite-Taekwondo-Sportler als auch -Sportlerinnen das sogenannte Eisberg-Profil aufwiesen (siehe Abbildung VII.7 und VII.8), was auch bei anderen Spitzensportlern der Fall ist (z.B. 10; 27; 32; 40), zeigten einzelne Sportler der Männer- und Frauenmannschaften Anzeichen von Übertraining mit höheren Durchschnittswerten von Negativfaktoren, wie Ärger, Depression, Ermüdung und Konfusion, und einen unter dem Normalwert liegenden Vitalitätswert (siehe Abbildung VII.10). McGowan und Miller (24) fanden heraus, daß erfolgreichere Karate-Sportler höhere Ärger-Werte erreichten als ihre weniger erfolgreichen Kollegen. Sie stellten die Hypothese auf, daß erfolgreiche Karate-Sportler den Ärger verwandten, um sich für den Wettkampf „aufzuputschen". Wie oben erwähnt, kann man mit dem POMS ein (beginnendes) Übertraining feststellen, wenn dieser Test regelmäßig eingesetzt wird (28). Burnout wird normalerweise als Ergebnis eines Langzeitprozesses von Übertraining gesehen. Dieser Zustand kann allerdings auch kurzfristig durch abrupte Steigerungen der Trainingsbelastung hervorgerufen werden (30; 31).

Ein gesteigerter Trainingsumfang bei männlichen und weiblichen Judoka der Spitzenklasse führte zu Veränderungen der Komponenten Ärger und, verständlicherweise, Ermüdung, er führte jedoch nicht zu einer Störung der Gesamtstimmung (33). Der Grund hierfür kann den Autoren zufolge mit der Tatsache zusammenhängen, daß es sich bei den Judoka um Sportler der nationalen Spitzenklasse handelte, was bei den Testpersonen der meisten anderen Untersuchungen nicht der Fall war. Die Elite-Taekwondo-Sportler, die im Rahmen des OTRP getestet wurden, waren ebenfalls Sportler der nationalen Spitzenklasse, und dennoch wurde eine Störung der Gesamtstimmung beobachtet. Dieser Widerspruch kann in diesem Fall an anderen Faktoren liegen, wie z.b. an der Beziehung zwischen Trainer und Sportler, Länge der Zeit des erhöhten Trainingsumfangs etc. Es wird Taekwondo-Trainern daher sehr empfohlen, das Stimmungsprofil ihrer Sportler sehr genau zu kontrollieren, so daß Vorsichtsmaßnahmen zur Verhinderung von Übertraining, Verletzungen und Leistungsabfall durchgeführt werden können.

Vor kurzem schlug Morgan (27) ein Modell der mentalen Gesundheit vor, daß Erfolg in jedem beliebigen Sport in bezug setzt zu einem positiven psychologischen Profil, gemessen an den Stimmungszuständen. Ein negativeres Stimmungsprofil wird andererseits sehr wahrscheinlich zu einem Leistungsabfall führen. Mehrere Untersuchungen haben gezeigt, daß diese Beziehung sowohl bei Spitzen- als auch Freizeitsportlern zutrifft (z.B. 9; 30; 31; 40).

Abbildungen VII.11a und VII.11b zeigen einen Vergleich der Stimmungszustände zwischen weiblichen und männlichen Elite- und Freizeit-Taekwondo-Sportlern einerseits und weiblichen und männlichen Karateka der nationalen Leistungsklasse andererseits (25).

Die Elite-Taekwondo-Kämpferinnen erreichten viel höhere Ärger-Werte als die Karate-Kämpferinnen. Auch ihre Spannungs-, Depressions-, Ermüdungs- und Konfusionswerte waren höher. Im Bereich Vitalität erreichten sie jedoch niedrigere Werte als die Karate-Kämpferinnen. Bei den männlichen Elite-Taekwondo-Kämpfern lagen die Spannungs-, Depressions-, Ärger- und Konfusionswerte allesamt viel höher als bei den Karate-Kämpfern, aber ihre Vitalitätswerte waren ebenfalls höher. Die Freizeit-Taekwondo-Kämpferinnen zeigten niedrigere Depressions-, Ärger-, Ermüdungs- und Konfusionswerte als die Karateka, aber ähnliche Werte in den Bereichen Spannung und Vitalität. Im Vergleich zu den männlichen Karateka erreichten die männlichen Freizeit-Taekwondo-Sportler ähnliche Spannungs-, Depressions- und Ärgerwerte, niedrigere Ermüdungswerte, aber höhere Konfusionswerte, während ihr Wert im Bereich Vitalität viel höher lag.

Raglin et al. (38) fanden, daß das Ausmaß der Stimmungsstörung signifikant anstieg, wenn die Trainingsintensität von Ruderinnen einen Gipfel erreichte. Erfolglose Ruderer hatten nach dem Abtrainieren noch immer ein erhöhtes allgemeines Stimmungsprofil, während der allgemeine Stimmungswert der er-

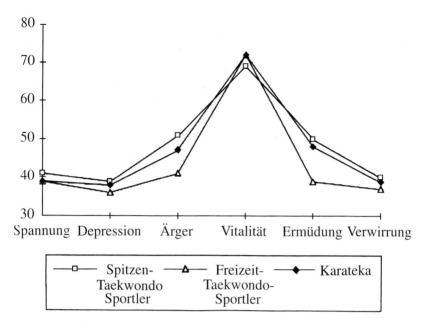

Abbildung VII.11a: Stimmungszustände der Taekwondo- und Karate-Sportler: Frauen

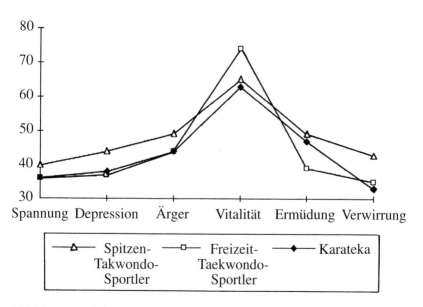

Abbildung VII.11b: Stimmungszustände der Taekwondo- und Karate-Sportler: Männer

folgreichen Ruderer wieder auf den Ausgangswert fiel. Anders gesagt, die erfolgreichen Ruderer zeigten eine Verbesserung der allgemeinen Stimmung bei einer Trainingsreduzierung, was mit dem von Morgan vorgeschlagenen Modell der mentalen Gesundheit übereinstimmt (27). Diese Ergebnisse weisen erneut auf eine regelmäßige Kontrolle der Gesamtstimmung und Stimmungszustände hin; und Taekwondo-Trainern, die dazu beitragen wollen, daß sich die Leistung ihrer Sportler verbessert, ist zu raten, mit einem Sportpsychologen zu arbeiten.

Obwohl zur Beseitigung des Übertrainings normalerweise Ruhe empfohlen wird, die bis zu sechs Monaten anhalten kann (z.B. 37), können mehrere Methoden angewandt werden, um ein beginnendes Übertraining zu vermeiden. Die folgenden Empfehlungen können als Richtlinie für Trainer zur Verhinderung von Übertraining bei Taekwondo-Sportlern verwandt werden. Das Training an das momentane Gefühl der Sportler anzupassen, ist die Entscheidung eines klugen Trainers. Das Abwechseln von harten und leichten Trainingseinheiten, wie in Kapitel II erwähnt, kann auch wesentlich zur Verhinderung von Übertraining beitragen.

Empfehlungen

Die Vermeidung von Übertraining sollte ein Bestandteil des Trainingsprogramms des Taekwondo-Sportlers sein. Dies bedeutet, daß psychologische Fertigkeiten zur Vermeidung von Übertraining geübt werden sollten, genauso wie körperliche Fertigkeiten geübt werden. Man sollte realisieren, daß, ähnlich wie bei körperlichen Fertigkeiten, Zeit dazu nötig ist, um aus dem psychologischen Training Vorteile zu erzielen, wie in diesem ganzen Kapitel immer wieder erwähnt wurde. Erwarten Sie keine kurzfristigen Erfolge. Erfolge im Spitzensport bedürfen eines jahrelangen körperlichen wie psychologischen Trainings.

Taekwondo-Trainer sollten sich bewußt sein, daß die Devise „um so mehr, desto besser" nicht notwendigerweise zu optimalen Leistungen führt. Damit sich sportliche Leistungen verbessern, ist „weniger" oft besser als „mehr". Einige mögliche Maßnahmen zur Vermeidung von Übertraining werden im folgenden vorgeschlagen (siehe 15).

Integration von Auszeiten in das Trainingsprogramm. Ähnlich wie Ferien und Urlaubstage im Alltagsleben notwendig sind, brauchen Taekwondo-Sportler trainingsfreie Zeiten. Auf diese Weise sind sie imstande, ihre „Batterien wieder aufzuladen" und erneute Motivation für das Training zu gewinnen, was die Spitzenleistung fördert.

Geben Sie dem Taekwondo-Sportler die Chance, seine eigenen Entscheidungen zu treffen. Stellen Sie sicher, daß die Sportler bei Entscheidungen, die die Mannschaft sowie das Konditions- und Trainingsprogramm betreffen, ein Mitspracherecht haben. Der Sportler fühlt sich dann für alles, was mit der Mannschaft passiert, für das Trainingsprogramm und für seine Leistung verantwortlicher. Untersuchungen haben ergeben, daß das Teilen von Entscheidungen und Verantwortung den Sportler besser und länger motiviert (5). Zielsetzung ist eine gute Strategie, die Motivation sowohl des Sportlers als auch des Trainers hoch zu halten und die Interaktion zwischen den beiden zu optimieren. Durch das Setzen von realistischen und erreichbaren Zielen wissen sowohl der Trainer als auch der Sportler, was sie erwarten und anstreben sollten. Zögern Sie nicht, die Ziele mit der Zeit und/oder, wenn nötig, zu modifizieren. Inflexible Trainer tragen sehr wahrscheinlich dazu bei, daß der Sportler ausbrennt (5).

Mentales Training. Die Einführung von Variation in das Training kann das Ziel haben, Übertraining zu vermeiden. Der Taekwondo-Trainer könnte die zu übenden körperlichen Fertigkeiten variieren, aber er könnte auch Phasen einschalten, in denen die Sportler diese Fertigkeiten mental trainieren. Auf diese Weise wird die Trainingsmonotonie unterbrochen, und der Sportler erhält die Chance, sich von anstrengenden Trainingseinheiten ohne Zeitverlust zu erholen. Mentales Training ist auch eine ausgezeichnete Methode während Verletzungsphasen (siehe Kapitel X).

Kontrolle der Herzfrequenz und des Körpergewichts. Obwohl es sich hierbei nicht um eine psychologische Fertigkeit per se handelt, hat sich diese Maßnahme als sehr praktisch und nützlich erwiesen (2). Dem Sportler wird geraten, täglich seine morgendliche Herzfrequenz zu messen und in sein Trainingsbuch einzutragen. Eine Erhöhung der morgendlichen Herzfrequenz kann ein Hinweis darauf sein, daß der Körper sich noch nicht völlig von der Trainingsbelastung erholt hat. Es könnte auch ein Zeichen für einen Virusinfekt sein. Wie dem auch sei, die genaue Kontrolle der Herzfrequenz des Sportlers und anderer körperlicher Zeichen wie Unruhe, Müdigkeit, aber auch Schwankungen des Körpergewichts ist eine weitere Strategie zur Vermeidung von Übertraining. Was das Körpergewicht angeht, ist die tägliche statt wöchentliche Kontrolle des Körpergewichts notwendig, wenn diese Messung als präventive Maßnahme eingesetzt werden soll.

Einige der oben angeführten psychologischen Fertigkeiten und andere mehr sind in verschiedenen Sportarten erfolgreich eingesetzt worden (z.B. 15; 34). Dem Taekwondo-Trainer, der diese psychologischen Fertigkeiten nicht kennt, wird geraten, einen Sportpsychologen zu Rate zu ziehen, der ihm hilft, die

Leistung seines Athleten zu optimieren. Nur wenn Trainer, Sportler und Wissenschaftler als Team arbeiten, kann das Potential des Sportlers voll ausgeschöpft werden.

Psychologische Fertigkeiten zur Steigerung der Leistung

Die psychologischen Fertigkeiten zur Steigerung der Leistung im Taekwondo basieren auf Orlick (34). Sie werden differenziert in Fertigkeiten, die die kognitive und somatische Zustandsangst ansprechen, und solche, die auf das Selbstvertrauen abzielen. Einige dieser Fertigkeiten, wie Entspannung, können auch als präventive Maßnahmen zur Verhinderung des Übertrainings genutzt werden. Die Verhinderung von Übertraining erfolgt durch eine Kombination des Wahrens der feinen Balance von Trainingsbelastung und Erholungsperioden einerseits und dem Einsatz einer oder mehrerer psychologischer Fertigkeiten andererseits. Mentales Training wurde natürlich im vorangegangenen Abschnitt schon erwähnt. Was auch immer die spezifische psychologische Strategie ist, beginnen Sie mit leichten Übungen, und gehen Sie dann zu schwierigeren Übungen über. So kann man sich z.B. zunächst auf den tiefen Block *(arae makki)* und dann auf den Tritt mit Rückendrehung *(twit tollyo ch'agi)* konzentrieren.

Kognitive Fertigkeiten

Eine Methode zur Reduzierung der Zustandsangst ist das Üben der Konzentration, was auch in anderen Bereichen des Taekwondo-Trainings nützlich ist, wie beispielsweise im Techniktraining (siehe vorheriges Kapitel). Es gibt eine Reihe von Methoden zur Verbesserung der Konzentration. Man kann sich auf einen Gegenstand konzentrieren, auf den eigenen Körper oder Körperteile, den Himmel usw. Eine Methode, die die Autoren dieses Buches vorschlagen möchten, ist der Einsatz von Taekwondo-Formen *(p'umse)* zum Üben der Konzentration. Suchen Sie sich einen ruhigen Platz und setzen sich. Sie können Ihre Augen entweder schließen oder offenlassen. Suchen Sie sich eine Form, auf die Sie sich konzentrieren möchten. Konzentrieren Sie sich auf das Gefühl, das mit dem Praktizieren dieser Form verbunden ist. Lassen Sie keine anderen Gedanken zu. Sobald Sie feststellen, daß Sie an andere Dinge denken, sagen Sie sich „Konzentriere Dich" oder „Geh weg" oder was auch immer für Sie wirkt, und kehren Sie zu der Form zurück. Je besser Ihre Konzentration wird, desto mehr Zeit können Sie Konzentrationsübungen widmen.

Abbildung VII.12: Konzentration

Eine andere psychologische Fertigkeit, die man zur Reduzierung des kognitiven Angstniveaus einsetzen kann, wird *mentale Vorstellung (mental imagery)* genannt. Die mentale Vorstellung ist eine Simulation der Wirklichkeit im Kopf, bevor man sich ihr tatsächlich aussetzt. Anders gesagt, Wirklichkeit für den Taekwondo-Sportler ist Training und Wettkampf. In der mentalen Vorstellung simuliert der Sportler das Training bzw. Teile des Trainings und/oder den Wettkampf bzw. Wettkampfteile in seiner Vorstellung. Mentale Vorstellung heißt, der Sportler sieht und fühlt sich bei der Ausführung der Fertigkeiten, wie z.B. dem Tritt, Fauststoß, einem Schritt oder anderen Taekwondo-Techniken. Einige Sportler haben ein Bild in ihrem Kopf, in dem sie sich selbst bei der Ausführung einer Technik *beobachten*. Andere *praktizieren* die Fertigkeiten tatsächlich mental, während andere zwischen diesen beiden Vorstellungen hin- und herschwanken. Was auch immer für Sie funktioniert, ist am besten, sofern die Fertigkeit, die Sie sich vorstellen, korrekt ist. „Es ist wichtig festzustellen, daß der Hauptunterschied zwischen einer *funktionierenden* und *nicht funktionierenden* mentalen Vorstellung die Fähigkeit des Sportlers ist, sich bei der Ausführung der gewünschten Fertigkeit oder Reaktion lebhaft vorzustellen" (34, S. 89).

Eine Übung, die ein Taekwondo-Sportler erfolgreich verwendet hat, ist die Vorstellung des Wettkampfbereiches (den Ort, die Wettkämpfer, die Zuschauer, die Schiedsrichter, die Ringe usw.) vom Zeitpunkt seiner Ankunft bis zum Ende des Turniers. Diese Vorstellung hilft ihm, sich an die Situation zu gewöhnen, in der er sich befinden wird, wenn er an einem Wettkampf teilnimmt. Er fühlt sich entspannter und selbstbewußter, wenn er zum Turnier fährt, weil er bereits weiß, was ihn erwartet.

Verhaltenstechniken

Entspannung ist eine Methode, die von sehr vielen Sportlern erfolgreich eingesetzt wird. Eine Methode, sich zu entspannen, ist, sich einen ruhigen Raum zu suchen und sich hinzulegen. Üben Sie das Anspannen und Entspannen Ihrer Muskeln, um den Unterschied zwischen angespannten und entspannten Muskeln zu fühlen. Vielleicht wollen Sie dies auf systematische Weise tun, indem Sie mit Ihren Füßen beginnen und sich nach oben zu Ihrem Kopf vorarbeiten. Wenn Sie Ihren Kopf erreicht haben, beginnen Sie wieder von vorne und wiederholen Sie diese Prozedur etwa 15 bis 20 Minuten. Wenn Sie sich auf diese Weise an die Kontraktion und das Entspannen Ihrer Muskeln gewöhnt haben, ist der nächste Schritt die Entspannung der Muskeln ohne vorherige Anspannung.

Abbildung VII.13: Entspannung

Benutzen Sie ein Schlüsselwort, wie z.B. „entspannen", „ruhig", „warm" etc., nachdem Sie die Entspannung Ihrer Muskeln erreicht haben. Praktizieren Sie diese Übung 10 bis 15 Minuten lang. Der dritte Schritt wäre die Entspannung nach Benutzung des Schlüsselworts. Tun Sie dies mehrmals pro Tag, so oft Sie wollen und wo immer Sie sind. Der letzte Schritt ist die Verwendung des Schlüsselworts und die sich daran anschließende Entspannung in einer Streßsituation. Kreieren Sie während des Übens eine Situation, in der Sie eine ziemlich schwierige Kombination von Techniken verwenden. Wechseln Sie dann von der Übung zu weniger wichtigen Wettkämpfen und schließlich zu wichtigen Wettkämpfen. Benutzen Sie jedesmal, wenn Sie sich ängstlich fühlen, Ihr Schlüsselwort, und entspannen Sie Ihre Muskeln. Sie können diese Übung verwenden, wo immer Sie wollen (in der Schule, bei der Arbeit etc.), bevor Sie sie im Wettkampf einsetzen.

Autosuggestion

Diese Technik hilft dem Sportler, mehr Selbstvertrauen zu gewinnen. Es handelt sich grundsätzlich um positive Selbstgespräche und bedeutet das Entwickeln positiver Gedanken über sich selbst. Sagen Sie sich z.B., daß Sie Ihr Leben unter Kontrolle haben und daß niemand das Recht hat, es für Sie zu leben. Sie könnten sich auch sagen, daß Probleme und Rückschläge Lernerfahrungen sind und daß sie zu Ihrer Entwicklung als menschliches Wesen beitragen. Sie wissen, daß Sie diesen schwierigen Tritt mit Rückendrehung sogar mit einem vorangegangenen Schritt beherrschen. Sagen Sie sich, daß Sie o.k. sind, daß Sie wissen, was zu tun ist, wie es zu tun ist und was Sie wollen. Andere Menschen sind vor dem Wettkampf genauso neugierig wie Sie, aber Sie haben nicht Ihr Talent. Sie haben Ihre Ziele gesetzt und sind völlig in der Lage, sie zu erreichen. Denken Sie daran, daß Sie die Kontrolle haben, niemand anderes.

Der Trainer hat einen sehr wichtigen Beitrag zur Verbesserung des Selbstvertrauens des Sportlers zu leisten. Verwenden Sie positive Verstärkung, betonen Sie die guten Dinge, nicht die Fehler. Schaffen Sie eine positive Atmosphäre, in der der Sportler Erfolg erleben kann, sei es wegen eines korrekt angehobenen Knies vor dem Tritt oder wegen eines gut ausgeführten Angriffs in einem Sparring-Kampf. Ein Klaps auf den Rücken wird Wunder wirken und hilft, Anspannungen zu beseitigen.

Die oben erwähnten psychologischen Fertigkeiten zur Steigerung der Leistung können mit maximalem Effekt kombiniert werden. So werden z.B. mentale Vorstellung und Entspannung häufig zusammen eingesetzt. Der Sportler kann mit Entspannungsübungen beginnen und die Vorstellung *(imagery)* im letzten Schritt einsetzen, in dem das Schlüsselwort in streßintensiven Situationen zu verwenden ist. Der Sportler kann in seinem Kopf einen Kampf zwischen sich und einem sehr harten Gegner simulieren. Sobald der Sportler die Fäuste hebt, verwendet er das Schlüsselwort, um sich zu entspannen.

Periodisierung des psychologischen Trainings

Genauso wie das Ausdauer-, Kraft- und Techniktraining kann das psychologische Training periodisiert werden. Während man in der Vorsaison mit einigen Minuten psychologischen Trainings beginnt (ohne die Zeit mitzurechnen, die der Sportler in Verletzungsphasen mental trainiert), kann das psychologische Training in der Wettkampfperiode bis zu einer Stunde pro Einheit ausgedehnt werden. Ein mögliches Programm für die Vorsaison und Wettkampfsaison ist in den Tabellen VII.1 (allgemeine Vorbereitung), VII.2 (spezifische Vorbereitung) und VII.3 (Wettkampfsaison) dargestellt. Psychologisches Training wie auch taktisches Training (siehe nächstes Kapitel) werden wichtiger, wenn die Sportler von der spezifischen Vorbereitungsphase der Vorsaison zur Wettkampfperiode überwechseln. Tatsächlich nehmen psychologisches und taktisches Training etwa 50% der Gesamttrainingszeit ein, während die anderen 50% für das konditionelle und technische Training verwandt werden (1).

Offensichtlich ist es nicht realistisch, ein definitives Programm vorzugeben. Wie zuvor entwirft der Trainer sein eigenes Programm auf Basis der individuellen Umstände und Bedürfnisse des Sportlers. Man sollte sich wiederum bewußt sein, daß psychologische Fertigkeiten in einem Paket kombiniert werden können. Des weiteren sollte auch die Steigerung der Schwierigkeit dieser Übungen im Kopf behalten werden, je besser der Sportler in diesen psychologischen Techniken wird. Die Anwendung psychologischer Fertigkeiten während der Wettkämpfe kann ein Ziel des Makrozyklus oder selbst eines der Ziele für einen spezifischen Wettkampf sein. So kann der Sportler z.B. versuchen, die Entspannung während eines Turniers einzusetzen. Während der Evaluation nach dem Wettkampf bestimmen der Trainer und Sportler zusammen, wie oft der Sportler in der Lage war, sich nach dem Schlüsselwort zu entspannen und wie das seine Leistung beeinflußte.

Wenn Entspannung und mentales Vorstellungstraining während der spezifischen Vorbereitungsphase in der Vorsaison kombiniert werden (siehe Tabelle VII.2), kann der Sportler mit 25 Minuten Entspannung und 5 Minuten Vorstellungstraining beginnen. Der Trainer kann die für Entspannung und Vorstellungstraining verwendete Zeit während der spezifischen Vorbereitungsphase in dem für notwendig erachteten Verhältnis systematisch steigern bis zu einem Maximum von beispielsweise etwa 45 Minuten während der Wettkampfsaison (siehe Tabelle VII.3).

Woche 1 bis 2

Tag	Training	Trainingsart	Trainingsdauer
Sonntag	psychologisch	Entspannung	15 Minuten
Montag	Ruhe		
Dienstag	psychologisch	Entspannung	15 Minuten
Mittwoch	psychologisch	Entspannung	15 Minuten
Donnerstag	psychologisch	Entspannung	15 Minuten
Freitag	psychologisch	Entspannung	15 Minuten
Samstag	psychologisch	Entspannung	15 Minuten

Woche 3 bis 4

Tag	Training	Trainingsart	Trainingsdauer
Sonntag	psychologisch	Entspannung	20 Minuten
Montag	Ruhe		
Dienstag	psychologisch	Entspannung	20 Minuten
Mittwoch	psychologisch	Entspannung	20 Minuten
Donnerstag	psychologisch	Entspannung	20 Minuten
Freitag	psychologisch	Entspannung	20 Minuten
Samstag	psychologisch	Entspannung	20 Minuten

Woche 5 bis 6

Tag	Training	Trainingsart	Trainingsdauer
Sonntag	psychologisch	Entspannung	25 Minuten
Montag	Ruhe		
Dienstag	psychologisch	Entspannung	25 Minuten
Mittwoch	psychologisch	Entspannung	25 Minuten
Donnerstag	psychologisch	Entspannung	25 Minuten
Freitag	psychologisch	Entspannung	25 Minuten
Samstag	psychologisch	Entspannung	25 Minuten

Tabelle VII.1: Psychologisches Trainingsprogramm für die Vorsaison: allgemeine Vorbereitungsphase

Woche 1 bis 2

Tag	Training	Trainingsart	Trainingsdauer
Sonntag	psychologisch	Entspann./Vorstell.	30 Minuten
Montag	Ruhe		
Dienstag	psychologisch	Entspann./Vorstell.	30 Minuten
Mittwoch	psychologisch	Entspann./Vorstell.	30 Minuten
Donnerstag	psychologisch	Entspann./Vorstell.	30 Minuten
Freitag	psychologisch	Entspann./Vorstell.	30 Minuten
Samstag	psychologisch	Entspann./Vorstell.	30 Minuten

Woche 3 bis 4

TTag	Training	Trainingsart	Trainingsdauer
Sonntag	psychologisch	Entspann./Vorstell.	35 Minuten
Montag	Ruhe		
Dienstag	psychologisch	Entspann./Vorstell.	35 Minuten
Mittwoch	psychologisch	Entspann./Vorstell.	35 Minuten
Donnerstag	psychologisch	Entspann./Vorstell.	35 Minuten
Freitag	psychologisch	Entspann./Vorstell.	35 Minuten
Samstag	psychologisch	Entspann./Vorstell.	35 Minuten

Tabelle VII.2: Psychologisches Trainingsprogramm für die Vorsaison: spezifische Vorbereitungsphase

Woche 1 bis 2

Tag	Training	Trainingsart	Trainingsdauer
Sonntag	psychologisch	Entspann./Vorstell.	40 Minuten
Montag	Ruhe		
Dienstag	psychologisch	Entspann./Vorstell.	40 Minuten
Mittwoch	psychologisch	Entspann./Vorstell.	40 Minuten
Donnerstag	psychologisch	Entspann./Vorstell.	40 Minuten
Freitag	psychologisch	Entspann./Vorstell.	40 Minuten
Samstag	psychologisch	Entspann./Vorstell.	40 Minuten

Woche 3 bis 4

Tag	Training	Trainingsart	Trainingsdauer
Sonntag	psychologisch	Entspann./Vorstell.	45 Minuten
Montag	Ruhe	-	-
Dienstag	psychologisch	Entspann./Vorstell.	45 Minuten
Mittwoch	psychologisch	Entspann./Vorstell.	45 Minuten
Donnerstag	psychologisch	Entspann./Vorstell.	45 Minuten
Freitag	psychologisch	Entspann./Vorstell.	45 Minuten
Samstag	psychologisch	Entspann./Vorstell.	45 Minuten

Tabelle VII.3: Psychologisches Trainingsprogramm für die Wettkampfsaison

Literaturhinweise

1. Bompa, T.O. (1983): *Theory and Methodology of Training*. Dubuque, Iowa: Kendall/Hunt Publishing Company.

2. Brown, D. (1986): Stop Signs. Stress-proof Running by Learning when to Yield to Our telltale signals. *Runner's World*, 21, 5: 72-73.

3. Callister, R./Callister, R.J./Fleck, S.J./Dudley, G.A. (1990): Physiological and Performance Responses to Overtraining in Elite Judo Athletes. *Medicine and Science in Sports and Exercise*, 22, 6: 816-824.

4. Duthie, R.B./Hope, L./Barker, D.G. (1978): Selected Personality Traits of Martial Artists as Measured by the Adjective Checklist. In: *Perceptual and Motor Skills*, 47, 1: 71-76.

5. Feigley, D. (1984): Psychological Burnout in High-level Athletes. In: *Physician and Sportsmedicine*, 12, 10: 108-119.

6. Finkenberg, M.E. (1990): Effect of Participation in Taekwondo on College Women's Self-concept. In: *Perceptual and Motor Skills*, 71, I, 3: 891-894.

7. Finkenberg, M.E./DiNucci, J.M./McCune, E.D./McCune, S.L. (1992): Analysis of the Effect of Competitive Trait Anxiety on Performance in Taekwondo Competition. In: *Perceptual and Motor Skills*, 75, 1: 239-243.

8. Frazier, S.E. (1989): A Comparison of Team Mood State Profiles Utilizing the Mental Health Model. In: *Journal of Human Movement Studies*, 16, 2: 91-99.

9. Frazier, S.E. (1988): Mood State Profiles of Chronic Exercisers with Different Abilities. In: *International Journal of Sport Psychology,* 19, 1: 65-71.

10. Fuchs, C.Z./Zaichkowsky, L.N. (1983): Psychological Characteristics of Male and Female Bodybuilders: the Iceberg Profile. In: *Journal of Sport Behavior,* 6, 3: 136-146.

11. Funakoshi, G. (1973): *Karate-Do Kyohan. The Master Text* (Übersetzt von T. Ohshima), New York: Kodansha International.

12. Grosser, M./Starischka, S./Zimmermann, E. (1982): *Conditiegids,* Amsterdam: H. Meulenhoff.

13. Gutmann, M.C./Knapp, D.N./Foster, C./Pollock, M.L./Rogowski, B.L. (1986): Age, Experience, and Gender as Predictors of Psychological Response to Training in Olympic Speedskaters. In: D.M. Landers (Hrsg.): *Sports and Elite Performers. The 1984 Olympic Scientific Congress Proceedings. Volume 3.* Champaign, IL: Human Kinetics Publishers, Inc.: 97-102.

14. Gutmann, M.C./Pollock, M.L./Foster, C./Schmidt, D. (1984): Training Stress in Olympic Speedskaters: A Psychological Perspective. In: *Physician and Sportsmedicine,* 12, 12: 45-57.

15. Henschen, K. (1986): Athletic Staleness and Burnout: Diagnosis, Prevention, and Treatment. In: J. Williams (Hrsg.): *Applied Sport Psychology.* Palo Alto, CA: Mayfield Publishing Co.

16. Jones, J.G./Cale, A. (1989): Precompetition Temporal Patterning of Anxiety and Self-confidence in Males and Females. In: *Journal of Sport Behavior,* 12, 2: 183-195.

17. Jones, J.G./Swain, A./Cale, A. (1991): Gender Differences in Precompetition Temporal Patterning and Antecedents of Anxiety and Self-confidence. In: *Journal of Sport and Exercise Psychology,* 13, 1: 1-15.

18. Kroll, W./Carlson, B.R. (1967): Discriminant Function and Hierarchical Grouping Analysis of Karate Participants' Personality Profiles. In: *Research Quarterly,* 38, 3: 405-411.

19. Layton, C. (1988): The Personality of Black-belt and Nonblack-belt Traditional Karateka. In: *Perceptual and Motor Skills,* 67, 1: 218.

20. Madden, M.E. (1990): Attributions and Vulnerability at the Beginning and End of a Karate Course. In: *Perceptual and Motor Skills,* 70, I, 3: 787-794.

21. Martens, R. (1977): *Sport Competition Anxiety Test.* Champaign, IL: Human Kinetics Publishers.

22. Martens, R./Vealey, R.S./Burton, D. (1990): *Competitive Anxiety in Sport.* Champaign, IL: Human Kinetics Books.

23. Masi, V. (1975): A Study of the Relationship between Karate Training and Personality Traits. Unveröffentlichte Magisterarbeit, California State University, Northridge.

24. McGowan, R.W./Miller, M.J. (1989): Differences in Mood States between Successful and less Successful Karate Participants. In: *Perceptual and Motor Skills,* 68, 2: 505-506.

25. McGowan, R.W./Pierce, E.F./Jordan, D. (1992): Differences in Precompetitive Mood States between Black Belt Ranks. In: *Perceptual and Motor Skills*, 75, 1: 123-128.

26. McNair, D.M./Lorr, M./Dropleman, L.F. (1971): *Profile of Mood States Manual.* San Diego: Educational and Industrial Testing Service.

27. Morgan, W.P. (1985): Selected Psychological Factors Limiting Performance: A Mental Health Model. In: D.H. Clarke/H.M. Eckert (Hrsg.): *Limits of Human Performance.* The Academy Papers #18, Champaign; IL: Human Kinetics Publishers: 70-80.

28. Morgan, W.P. (1980): Test of Champions; the Iceberg Profile. In: *Psychology Today,* 13, 7: 92-93, 97-99, 102, 108.

29. Morgan, W.P. (1978): The Mind of the Marathoner. In: *Psychology Today*, 11, 4: 39-49.

30. Morgan, W.P./Brown, D.R./Raglin, J.S./O'Connor, P.J./Ellickson, K.A. (1987a): Psychological Monitoring of Overtraining and Staleness. In: *British Journal of Sports Medicine,* 21, 3: 107-114.

31. Morgan, W.P./Costill, D.L./Flynn, M./Raglin, J.S./O'Connor, P.J. (1988): Mood Disturbance Following Increased Training in Swimmers. In: *Medicine and Science in Sports and Exercise,* 20, 4: 408-414.

32. Morgan, W.P./O'Connor, P.J./Sparling, P.B./Patre, R.R. (1987b): Psychological Characterization of the Elite Female Distance Runner. In: *International Journal of Sports Medicine,* 8, Suppl. 2: 124-131.

33. Murphy, S./Fleck, S./Dudley, G./Callister, R. (1990): Psychological and Performance Concomitants of Increased Volume Training in Elite Athletes. In: *Journal of Applied Sport Psychology,* 2, 1: 34-50.

34. Orlick, T. (1980): *In Pursuit of Excellence.* Champaign, IL: Human Kinetics Publishers, Inc.

35. Pieter, W. (1991): Performance Characteristics of Elite Taekwondo Athletes. In: *Korean Journal of Sport Science,* 3: 94-117.

36. Pieter, W./Taaffe, D. (1992): The Oregon Taekwondo Research Project. Results and Recommendations. In: *Journal of Asian Martial Arts* 1, 1: 73-85.

37. Raglin, J.S. (1990): Exercise and Mental Health. Beneficial and Detrimental Effects. In: *Sports Medicine,* 9, 6: 323-329.

38. Raglin, J.S./Morgan, W.P./Luchsinger, A.E. (1990); Mood and Self-motivation in Successful and Unsuccessful Female Rowers. In: *Medicine and Science in Sports and Exercise,* 22, 6: 849-853.

39. Seabourne, T./Weinberg, R./Jackson, A. (1984): Effect of Individualized Practice and Training of Visuo-Motor Behavioral Rehearsal in Enhancing Karate Performance. In: *Journal of Sport Behavior,* 7, 2: 58-67.

40. Silva III, J.M./Shultz, B.B./Haslam, R.W./Murray, D. (1981): A Psychophysiological Assessment of Elite Wrestlers. In: *Research Quarterly,* 52, 3: 348-358.

41. Tharion, W.J./Strowman, S.R./Rauch, T.M. (1988): Profile and Changes in Moods of Ultramarathoners. In: *Journal of Sport and Exercise Psychology,* 10, 2: 229-235.

42. Weinberg, R.S./Seabourne, T.G./Jackson, A. (1982): Effects of Visuo-Motor Behavior Rehearsal on state-trait anxiety and performance: is Practice Important? In: *Journal of Sport Behavior,* 5, 4: 209-219.

43. Weinberg, R.S./Seabourne, T.G./Jackson, A. (1982): Effects of Visuo-Motor Behavior Rehearsal, Relaxation, and Imagery on Karate Performance. In: *Journal of Sport Psychology,* 3, 3: 228-238.

KAPITEL VIII

Taktisches Training im Taekwondo

Einleitung

Es liegen kaum Publikationen über die Taktik des Taekwondo-Wettkampfs vor. Angriff und Abwehr sind die grundlegenden Komponenten eines Kampfes, aber dies ist nur eine simple Darstellung der vielen Dinge, die während eines Wettkampfs insgesamt passieren. Zu diesen Dingen gehört die Angst vor Verletzungen, der Wille zu gewinnen, der mentale Kampf, die Motivation des Sportlers, sein Angstniveau, seine Konzentration, sein Selbstvertrauen, sein Fertigkeitsniveau usw.

All diese und andere Faktoren müssen in Betracht gezogen werden, wenn der Trainer und Sportler die einzusetzende Taktik planen. Taktik bezieht sich auf die vielfältigen Methoden der Vorbereitung sowie Organisation des Angriffs und der Abwehr, um ein bestimmtes Ziel zu erreichen (2). Das Ziel ist, einen Punkt zu erzielen und letztendlich den Kampf zu gewinnen. Die Vorbereitung und Organisation des Angriffs und der Abwehr des Sportlers bedeuten einfach, daß bestimmte Wege des Angriffs und der Abwehr praktiziert werden, um den Gegner soweit zu bringen, daß man einen Punkt erzielen kann, oder um den Gegner daran zu hindern, selbst einen Punkt zu machen.

Dieses Kapitel behandelt die taktische Vorbereitung des Taekwondo-Sportlers, und es werden ausgewählte allgemeine Prinzipien des Angriffs und der Abwehr im Taekwondo-Wettkampf vorgestellt. Jeder Trainer hat seine eigenen taktischen Methoden, die auf persönlicher Erfahrung, dem theoretischen Wissen und dem Potential des Sportlers basieren. Aus dieser Perspektive gibt es soviele taktische Möglichkeiten wie Taekwondo betreibende Personen. Dennoch gibt es Komponenten, die einem Kampf zugrundeliegen, und diese Komponenten werden hier angesprochen. Zuvor sollen jedoch zwei damit in Beziehung stehende Begriffe definiert werden, um sicherzustellen, daß wir die gleiche Terminologie verwenden.

In Abhängigkeit von der geographischen Region, der jemand entstammt, kann das Wort Strategie oder das Wort Taktik bevorzugt werden. Für die Zwecke dieses Kapitels und in Einklang mit der osteuropäischen Literatur bezieht sich der Begriff Strategie auf die Pläne des Trainers hinsichtlich der Wettkämpfe seiner Sportler während der ganzjährigen Saison oder sogar länger (2), wie z.B. die Zwei- oder Vier-Jahres-Strategie, die eingesetzt wird, um einen Sportler auf die Weltmeisterschaften oder auf die Olympischen Spiele vorzubereiten. Die Taktik bezieht sich hingegen auf die Pläne für einen Wettkampf, und sie ist daher nur ein Teil einer Strategie. Taktik ist demnach etwas Kurzfristiges, während die Strategie etwas Langfristiges ist. Ein Beispiel für eine Strategie wäre, die Wettkämpfe, an denen die Sportler teilnehmen, so auszuwählen, daß sie eine Reihe mit immer schwieriger werdenden Anforderungen darstellen, wobei der anspruchsvollste Wettkampf am Ende der Reihe steht. Dieser Wettkampf wäre der Hauptwettkampf, auf den sich sowohl der Trainer als auch die Sportler jahrelang vorbereitet haben: z.B. die Weltmeisterschaften oder die Olympischen Spiele.

Die nächsten Abschnitte werden, wie oben erwähnt, die Taktik behandeln, also Pläne für einen einzigen Wettkampf. Der Erfolg der im Taekwondo eingesetzten Taktik hängt, wie in vielen anderen Sportarten auch, von einem hohen technischen Niveau ab (2). Dies bedeutet, daß die Technik ein begrenzender Faktor der Taktik des Sportlers ist. Wenn ein Sportler z.B. den Axttritt nicht gut genug beherrscht, wird jede Taktik, die auf diesem Tritt beruht, zum Scheitern verurteilt sein. Taktik bezieht sich auch auf die körperliche Vorbereitung und die psychische Bereitschaft. Wenn das Ausdauerniveau des Sportlers schlecht ist, muß jede für diesen Sportler entwickelte Taktik aus sehr kurzen offensiven und defensiven Manövern bestehen, um den Sportler daran zu hindern, zu sehr zu ermüden. Wenn der Sportler z.B. kein starkes Selbstvertrauen hat, wird er nicht in der Lage sein, eine der taktischen Handlungen mit Überzeugung auszuführen.

Kampfdistanz

Die Kampfdistanz ist die Distanz zwischen zwei im Ring gegeneinander kämpfenden Sportlern. Diese Distanz kann schwanken zwischen einem körperlichen Kontakt der beiden Sportler oder zwischen einem so weiten Auseinanderstehen, wie die Grenzen des Ringes es ermöglichen. Die Distanz, die die Sportler voneinander entfernt stehen, kann nicht nur in Metern ausgedrückt werden. Der Raum zwischen den beiden Kämpfern ist nicht nur ein leerer, luftgefüllter Raum. Im Gegenteil, es passiert viel mehr. Der Raum zwischen den Kämpfern ist ein Spannungsfeld, sozusagen eine Art Magnetfeld. Durch Körpersprache ausgedrückte Emotionen, der Gesichtsausdruck, die Augen (und die Stimme bei Gebrauch des *kihap*) füllen diesen Raum und verwandeln ihn in einen „emotional geladenen Raum".

Etwas Ähnliches geschieht z.b. im Ballett, wenn der Tänzer auf der Bühne erscheint und seine Gegenwart eine leere Bühne in eine „romantische" Landschaft verwandelt. Der gleiche Raum hat sich plötzlich in etwas anderes verwandelt, obwohl der Raum als solcher sich überhaupt nicht verändert hat. Die Ausstrahlung des Tänzers, die Art, wie er geht, wie er seinen Kopf hält, der Ausdruck in seinen Augen etc., sind verantwortlich für die Veränderung, die die Zuschauer erleben. Im Taekwondo bewegt sich z.b. Sportler A unbeirrt nach vorne, wobei er gemein und bedrohlich dreinblickt und seine Fäuste geballt in einer bestimmten Position hält: Der Sportler ist mehr als bereit zu beginnen. Sein Gegner, Sportler B, wird durch den bedrohlichen Ausdruck von Sportler A beeinflußt, und wenn B A einen angemessen Wettkampf liefern will, muß er sich schnell entscheiden, was zu tun ist.

Ein Beispiel dafür, wie diese emotionale Distanz den psychologischen Zustand und als Ergebnis die sportliche Leistung eines Sportlers beeinflussen kann, folgt an dieser Stelle. Bei einem wichtigen Wettkampf bemerkte der Trainer, daß der Sportler sein Bein nicht streckte, um zu treten, obwohl er sein Bein anhob und die körperliche Distanz zu seinem Gegner optimal war. In den Rundenpausen riet der Trainer dem Sportler, den Tritt auch anzubringen, aber der Sportler folgte diesem Rat nicht und verlor den Kampf. Die Auswertung nach dem Wettkampf zeigte, daß der Sportler gedacht hatte, sein Gegner sei außer Reichweite. Eine weitere Analyse ergab, daß der Sportler sich nicht sicher war, ob er unter den Umständen einer emotionalen Distanz eine gute Leistung bringen würde und daß er so ängstlich wurde, daß er dachte, er könne nicht mehr treten. Die körperliche Distanz wurde zur unüberbrückbaren emotionalen Distanz.

Das letztendliche Ziel der körperlichen Distanz ist natürlich das Schaffen einer optimalen Distanz, um die Techniken ausführen zu können. Die optimale Schlagdistanz ist die Distanz zwischen Athlet und Gegner, die dem Sportler erlaubt, eine Technik so auszuführen, daß er einen Punkt gewinnt. Wenn der Sportler zu dicht am Gegner steht, ist er nicht in der Lage, richtig zu treten. Dies gilt auch, wenn die Distanz zu groß ist. In diesem Fall muß der Sportler weit nach vorne reichen, um seinen Gegner zu treffen. In beiden Fällen wird der erfahrene Sportler seine Techniken schnell an die jeweilige Situation anpassen (Siehe den Abschnitt zu unterschiedlichen Tritten für unterschiedliche Schlagdistanzen).

Übungen zur Verbesserung der optimalen Schlagdistanz

Im folgenden werden einige Übungen zur Verbesserung der optimalen Schlagdistanz vorgestellt. Das Hauptziel dieser Übungen ist die Entwicklung der optimalen Schlagdistanz und nicht so sehr das Üben des Angriffs selbst. Der Grund für die Entwicklung des Gefühls für die optimale Schlagdistanz ist, daß man sich in die beste Position manövrieren möchte, um einen Punkt zu erzielen. Das Aufrechterhalten des Gleichgewichts ist wesentlich für die richtige Technikausführung. Wenn das Gleichgewicht gestört ist, besteht die Chance, daß der Gegner den Vorteil nutzt, um einen Punkt zu erzielen.

Übung 1

Die Sportler üben in Paaren und versuchen, das Knie des Gegners zu berühren, ohne zuzulassen, daß dieser die eigenen Knie berührt. Das Wesen der Schlagdistanz wird auf diese Weise deutlich: in der Lage zu sein, den Gegner zu treffen, ohne selbst getroffen zu werden, was nicht leicht ist. Der Trainer sollte erklären, daß der Schwerpunkt dieser Übung das Herstellen der optimalen Distanz ist (siehe Abbildung VIII.1).

Übung 2

Die Sportler legen ihre Hände auf die Schultern des Partners und führen Tanzbewegungen aus. Das Ziel dieser Übung ist das körperliche Bewußtsein des Körpers des Gegners, wenn dieser sich nach vorne, zur Seite, nach hinten etc. bewegt (siehe Abbildung VIII.2).

Abbildung VIII.1: Übung 1   *Abbildung VIII.2: Übung 2*

Übung 3

Gleiche Position wie in Übung 2, aber jetzt setzt einer der Partner etwas Kraft ein, wie beim Drücken und Ziehen. Das Ziel dieser Übung ist das gleiche wie bei der vorherigen Übung, nämlich, sich bewußt zu werden, was es bedeutet, den menschlichen Körper zu fühlen, jetzt allerdings mit ein wenig Widerstand. Es ist nicht der Zweck dieser Übung zu zeigen, wer der Stärkste ist, sondern die Erfahrung des menschlichen Körpers, wie er sich durch den Raum bewegt, während man versucht, sein Gleichgewicht zu bewahren, zu folgen und zu antizipieren.

Übung 4

Dies ist eine Fauststoß-Übung mit einem Partner. Person A plaziert seine Hände vor seiner Brust, wobei die Handflächen zu B zeigen. B boxt nicht allzu fest gegen die Handflächen von A. Der Stoß der rechten Faust geht gegen die rechte Handfläche von A, während der Stoß der linken Faust gegen die linke Handfläche von A geht. Das Ziel dieser Übung ist das Training des Bewußtseins und des Gefühls für die optimale Distanz. Schlagen Sie nicht hart, sondern leicht gegen die korrekte Stelle (siehe Abbildung VIII.3).

Variationen dieser Übung sind die folgenden:
  a) Boxen im Stand;
  b) der Partner geht zurück und der boxende Sportler folgt ihm, während er boxt und den richtigen Abstand hält;
  c) der Partner geht nach vorne, und der boxende Sportler geht rückwärts;
  d) der Partner bewegt sich willkürlich, der boxende Sportler folgt ihm;
  e) der Partner bewegt sich willkürlich, wobei er gleichzeitig die Bewegungsgeschwindigkeit ändert.

Abbildung VIII.3: Übung 4

Übung 5

Gleiche Übung wie Übung 4, aber dieses Mal mit Halbkreistritten gegen die Brust. Die Partner tragen Schutzausrüstung. Das Ziel dieser Übung ist wiederum das genaue und leichte Treffen, während eine optimale Distanz zum Partner beibehalten wird (siehe Abbildung VIII.4). Variationen können wie bei Übung 4 praktiziert werden.

Abbildung VIII.4: Übung 5

Übung 6

Bei dieser Übung wird ein elastisches Seil eingesetzt. Die beiden Partner sind durch dieses elastische Seil miteinander verbunden. Während sie sich bewegen, sollten sie versuchen, die Spannung des Seils konstant zu halten. Wenn sie zu eng stehen, hängt das Seil herunter, und wenn sie zu weit auseinander stehen, spannen sie das Seil zu sehr.

Variationen dieser Übung sind die folgenden:
 a) Die Sportler bewegen sich vor und zurück;
 b) die Sportler bewegen sich willkürlich vor und zurück;
 c) die Sportler bewegen sich willkürlich mit variierender Geschwindigkeit vor und zurück;
 d) die Sportler bewegen sich willkürlich mit willkürlicher Geschwindigkeit vor, zurück und zur Seite;
 e) die Sportler üben in einer Halb-Kampf-Situation, während sie sich auf die optimale Distanz konzentrieren.

Übung 7

Die Übenden praktizieren Kampfkombinationen (Kampfkombinationen finden sich in Kapitel IV). Wiederum konzentrieren Sie sich auf die optimale Kampfdistanz. Mögliche Variationen entsprechen denen bei Übung 6.

Unterschiedliche Tritte für unterschiedliche Kampfdistanzen

Obwohl es immer besser ist, aus einer optimalen Kampfdistanz zu treten, ist dies in einem Kampf nicht immer möglich. Der Gegner wird z.b. versuchen, so nah wie möglich heranzukommen, oder er wird bemüht sein, seine Distanz zu halten. Der Sportler muß also seine Technik entsprechend anpassen, um Punkte zu erzielen, obwohl die Distanz zum Gegner nicht optimal ist. Grundelemente der unterschiedlichen eingesetzten Techniken bleiben die gleichen, aber es werden Veränderungen getroffen, um den neuen Umständen gerecht zu werden. Im folgenden werden zwei Beispiele zur Illustrierung dieses Punktes gezeigt.

Halbkreistritt

Optimale Trittdistanz. Übungen für die optimale Kampfdistanz beim Halbkreistritt werden oben beschrieben. Abbildung VIII.5 zeigt den Halbkreistritt aus einer optimalen Distanz.

Enge Schlagdistanz. Die Sportler stehen sehr eng zusammen. Die Ausführung des Halbkreistritts auf normale Weise würde bedeuten, daß der Trainingspartner, wenn überhaupt, mit dem Knie getroffen würde. Um in der Lage zu sein, bei kurzer Distanz zu treten, muß das Knie hochgehoben werden, und das Bein muß so weit wie möglich gebeugt werden, um den Fuß in die richtige Position zu bringen (siehe Abbildung VIII.6).

Zu den Übungen zur Verbesserung des Halbkreistritts bei kurzer Distanz gehören die folgenden: Ein Sportler hält zwei Kissen auf jeder Seite seiner Hüfte. Der andere Sportler, der den Tritt übt, legt die Hände auf die Schultern seines Partners und versucht, die Kissen aus dieser Position zu treffen. Eine Variation dieser Übung wäre, die Kissen zu halten und sich hin und her zu bewegen.

Weite Schlagdistanz. In dieser Situation stehen die Sportler zu weit auseinander, um einen Punkt zu erzielen, muß die Lücke durch einen Schritt nach vorne geschlossen werden. Um in dieser Position punkten zu können, muß der Sportler seine Technik „ausdehnen". Es ist sehr wichtig, das Knie hochzuheben, es gleichzeitig zu beugen und auf dem Stützbein nach vorne zu gleiten, um die Distanz zu überbrücken (siehe Abbildung VIII.7).

Abbildung VIII.5: Halbkreistritt: optimale Schlagdistanz

Abbildung VIII.6: Halbkreistritt bei enger Schlagdistanz

Abbildung VIII.7: Weiter Halbkreistritt

Die folgenden Übungen dienen dazu, diesen weiten Tritt zu üben. Der Partner holt die Kissen, und der tretende Sportler steht hinter einer Linie auf dem Boden, von der aus er versucht, das Kissen zu treffen. Das Ziel dieser Übung ist die Vergrößerung der Distanz zu dem Kissen. Diese Übung kann statt der Kissen auch mit einem Partner oder in Form vorher festgelegter Drills ausgeführt werden.

Seittritt

Optimale Schlagdistanz. Übungen für die optimale Schlagdistanz wurden oben vorgestellt, und der Seittritt aus dieser Distanz wird in Abbildung VIII.8 gezeigt.

Abbildung VIII.8: Seittritt: optimale Schlagdistanz

Enge Schlagdistanz. Die Distanz zwischen den Sportlern ist so kurz, daß ein normaler Tritt auf der Knie- oder Oberschenkelebene des Gegners unterbrochen würde. Um den Tritt aus enger Position ausführen zu können, muß das Knie so weit wie möglich gebeugt werden, und der Fuß muß höher als das Knie sein (siehe Abbildung VIII.9).

Abbildung VIII.9: Seittritt aus kurzer Distanz

Eine Methode, diesen Tritt zu üben, ist wie folgt: Stehen Sie dicht vor einem vom Partner gehaltenen Kissen, und versuchen Sie, dagegen zu treten. Verkleinern Sie die Distanz, bis es nicht mehr möglich ist, das Kissen zu treffen. Absolvieren Sie die gleiche Übung mit einem Partner, der Schutzausrüstung trägt *(hogu)*.

Weite Schlagdistanz. Bei der weiten Schlagdistanz muß das Knie gebeugt und hochgehalten werden, und der Sportler gewinnt Distanz, indem er auf dem Stützbein nach vorne gleitet. Während des Tritts muß der Sportler sich so weit wie möglich nach vorne strecken (siehe Abbildung VIII.10). Man kann Übungen mit dem Kissen, wie die oben beschriebenen, für das Training des Seittritts aus kurzer Distanz verwenden.

Abbildung VIII.10: Seittritt aus langer Distanz

Schritte

Die Schritte beim Taekwondo sind der „Beinarbeit" beim Boxen vergleichbar. Ko (3) zufolge sind Schritte die Grundlage jeder Veränderung der Körperlage, jeder Veränderung des Schwerpunktes von einem Punkt zum anderen. Es ist selbstverständlich, daß bei den Schritten stets das Gleichgewicht bewahrt bleiben sollte. Schritte werden eingesetzt, um offensive und defensive Techniken auszuführen. Typischerweise gehen Angriffen Schritte voran, um den Gegner zu verwirren, während Defensivmanöver durch Schritte eingeleitet werden, um sich aus der Angriffslinie des Gegners zu bewegen.

Schritte können ausgeführt werden, indem man sich tatsächlich nach vorne, rückwärts, seitwärts oder diagonal bewegt, aber sie können auch „auf der Stelle" absolviert werden, ohne daß man seine Stellung zum Gegner merklich ändert. So bestehen z.B. die Grundschritte „auf der Stelle" aus dem Wechsel des Führbeins, ohne sich nach vorne, nach hinten oder zur Seite zu bewegen (siehe Abbildung VIII.11A-C).

Abbildung VIII.11A-C: Grundschritte „auf der Stelle"

A

B

C

Ein Beispiel für den Einsatz eines Schrittes zum Schließen der Lücke zwischen den Kämpfern ist in Abbildung VIII.12A-D dargestellt.

Abbildung VIII.12A-D: Schritt nach vorne, um die Distanz zu verringern

A

B

C

D

In diesem Fall folgt dem Schritt ein Halbkreistritt, aber es könnte jede beliebige (Reihe von) Technik(en) sein. Ein mehr defensiv eingesetzter Schritt ist in Abbildung VIII.13A-D dargestellt.

Abbildung VIII.13A-D: Seitwärts gerichteter Abwehrschritt

Hier bewegt sich das Führbein zur Seite, um den Sportler aus der Angriffslinie zu bringen. Danach kreuzt das andere Bein und anschließend beendet das ehemalige Führbein die Aktion mit einem Tritt.

Eine andere Methode des Schritteinsatzes ist die Verwirrung des Gegners. Angenommen, der Sportler hat die Ausführung einer Reihe von Tritten geplant. Er kann sich entscheiden, den ersten Tritt durch eine Reihe von Schritten einzuleiten, um den Gegner hinsichtlich des Beins, mit dem er den ersten Tritt absolviert, zu verwirren (siehe Abbildung VIII.14A-E).

Durch Hinzufügung eines *kihap* und einer furchteinflößenden Körpersprache, wie z.B. ein drohender Gesichtsausdruck oder zusätzliche Armbewegungen, wird die Verwirrung des Gegners und die Wahrscheinlichkeit eines erfolgreichen Angriffs gesteigert.

Abbildung VIII.14A-E: Schritt zur Verwirrung des Gegners

A

B

C

D

E

Offensiv- und Defensiv-Manöver

Im Taekwondo-Wettkampf kann man zwischen dem Grundangriff, der Täuschung, dem Folgeangriff, dem Gegenangriff, Abfangbewegungen, Block- und Ausweichbewegungen unterscheiden. Diese Manöver können manchmal als reine Angriffe oder Abwehrmanöver und manchmal als Hybridformen, die aus einer Kombination von Offensiv- und Defensivbewegungen bestehen, klassifiziert werden. Die folgende Unterteilung von offensiven und defensiven taktischen Manövern basiert auf Barth et al. (1) und bezieht sich auf das Taekwondo-Training oder Taekwondo-Wettkämpfe.

Grundangriff

Ein Grundangriff ist ein direkter Angriff mit dem Ziel, den Gegner zu treffen und einen Punkt zu erzielen. Jeder Tritt oder Fauststoß in Richtung auf die erlaubten Treffzonen kann als Grundangriff gelten. Der Grundangriff wird im Taekwondo-Wettkampf sehr oft benutzt. Es wird jedoch angeraten, beim Grundangriff eine Kombination von mindestens drei Techniken zu verwenden. Während Wettkämpfen wird häufig beobachtet, daß ein Sportler z.B. mit einer Kombination von zwei Tritten angreift. Dabei verfolgt die erste Technik das Ziel, die Distanz zu überbrücken. Die zweite Technik folgt unmittelbar dahinter, aber es wird kein Punkt erzielt. Würde der Sportler eine dritte Technik einsetzen, hätte er eine größere Chance, einen Punkt zu erzielen. Beispiele von Trittkombinationen wurden bereits in Kapitel IV vorgestellt. Abbildung VIII.15 zeigt eine Reihe von drei Techniken.

Natürlich sollte der Sportler *seinem Gegner die eigene Absicht nicht telegraphieren.* Beim Fauststoß muß der Sportler seine Faust z.B. gerade aus der Ausgangsposition nach vorne bewegen. Würde der Sportler die Faust vor dem Stoß zurückziehen, um seinem Stoß mehr Kraft zu verleihen, würde diese Bewegung seinen Gegner über seine Absichten informieren. Des weiteren sollte der Sportler nur die Körperpartien angreifen, die *nicht geschützt sind.* Gegen die Abwehr des Gegners zu treten, wird nicht zu einem Punktgewinn führen, sondern statt dessen eine Verletzung hervorrufen. Schließlich muß der Sportler den richtigen Angriffsmoment wählen. Das ist der Moment, in dem der Gegner seine Konzentration verliert. Der Sportler muß lernen, diesen Augenblick zu erfassen und entsprechend zu handeln. Ein weiterer günstiger Angriffsmoment ist, wenn der Gegner eine unnötige Bewegung macht oder eine, die keinen offensichtlichen Zweck verfolgt. Das könnte z.B. der Fall sein, wenn der Sportler auf- und abspringt („Hüpfen") und die Position seines Führbeins wechselt, ohne eine bestimmte taktische Absicht zu verfolgen.

A

B

C

Abbildung VIII.15: Reihe von drei Techniken

Täuschangriff

Ein Täuschangriff ist ein Angriff, bei dem der Sportler den Gegner dadurch in die Irre führt, daß er eine Technik beginnt, auf die der Gegner mit einer Änderung seiner Abwehr reagiert. Sobald dies geschieht, setzt der Angreifer seine Aktion mit einer anderen Technik fort, um einen Punkt zu erzielen. Ein Beispiel für einen Täuschangriff ist die Einleitung eines Halbkreistritts zur Mitte des Körpers, um den Gegner dazu zu verleiten, diesen Tritt abzublocken, während die Bewegung mit einem Halbkreistritt in Richtung Gesicht beendet wird (siehe Abbildung VIII.16A-C). Andere Beispiele für Täuschangriffe sind: frontaler Tritt gegen den Magen und ein Halbkreistritt gegen den Kopf; angetäuschter Seittritt zur mittleren Körperregion, gefolgt von einem Halbkreistritt zum Kopf.

Folgeangriff

Ein Folgeangriff ist ein Angriff, der auf einen Block folgt. So wird z.B. ein tiefer Halbkreistritt des Gegners abgeblockt und sofort eine Kombination aus Fauststoß, tiefem Halbkreistritt und Dreh-Rückentritt hinterhergeschickt. Es braucht nicht eigens erwähnt zu werden, daß der Sportler wissen muß, wie man richtig blockt, denn andernfalls würde er mit der danach folgenden Bewegungsabfolge auch keinen Punkt erzielen.

A

B

C

Abbildung VIII.16A-C: Beispiel eines Täuschangriffs

Gegenangriff

Der Gegenangriff wird eingeleitet, während der Gegner angreift. Es gibt zwei Möglichkeiten: den direkten und den verzögerten Gegenangriff. Ein Beispiel für den direkten Gegenangriff wäre, wenn der Sportler einen mittleren Halbkreistritt z.B. durch einen eigenen Halbkreistritt kontert, indem er zur Seite und aus der Angriffslinie tritt. Beim verzögerten Gegenangriff wartet der Sportler bis zum letzten Schlag in einer Reihe von Angriffen, bevor er seinen Gegenangriff startet. Angenommen, die Angriffsreihe besteht z.B. aus einem mittleren Halbkreistritt mit dem linken Bein, einem mittleren Halbkreistritt mit dem rechten Bein und einem Dreh-Rückentritt mit dem linken Bein. Der Sportler würde mit seinem Gegenangriff warten, bis der Gegner sein Tretbein nach dem Dreh-Rückentritt zu Boden führt. Ein Beispiel für einen Gegenangriff findet sich in Abbildung VIII.17A-C.

A

B

C

Abbildung VIII.17A-C: Beispiel eines Gegenangriffs

Bei Ausführung eines Gegenangriffs sollte auf folgende Punkte geachtet werden:

1. Der Sportler sollte in der Lage sein, eine schlechte Taktik, schlechte technische Fertigkeiten, Pausen in der Technikausführung etc. bei seinem Gegner zu erfassen, um einen erfolgreichen Gegenangriff führen zu können.
2. Der Sportler sollte in der Lage sein, die Techniken, die sein Gegner einzusetzen beabsichtigt, zu antizipieren.

Übungen

1. Der Gegner greift mit einem mittleren Seittritt des rechten Beins an, und der Sportler führt einen Gegenangriff mit einem mittleren Halbkreistritt durch. Während des Gegenangriffs muß der Sportler sich leicht diagonal nach vorne aus der Angriffslinie herausbewegen.
2. Der Gegner greift mit einen hohen Halbkreistritt des rechten Beines an, und der Sportler kontert mit einem Dreh-Rückentritt mit rechts.

Abfangen

Abfangen bezieht sich auf das Abstoppen des gegnerischen Angriffs, das mehreren Zielen dienen kann, wie z.B. den Gegner davon abzuhalten, die Initiative zu ergreifen oder weitere Aktionen durchzuführen, so daß der Sportler Luft holen kann. Der Seittritt und Stoßtritt sind zwei Beispiele für Techniken, die als Abfangtritte eingesetzt werden können. Während des Übens verwendet der Sportler entweder einen Seittritt oder einen Stoßtritt, um nahezu alle gegnerischen Aktionen abzubremsen. Die Techniken werden mit dem Führbein ausgeführt, da dieses dem Angreifer am nächsten ist und ihn daher schneller erreicht (siehe Abbildung VIII.18A und B).

Abbildung VIII.18A-B:
Beispiele des Abfangens

A

B

Blocken

Blocktechniken sind Defensivbewegungen mit dem Ziel, einen Angriff des Gegners abzulenken. Im Taekwondo sind der tiefe, äußere Mittelblock und der hohe Block Beispiele für Grundblocktechniken. Diese und andere werden hauptsächlich gebraucht, um Tritte abzublocken. Es ist jedoch viel schwieriger, Fauststöße abzublocken. Die Verteidigung gegen Fauststöße erfolgt meist, indem man seinen Körper mit beiden Armen schützt, eine Technik, die manchmal auch gegen Beintechniken eingesetzt wird.

Ausweichmanöver

Ausweichen ist eine weitere Abwehrtechnik, um den Gegner daran zu hindern, einen Punkt zu erzielen. Indem er zurück- oder zur Seite tritt, vermeidet der Sportler, getroffen zu werden.

Beim Ausweichen sollte auf folgende Punkte geachtet werden:

1. Timing, d.h. dem Angriff im richtigen Moment auszuweichen, ist ein entscheidender Punkt, genauso wie die Antizipation der gegnerischen Handlungen.
2. Die Endposition nach einem Ausweichmanöver muß eine Gleichgewichtsposition sein, von der aus der Sportler in der Lage sein sollte, die Initiative zu übernehmen.

Beispiele für einen taktischen Plan

Auf der Basis obiger Ausführungen muß der Trainer seine Taktik für den nächsten Wettkampf auswählen. Im folgenden finden sich Beispiele, die die obigen Informationen nutzen. Diese Beispiele sollten im Moment ausreichen. Jede Situation ist einzigartig und verlangt ihren eigenen taktischen Ansatz. Die oben ausgewählten Themen sollten dem Leser jedoch Material und Vorstellungen an die Hand geben, um seinen eigenen taktischen Plan, auf Basis der besonderen Situation, der Bedürfnisse, der Möglichkeiten usw. des individuellen Sportlers zu entwerfen. Die ersten beiden Beispiele sind kurze taktische Pläne für spezifische Wettkampfsituationen. Das dritte Beispiel ist umfassender und betrifft einen ganzen Kampf in einem Turnier.

Beispiel 1

Im Verlauf eines Kampfes bemerkte der Sportler, daß sein Gegner häufig den Sprung-Dreh-Rückentritt einsetzte. Er täuschte folglich einen niedrigen Halbkreistritt an, um diesen Tritt zu provozieren. Als sein Gegner den Sprung-Dreh-Rückentritt einsetzte, war der Sportler darauf vorbereitet. Er glitt nach dem Täuschungsmanöver zurück und griff seinerseits den Gegner an, als dieser landete. Dieser kleine, taktische Plan funktionierte einige Male während dieses Kampfes.

Beispiel 2

Die Sportlerin täuschte ihre Gegnerin mit der Hilfe von Schritten. Sie führte einen Vorwärtsschritt aus, auf den sogleich einen Rückwärtsschritt mit dem gleichen Bein folgte, wobei sie sicherstellte, daß in ihrer Abwehr beim Rückwärtsschritt ein Loch blieb. Nach einer kurzen Zeit bemerkte ihre Gegnerin diese Öffnung und reagierte darauf mit einem mittleren Halbkreistritt. Die Sportlerin hatte diese Bewegung antizipiert und konterte sofort mit einem Dreh-Rückentritt.

Beispiel 3

Die Situation, für die das dritte Beispiel eines taktischen Plans beschrieben wird, ist der Finalkampf im Frauenwettkampf eines internationalen Turniers. Als sie das Finale erreichte, hatte die betreffende Sportlerin (A) einen aufgescheuerten Fußspann, weil keine Fußspann-Polster erlaubt waren. Sie war nach Absolvieren des Halbfinalkampfs müde, fühlte sich jedoch selbstsicher und war hochmotiviert. Die Kampfrichter neigten dazu, für die leichteste Berührung des Kopf- und Gesichtsbereiches mit jedem Tritt einen Punkt zu geben. Die Gegnerin (B) war überrascht, ins Finale gekommen zu sein (der Trainer von A hatte B während des gesamten Turniers beobachtet und hatte ihre Reaktionen beim Sieg im Halbfinalkampf zufällig mitbekommen). B war nicht viel größer als A, hatte aber proportional längere Beine. Bs Techniken waren weder so schnell noch so kräftig wie die der vom Trainer betreuten Sportlerin A. Die bevorzugte Technik von B war der mittlere Halbkreistritt mit dem rechten Bein.

Der taktische Plan für die erste Runde dieses Finales war wie folgt: Der Sportlerin A wurde geraten, so nah wie möglich bei ihrer Gegnerin B zu bleiben, um den potentiellen Vorteil ihrer längeren Beine wettzumachen. Sie sollte mittlere Seittritte, Dreh-Rückentritte und Fauststöße nach unterschiedlichen Schritten verwenden, um den Einsatz des verletzten Fußspanns während der Angriffe zu vermeiden. Als Abwehr sollte sie entweder Abfangbewegungen oder Schritte zur Seite oder nach hinten verwenden, denn sie fühlte sich noch nicht gut genug, um ihre Arme für den Block zu verwenden. Die mittleren Tritte wurden eingesetzt, um Energie zu sparen (erinnern Sie sich daran, daß A nach ihrem Halbfinalkampf müde war). Nach der ersten Runde fühlte sich A gut und nicht so müde, wie sie gedacht hatte. Der Trainer hatte bemerkt, daß die Fauststöße von A und die Kraft ihrer Tritte ihrer Gegnerin B Furcht eingeflößt hatten. Beide Kämpferinnen erzielten in dieser ersten Runde einen Punkt.

Für die zweite Runde wurde der taktische Plan etwas modifiziert. Da A nicht so müde wie erwartet war, sollte sie jetzt zusätzlich zu den oben genannten Techniken Axttritte verwenden. Der Trainer erinnerte sie daran, wie sie einen Angriff mit Hilfe des Axttritts aufbauen sollte (sie hatte dies im Training geübt), und um ihr Selbstvertrauen zu steigern, sagte er ihr, daß sie dies leicht schaffen könnte. Obwohl der Axttritt im ermüdeten Zustand schwierig auszuführen ist, zählte der Trainer auf die Tendenz der Schiedsrichter, für die geringste Berührung der Kopf-/Gesichtszone einen Punkt zu geben (siehe oben). A wurde auch gesagt, daß ihre Abfangmanöver der Angriffe ihrer Gegnerin extrem gut seien und daß sie diese Momente nutzen könnte, um sich kurz auszuruhen und Luft zu holen. Nach der zweiten Runde führte A mit drei Punkten Vorsprung.

A fühlte sich noch immer gut und sehr selbstbewußt, was der Trainer bereits während des Kampfes bemerkt hatte. Der Plan für die dritte Runde war eher simpel. Es sollte der gleiche sein wie für die zweite Runde, und A wurde die Gelegenheit gegeben, alles zu tun, was sie tun wollte. Der Trainer förderte ihr Selbstvertrauen sogar noch mehr, indem er sagte, daß sie äußerst gut kämpfen würde und daß es wirklich nicht nötig sei, irgendetwas am taktischen Plan zu ändern, weil alles zu „fließen" schien. Zusätzlich war er mit ihr einer Meinung darin, daß ihre Gegnerin B bereits mental aufgegeben hatte, was der Trainer an der Art und Weise von B, sich durch den Ring zu bewegen und Angriffe einzuleiten, erkannt hatte. A gewann schließlich das Finale.

Trainingsrichtlinien für die taktische Vorbereitung

Unabhängig von den individuellen Umständen in jedem Einzelfall gibt es einige grundsätzliche Richtlinien, die die Entwicklung des taktischen Trainings der Sportler erleichtern. Der Trainer benötigt umfassende Kenntnisse der wissenschaftlichen Grundlagen des Taekwondo-Coachings und des Sportlers selbst. Vor allem ein Einblick in die psychische Verfassung des Sportlers (ist der Sportler selbstbewußt? motiviert? ängstlich? etc.) hilft bei der Aufstellung eines taktischen Plans. Die folgenden Richtlinien können benutzt werden, um einen taktischen Plan zu entwerfen (auf der Grundlage von 2).

Wettkampfregeln und -ordnung. Der Trainer und auch der Sportler müssen exakt wissen, welche Aktionen bestraft werden und welche zu regelgerechten Punkten führen. Es wäre z.b. völlig nutzlos, das Greifen in den taktischen Plan aufzunehmen, denn Greifen ist beim Taekwondo nicht erlaubt. Es sollte offensichtlich sein, warum die Kenntnisse der Wettkampfregeln und der Wettkampfordnung wichtig sind.

Taktiken der Meister. Es ist für den Trainer von Vorteil, wenn er die Taktiken jener Sportler studiert, die dauernd gewinnen oder daß er sich ihrer taktischen Manöver zumindest bewußt ist. Es braucht sich nicht unbedingt um Taekwondo-Sportler zu handeln, die Sportler können auch eine andere Sportart betreiben. So benutzte ein Taekwondo-Trainer einmal einen taktischen Plan, den ein Judo-Meister in der Vergangenheit erfolgreich eingesetzt hatte. Dieser Judoka setzte eine Technik ausschließlich während eines Abschnitts des Kampfes ein, bis er das Gefühl hatte, daß sich sein Gegner an diese Technik gewöhnt hatte. Er wartete dann einen Augenblick ab, in dem er diese Technik wieder einleiten konnte, schaltete jedoch schnell zu einer anderen Technik über, um seinen Gegner, der bereits damit begonnen hatte, sich auf die bis zu diesem Zeitpunkt eingesetzte Technik vorzubereiten, zu Boden zu werfen. Natürlich erzielte der Judoka mit diesem Manöver einen Punkt.

Untersuchung der Taktiken zukünftiger Gegner. Hierzu können Videoaufzeichnungen studiert werden, oder man kann die Kämpfe der zukünftigen

Gegner live beobachten. Der Trainer sollte auch das körperliche und psychische Potential des Gegners einbeziehen. Ein Beispiel hierfür war im vorangegangenen Abschnitt zu finden, wo der Trainer wußte, daß die Gegnerin seiner Athletin trotz ihrer längeren Beine psychisch leicht einzuschüchtern war.

Analyse vergangener Leistungen im Hinblick auf zukünftige Gegner. Angenommen, der Sportler hat z.B. die Tendenz, ein taktisches Manöver auf Basis des Axttritts einzusetzen. Anders gesagt, der Axttritt ist die Technik, mit der der Sportler nach einer bestimmten Schrittkombination oder einem Gegenangriff punktet, oder was auch immer für eine Sequenz anwendbar ist. Der zukünftige Gegner ist zufälligerweise groß, so daß gegen ihn ein Axttritt nicht sehr effektiv wäre. In diesem Fall sollte eine Alternative zum taktischen Plan gesucht werden, wie z.B. eine enge Kampfweise, Mittel-Tritte usw. Die Analyse vergangener Leistungen schließt auch die psychische Verfassung während eines Wettkampfs ein. Wenn der Sportler an Konzentrationsmangel leidet, sollte darauf geachtet werden, diesen Aspekt zu entwickeln (siehe Kapitel VII), so daß er im Rahmen des taktischen Plans des Sportlers gegen einen sehr selbstbewußten zukünftigen Gegner eingesetzt werden kann.

Entwicklung eines taktischen Plans unter Verfolgung von Variationen und Basierung dieses Plans auf persönlichen Stärken unter Vermeidung von Schwächen. Während der Trainingseinheiten testet der Sportler eine Reihe von taktischen Plänen für den Einsatz im kommenden Wettkampf. Angenommen, ein Plan besteht aus einem angetäuschten Angriff mit einem Halbkreistritt. Eine Variation wäre der Einsatz eines Seittritts oder Axttritts statt des Halbkreistritts. Wenn die Blocktechniken des Sportlers noch nicht gut genug sind, würde sein taktischer Plan keine Blocktechniken enthalten. Statt dessen müssen andere Alternativen gewählt werden, wie z.B. Rückwärts- oder Seitschritte. Wenn der Sportler einen ziemlich schnellen und kräftigen Axttritt realisieren kann, könnte dies zu seinem Vorteil ausgenutzt werden, indem er diesen Tritt in den taktischen Plan einbaut.

Üben der Wettkampfeinteilung. Verfolgen Sie keinen Plan, bei dem der Sportler sich in der ersten Runde bereits maximal belasten muß. Er wird dann in der zweiten und dritten Runde zu müde sein. Eine Methode, dies zu tun, ist die Erhöhung der Rundenanzahl im Training. Es wäre auch möglich, mehrere ausgeruhte Sparring-Partner einzusetzen, die abwechselnd mit dem Sportler üben. Dies zwingt den Sportler, seine Energie gleichmäßiger zu verteilen.

Üben einer Vielfalt von Methoden, taktische Situationen zu lösen. Dies bereitet den Sportler darauf vor, Leistung unter Umständen zu bringen, denen er im Wettkampf begegnen kann. Eine Variation der normalen Trainingsbedingungen wäre z.B. der Einsatz von Zuschauern während der Trainingseinheiten oder das Einspielen lauter Musik. Eine Variation der Bedingungen wäre auch das Einladen anderer Wettkampfsportler zu einem gemeinsamen Training, um Situationen zu schaffen, in denen der Sportler seine eigene Kreativität einsetzen muß. Letztendlich ist es nicht möglich, alle Situationen, mit denen man im Wettkampf konfrontiert werden könnte, vorauszusehen. So kann man z.B. einen schwereren, leichteren, kleineren oder größeren Trainingspartner einsetzen, um den Sportler dem Druck auszusetzen, seine Vorstellungskraft einzusetzen.

Üben des Umschaltens zwischen taktischen Manövern. Der Sportler hat normalerweise einen taktischen Plan für den Angriff und die Abwehr. Der Trainer kann den Sportler auffordern, zwischen Angriffs- und Abwehrmanövern beliebig hin- und herzuschalten. So könnte der Sportler z.B. in einem Moment einen Angriff mit Hilfe von Täuschangriffen oder Schritten aufbauen und dann zu einem eher defensiven Stil wechseln, indem er Blockmanöver, Seitschritte oder eine Kombination beider Techniken einsetzt, wie z.B. einen Gegenangriff oder einen Folgeangriff. Das Umschalten von einer Taktik zur anderen macht es für den Gegner schwieriger, sich auf den taktischen Plan seines Gegenübers einzustellen.

Stärkung des Selbstvertrauens des Sportlers. Der Erfolg eines taktischen Plans hängt zum Teil vom Selbstvertrauen des Sportlers ab, oder allgemeiner gesagt, von der psychischen Verfassung des Sportlers. Dies bedeutet, daß der Trainer sowohl im Training als auch im Wettkampf am Selbstvertrauen (den psychischen Rahmenbedingungen) des Sportlers arbeiten sollte. Ein Beispiel wurde im vorangegangen Abschnitt im taktischen Plan 3 gegeben. Der Trainer dieser Sportlerin betonte, wie gut alles lief und stärkte das Selbstvertrauen der Athletin.

Setzen realistischer Ziele für den zukünftigen Wettkampf. Auf Basis der oben erwähnten Richtlinien sollten sich Trainer und Sportler hinsichtlich der für den Wettkampf gesetzten Ziele einig sein. So könnte der Trainer z.B. zwei Ziele für den kommenden Wettkampf festsetzen. Ein Ziel ist der Einsatz des Axttritts als Teil eines taktischen Plans für Offensivzwecke, das andere Ziel ist der Einsatz dieses Tritts zum Abfangen der gegnerischen Angriffe als defensives, taktisches Manöver. Natürlich wurden diese beiden Ziele im Training geübt. Ein konstantes Feedback ist in den Rundenpausen und während des gesamten Wettkampfs notwendig, so daß Veränderungen rechtzeitig vorgenommen werden können, falls nötig.

Periodisierung des taktischen Trainings

Das taktische Training beginnt in der Vorsaison. Da körperliches Training während der allgemeinen Vorbereitungsperiode der Vorsaison betont wird, wird dem Taktiktraining nur ein kleiner Teil der Trainingszeit gewidmet. Man kann mit Übungen beginnen, die einem ein besseres Gefühl für die optimale Schlagdistanz vermitteln, wie oben beschrieben. Ein Beispiel für ein taktisches Programm ist in Tabelle VIII.1 dargestellt.

Häufigkeit	Wochen 1 bis 3		
	Dauer	Intensität	Art
Dienstag	10 Minuten	50% HF_{max}	Distanz
Donnerstag	10 Minuten	50% HF_{max}	Distanz
Samstag	10 Minuten	50% HF_{max}	Distanz
Häufigkeit	Wochen 4 bis 6		
	Dauer	Intensität	Art
Dienstag	20 Minuten	60% HF_{max}	Angriff
Donnerstag	20 Minuten	60% HF_{max}	Angriff
Samstag	20 Minuten	60% HF_{max}	Angriff

Tabelle VIII.1: Programm für das Taktiktraining während der Vorsaison: allgemeine Vorbereitungsphase

Die ersten drei Wochen der allgemeinen Vorbereitungsperiode können benutzt werden, um die optimale Schlagdistanz zu üben. Während der nächsten drei Wochen kann der Sportler mit der Arbeit an Offensivmanövern beginnen. Wenn Schritte Bestandteile des taktischen Plans sind, können sie zuerst geübt werden. Denken Sie daran, daß das Ziel in dieser Phase das Üben des Angriffs ist. Die Gesamtintensität ist niedrig, zwischen 50 bis 60% der HF_{max}. Wie beim Techniktraining liegt die Betonung auf der korrekten Ausführung der unterschiedlichen Manöver. Die Dauer des taktischen Trainings wie auch die Intensität können in der zweiten Hälfte der allgemeinen Vorbereitungsperiode gesteigert werden.

Während der spezifischen Vorbereitungsperiode werden zuerst die Abwehrmanöver geübt. Dazu gehören die oben beschriebenen Übungen oder andere, die der Trainer in Abhängigkeit von der Situation des einzelnen Sportlers für nötig hält. Da die allgemeine Ausdauer und die Kraft des Sportlers sich zu dieser Zeit in der Vorsaison verbessert haben müssen, kann die Dauer des Taktiktrainings zusätzlich zur Intensität wieder gesteigert werden (siehe Tabelle VIII.2).

	Wochen 1 bis 3		
Häufigkeit	**Dauer**	**Intensität**	**Art**
Dienstag	30 Minuten	70% HF_{max}	Abwehr
Donnerstag	30 Minuten	70% HF_{max}	Abwehr
Samstag	30 Minuten	70% HF_{max}	Abwehr
	Wochen 4 bis 6		
Häufigkeit	**Dauer**	**Intensität**	**Art**
Dienstag	45 Minuten	90% HF_{max}	Angriff/Abwehr
Donnerstag	45 Minuten	90% HF_{max}	Angriff/Abwehr
Samstag	45 Minuten	90% HF_{max}	Angriff/Abwehr

Tabelle VIII.2: Programm für das Taktiktraining während der Vorsaison: spezifische Vorbereitungsphase

Die zweite Hälfte der spezifischen Vorbereitungsperiode wird folglich aus offensiven und defensiven taktischen Manövern bestehen. Sowohl die Intensität als auch die Dauer müssen gesteigert werden. Die Steigerung dieser beiden Faktoren kann progressiv erfolgen, aber der Trainer sollte realisieren, daß das Taktiktraining (wie auch das psychologische Training; siehe Kapitel VII) während dieser Zeit betont werden und einen größer werdenden Teil der Gesamttrainingszeit ausmachen (2). Wie zuvor ist die Situation jedes Sportlers einzigartig, aber für unsere Zwecke wurde eine Dauer von 45 Minuten gewählt, die dem Taktiktraining in der zweiten Hälfte der spezifischen Vorbereitungsperiode in der Vorsaison gewidmet werden.

In Tabelle VIII.3 wird ein mögliches Programm für das Taktiktraining in der Wettkampfsaison vorgestellt.

Wochen 1 bis 6

Tag	Training	Art	Dauer
Sonntag	Taktik	Angriff/Abwehr	variiert
Montag	Ruhe		
Dienstag	Taktik	Angriff/Abwehr	variiert
Mittwoch	Taktik	Angriff/Abwehr	variiert
Donnerstag	Taktik	Angriff/Abwehr	variiert
Freitag	Taktik	Angriff/Abwehr	variiert
Samstag	Taktik	Angriff/Abwehr	variiert

Tabelle VIII.3: Programm für das Taktiktraining während der Wettkampfsaison

Die Dauer kann in Abhängigkeit von den anderen Komponenten des Trainings (Techniktraining, psychologisches Training, Taekwondo-Ausdauer, Taekwondo-Kraft) variieren. Während dieser Phase wird das Taktiktraining auch in Probewettkämpfen und schließlich im Hauptwettkampf getestet. Testwettkämpfe sind in der Vorsaison sehr wichtig, weil sie dem Sportler und dem Trainer die Gelegenheit geben, die Ergebnisse des Trainings wirklich zu sehen. Was die taktische Komponente angeht, so ist diese während der Wettkampfsaison „vollständiger" als in der Vorsaison. So können in der Vorsaison z.B. Angriff und Abwehr getrennt oder sogar zusammen geübt werden (zweite Hälfte der spezifischen Vorbereitungsperiode). Erst in der Wettkampfsaison wird jedoch ein „komplettes" Taktiktraining absolviert, weil der Sportler mit richtigen Gegnern in verschiedenen Testwettkämpfen übt. Alles muß jetzt seinen richtigen Platz finden: die körperlichen, technischen und psychologischen Grundlagen des Taktiktrainings, die in einem taktischen Plan kulminieren.

Literaturhinweise

1. Barth, B. (Hrsg.) (1979): *Fechten. Ein Lehrbuch für die Grundausbildung im Florett-, Säbel- und Degenfechten.* 2. stark bearbeitete Auflage, Berlin: Sportverlag Berlin.

2. Bompa, T.O. (1983): *Theory and Methodology of Training.* Dubuque, Iowa: Kendall/Hunt Publishing Company.

3. Ko, E.M. (1980): *Taekwondo (Gyorgi) Kompendium der Wettkampftechnik in Taekwondo nach WTF System,* 1. Auflage. München: Verlag Schramm-Sport, Dachau.

KAPITEL IX

Anatomie der Gelenke

Einleitung

Der Taekwondo-Sportler ist auf das Skelett und die Muskeln angewiesen, um die Taekwondo-Techniken durchführen zu können. Ein grundlegendes Wissen über das Skelett, vor allem die Gelenke und die Art ihrer Funktion, ist notwendig, um die Möglichkeiten und die Grenzen des menschlichen Körpers bei der Ausführung der Taekwondo-Techniken zu verstehen. Ein Verständnis der Gelenkanatomie vermittelt dem Athleten und dem Trainer einen besseren Einblick in die Funktionen der Gelenke. Dieses Kapitel handelt von Gelenken und ihrem praktischen Einsatz beim Taekwondo-Training. Zunächst werden jedoch allgemeine Informationen über die Arten von Gelenken und die Bewegungen, die sie erlauben, gegeben. Danach folgt eine kurze Beschreibung des Schulter-, Ellenbogen-, Hand-, Hüft-, Knie- sowie des Sprung- und Fußgelenks.

Ein Gelenk ist eine Verbindung zwischen den Knochen des Skeletts, die eine Bewegung erlaubt. Es besteht aus zwei Enden, die zu zwei Knochen gehören. In einem Kugelgelenk (siehe Abbildung IX.1), wie z.B. dem Schultergelenk, stellt das eine Ende die Kugel und das andere die Pfanne dar, wobei die Kugel sich in der Pfanne bewegen kann. Die Kugel und die Pfanne sind mit Knorpel überzogen, so daß die Bewegung geschmeidig wird. Die Gelenkkapsel bedeckt und schützt das Gelenk, während die Bänder, die die Gelenkkapsel verstärken, zur Gelenkstabilität beitragen. Die über das Gelenk verlaufenden Muskeln sind verantwortlich für die Bewegung und tragen weiter zur Stabilität des Gelenks bei.

Das Kugelgelenk erlaubt alle möglichen Bewegungen, wie z.B. Beugung, Streckung, *Abduktion* (Abspreizen nach außen und weg vom Körper), *Adduktion* (Anziehen nach innen und zum Körper), *Innendrehung* (Drehung um die Längsachse zum Körper) und *Außenrotation* (Drehung um die Längsachse weg vom Körper). Die Kombination all dieser Bewegungen führt dazu, daß die Extremität eine Kreisbewegung durchführt, die *Zirkumduktion* genannt wird.

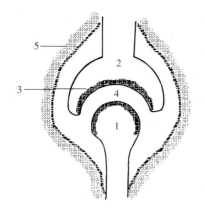

1 = Kugel
2 = Pfanne
3 = Knorpel
4 = Gelenkspalt
5 = Gelenkkapsel

Abbildung IX.1: Grundschema eines Kugelgelenks

In Abhängigkeit von der Form der Knochenenden, die ein Gelenk bilden, gibt es auch noch Scharnier- und Zapfen- bzw. Radgelenke. Ein Scharniergelenk, wie das Kniegelenk, erlaubt nur Beugung und Streckung. Bei einem Zapfen- bzw. Radgelenk, wie z.B. dem Ellenbogengelenk, rollt ein Knochen über den anderen, wobei er Supination und Pronation erlaubt.

Schultergürtel/-gelenk

Der Schultergürtel wird von dem Schultergelenk, dem *Schlüsselbein* und einem Teil der oberen Wirbelsäule gebildet (siehe Abbildung IX.2). Das Schultergelenk besteht aus der Verbindung von *Humerus* und *Scapula*. Es ist ein relativ instabiles Gelenk, da der größere Kopf des Humerus sich gegen die *Fossa glenoidalis* des Schulterblattes bewegt, während die Bänder des Schultergelenks nicht sehr stark sind. Die vielen über dieses Gelenk verlaufenden Muskeln tragen daher sehr zu seiner Stabilität bei.

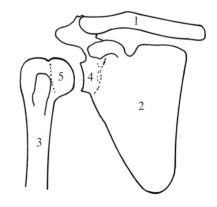

1 = Schlüsselbein
2 = Schulterblatt
3 = Humerus
4 = Fossa glenoidalis
5 = Humeruskopf

Abbildung IX.2: Schultergürtel/-gelenk

Das Schultergelenk ist, wie bereits oben erwähnt, ein Beispiel für ein Kugelgelenk, das es dem Arm ermöglicht, sich in viele Richtungen zu drehen. Der Arm kann gebeugt und gestreckt werden, zur Seite und vom Körper weg (Abduktion) sowie seitlich zum Körper (Adduktion) bewegt werden. Er kann sich auch um seine Längsachse drehen. Wenn der Daumen sich zum Körper dreht, wird dies Innenrotation genannt, und wenn der Daumen sich weg vom Körper dreht, spricht man von Außenrotation. Das Schultergelenk kann auch einen Kreis beschreiben (Zirkumduktion).

Konsequenzen für den Taekwondo-Trainer

Die Stabilität und Bewegung des Schultergelenks hängen von einem starken muskulären System ab. Es gibt viele Armtechniken im Taekwondo, es ist daher wesentlich, daß man kräftige Muskeln hat. Übungen zur Stärkung des Schultergürtels finden sich in Kapitel V.

Ein Wort der Vorsicht ist bei Selbstverteidigungstechniken angebracht. Beim Üben von Schulter-Fesselgriffen besteht die Gefahr, daß es zu einer (teilweisen) Luxation kommt. Bei Schülern, die über eine schlechte Technik verfügen, unerfahren sind, oder hinsichtlich Alter, Körpergröße und Gewicht nicht zusammenpassen, besteht ein gesteigertes Risiko von teilweisen oder kompletten Luxationen und/oder Rissen des Schultergürtels bzw. Schultergelenks bei ihren Trainingspartnern oder Wettkampfgegnern.

Für das Training sind daher klare Vereinbarungen nötig: Das Signalisieren eines Stops bedeutet auch tatsächlich Stop und nicht das aus irgendeinem Grund fortgesetzte Weiterstoßen! Das Schlüsselbein ist die Verbindung des Schultergelenks mit dem Brustkorb. Es ist ein relativ zerbrechlicher und sehr verletzungsanfälliger Knochen. Wenn der Sportler Schmerzen hat, wenn eine Deformierung der natürlichen Ausrichtung des Schlüsselbeins zu beobachten ist, wenn ein Funktions- und Kraftverlust des Arms und der Schulter vorliegt, und wenn es zu Problemen beim Anheben des Arms über Schulterniveau kommt, ist ein Bruch des Schlüsselbeins sehr wahrscheinlich.

Ellenbogen- und Speiche-Ellen-Gelenk

Das, was im allgemeinen als „Ellenbogengelenk" bekannt ist, ist tatsächlich eine Kombination zweier Gelenke: des Ellenbogen- und des *Speiche-Ellen-Gelenks* (siehe Abbildung IX.3). Das Ellenbogengelenk wird durch die Verbindung von Humerus und Elle gebildet. Das Ellenbogengelenk ist ein sogenanntes Scharniergelenk und ermöglicht dem Arm die Beugung oder

Streckung. Das Speiche-Ellen-Gelenk ist ein Zapfen- bzw. Radgelenk und ermöglicht dem Unterarm die Pronation und Supination. *Pronation* ist eine Rotation der Speiche um ihre Achse, wobei sich der Daumen nach innen bewegt (von lateral nach medial), die „Trinkbewegung" des Unterarms. *Supination* ist das Gegenteil: die Rotation um die Längsachse der Speiche, wobei sich der Daumen nach außen dreht (von medial nach lateral).

Konsequenzen für den Trainer

Streckung und Beugung des Ellenbogengelenks werden durch die Form des Gelenks sowie durch die Bänder und die Muskeln limitiert und sind von diesen Faktoren abhängig. Die Streckung ist hauptsächlich begrenzt durch den Druck der Elle gegen den Humerus, sozusagen eine Reibung von Knochen auf Knochen, und durch die Reibung der Bänder. Beim Fauststoß haben viele Schüler die Tendenz, ihre Ellenbogen zu strecken und manchmal sogar zu überstrecken, wodurch es zur Reibung von Knochen auf Knochen kommt.

Vorderansicht

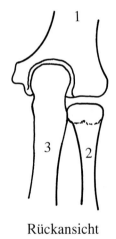

Rückansicht

1 = Humerus
2 = Speiche
3 = Elle

Abbildung IX.3: Ellenbogen- und Speiche-Ellen-Gelenk

Dies führt langfristig zu Verletzungen der beteiligten Knochen und behindert das Gelenk. So wird z.B. der das Gelenk bedeckende Knorpel beschädigt und verwandelt sich im Verlaufe der Zeit und nach vielen derartigen Verletzungen selbst in Knochen, was schließlich die Funktion des Ellenbogengelenks behindert. Zur Vermeidung dieser Reibung von Knochen auf Knochen sollte der Sportler die Streckung des Arms beim Fauststoß stoppen, indem er die Muskeln (Bizeps), die für die Ellenbogenbeugung unmittelbar vor der völligen Streckung des Ellenbogens verantwortlich sind, kontrahiert.

Bei der Selbstverteidigung werden Ellenbogen-Fesselgriffe geübt, indem man den Ellenbogen überstreckt. In diesem Fall werden die Bänder und die Gelenkkapsel einer Belastung ausgesetzt. Die Bänder sind nicht sehr stark, und die Muskeln können wenig oder gar nichts zur Stabilität des Gelenks in dieser überstreckten Position beitragen. Hier besteht wieder die Gefahr eines Risses oder einer Luxation, und das vom Sportler gegebene *Stop*-Signal, wenn der Partner einen Ellenbogen-Fesselgriff anwendet, bedeutet wirklich *stop*!

Handgelenk

Das Handgelenk wird von der Speiche und den Handwurzelknochen gebildet (siehe Abbildung IX.4).

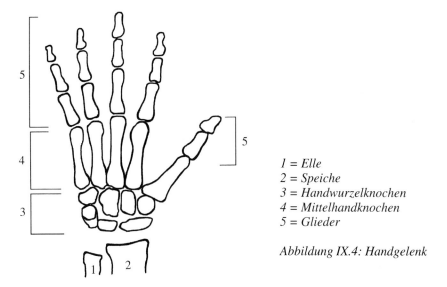

1 = Elle
2 = Speiche
3 = Handwurzelknochen
4 = Mittelhandknochen
5 = Glieder

Abbildung IX.4: Handgelenk

Die Handwurzelknochen sind acht kleine Knochen, die mit Bändern verbunden sind, die nur kleine Bewegungen dieser Knochen erlauben.

Das Handgelenk ist ein Kondylen-Gelenk, das einem Kugelgelenk mit runden ellipsoid geformten Oberflächen ähnelt. Die Bewegungen des Handgelenks sind im Vergleich zu denen eines Kugelgelenks eingeschränkt und schließen die Beugung, Streckung, Abduktion, Adduktion und Zirkumduktion ein. Eine Drehbewegung um die Längsachse ist beim Handgelenk nicht möglich.

Das Handgelenk wird gebildet durch die Handgelenkknochen und die *Mittelhandknochen*. Wegen ihrer unregelmäßigen Form und den festen

Bändern können diese Mittelhandknochen oder Handknochen nur geringfügige Gleitbewegungen aneinander durchführen.

Konsequenzen für den Taekwondo-Trainer

Beim Fauststoß hängt die Stabilität des Handgelenks von den Muskeln ab. Die Muskeln auf der Vorder- und Rückseite des Unterarms müssen das Handgelenk in der Mittenposition halten. In der Mittenposition bildet der Faustrücken eine gerade Linie mit dem Unterarm. Beim Üben des Fauststoßes gegen den schweren Sack kann es sehr leicht zu Handgelenkverstauchungen kommen. Daher sind kräftige Unterarmmuskeln nötig, um dies zu verhindern. Ein schwerer und harter Sack steigert das Risiko einer Handgelenkverstauchung, da dieser Sack der Energie des Fauststoßes nicht nachgibt. Ein derartiger Sack ist nicht zu empfehlen. Eine gute Technik ist zur Verletzungsprophylaxe genauso wichtig. Übungen zur Stärkung des Handgelenks finden sich in Kapitel V.

Beim Fauststoß gegen eine harte, nicht nachgebende Oberfläche kann es zu Prellungen im Bereich der kleinen Handgelenkknochen kommen. Obwohl Prellungen Mikroverletzungen sind, können sie kumulieren und zu einer gesteigerten Kalzifizierung dieser Gelenke führen. Dies ist ein weiterer Grund, warum ein weicherer Sack anzuraten ist (siehe nächstes Kapitel zu Verletzungen). Langfristig führt Kalzifizierung dazu, daß das Handgelenk steif wird, was zu einem Funktionsverlust und einer gesteigerten Degeneration des Gelenks führt.

Beim Fauststoß wird die Schlagoberfläche von den ersten und zweiten Knöcheln gebildet (zweiter bzw. dritter Mittelhandknochen), die die Enden der Handknochen darstellen. Die Sehnen der Fingerstrecker verlaufen über die Knöchel (siehe Abbildung IX.5). Beim Treffen eines Gegenstandes verläuft die Kraft zunächst durch diese Sehnen, dann durch die Mittelhandknochen, die Handgelenkknochen usw.

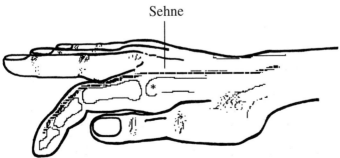

* Knöchel des zweiten Mittelhandknochens

Abbildung IX.5: Sehne des Streckmuskels der Hand

Es kann sehr leicht zu Prellungen dieser Sehnen führen, wenn man gegen einen harten, nicht nachgebenden Gegenstand schlägt. Die Knöchel schwellen an und schmerzen. Diese Verletzung ist sehr hartnäckig, wenn man sie sich erst einmal zugezogen hat, und selbst das vorsichtige Schlagen gegen Widerstand führt zum sofortigen Anschwellen der Knöchel (zur Behandlung von Prellungen, siehe das nächste Kapitel zu Verletzungen). Wiederum wird ein weicher Tret- oder Boxsack empfohlen, und Vorsicht ist angeraten, wenn es um das Durchbrechen von Brettern oder Ziegelsteinen geht.

Der Messer-Hand-Schlag, wie er für das Durchbrechen von Gegenständen gebraucht wird, wird mit der Handseite ausgeführt. Es scheint ein Mißverständnis hinsichtlich der exakten Schlagoberfläche zu bestehen. So wird angenommen, daß der Schlag mit dem kleinen Knochen an der Handbasis ausgeführt wird. Dies ist nicht der Fall! Dieser kleine Knochen, das *Erbsenbein* (os pisiforme), ist schwach und dient dem Muskelansatz. Er ist nicht stark genug, um den beim Durchbrechen von Gegenständen entwickelten Kräften widerstehen zu können. Der Schlagbereich beim Messer-Hand-Schlag sollte die gesamte Basis der Hand sein, die von dem fünften Mittelhandknochen und den kleinen Muskeln der Hand, die entlang diesem Knochen verlaufen, gebildet wird. Die Finger, vor allem der kleine Finger, treten mit dem zu durchbrechenden Gegenstand nicht in Kontakt.

Das Hüftgelenk

Das Hüftgelenk (siehe Abbildung IX.6) wird vom Kopf des *Femur* und dem *Acetabulum* (Pfanne des Beckens) gebildet.

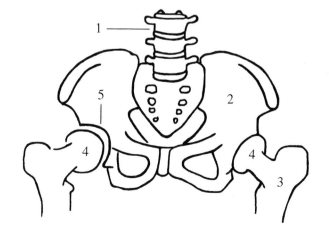

1 = *Lendenwirbelsäule*
2 = *Becken*
3 = *Femur*
4 = *Femurkopf*
5 = *Acetabulum*

Abbildung IX.6: Das Hüftgelenk

Das Hüftgelenk ist ein Kugelgelenk. Die Pfanne ist größer und tiefer als die Schultergelenkpfanne. Da das Hüftgelenk auch ein gewichttragendes Gelenk ist, besitzt es eine starke Gelenkkapsel, wodurch es zum stabilen Gelenk wird. Als Kugelgelenk erlaubt es auch alle Arten von Bewegung. Das Bein kann vorwärts bewegt werden (Beugung), rückwärts (Streckung), seitwärts vom Körper weg (Abduktion) und in Richtung zur Körpermittellinie (Adduktion). Das Bein kann sich entlang seiner Längsachse nach innen und außen drehen (der Fuß des gestreckten Beins bewegt sich nach innen oder außen). Ähnlich dem Schultergelenk ist auch eine Zirkumduktion möglich.

Konsequenzen für den Taekwondo-Trainer

Die über das Hüftgelenk verlaufenden Muskeln sind kräftig und tragen zur Stabilität dieses Gelenks bei. Da die Beweglichkeit im Taekwondo sehr wichtig ist, wird die Beweglichkeit des Hüftgelenks betont, besonders die Beweglichkeit der Hamstrings, da diese Muskelgruppe bei hohen Tritten gedehnt wird.

Kniegelenk

Das Kniegelenk ist ebenfalls ein großes und gewichttragendes Gelenk. Es wird von Femur und *Tibia* gebildet. Die runden Enden des Femur verbinden sich mit der flachen Oberfläche der Tibia. Diese Konstruktion ist sehr instabil (siehe Abbildung IX.7).

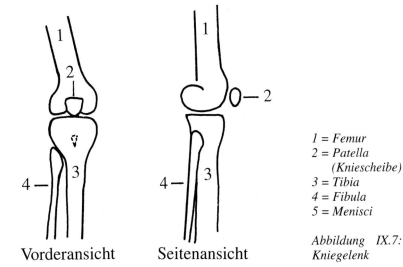

1 = Femur
2 = Patella
  (Kniescheibe)
3 = Tibia
4 = Fibula
5 = Menisci

Abbildung IX.7:
Kniegelenk

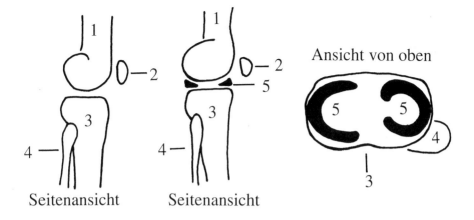

Seitenansicht   Seitenansicht   Ansicht von oben

Die Natur hat versucht, dieses Problem durch eine Vergrößerung der Kontaktoberfläche durch zwei Menisci in jedem Kniegelenk zu lösen. Dadurch wird die Stabilität des Kniegelenks erhöht. Die Menisci besitzen die Form eines Halbkreises (mediale Menisci) und eines Dreiviertelkreises (seitliche Menisci) und bestehen aus Knorpel. Zusätzlich zu den Menisci besitzt das Kniegelenk eine starke Gelenkkapsel, die durch das laterale und mediale Band sowie das vordere und hintere *Kreuzband* verstärkt und zusätzlich stabilisiert wird. Die das Gelenk überquerenden Muskeln spielen ebenfalls eine bedeutende Rolle im Rahmen der Stabilisierung. Die *Patella* (Kniescheibe) ist kein Teil des Gelenks. Sie dient als Knochen, der den Winkel vergrößert, unter dem der Quadrizeps mit Hilfe eines Bandes an der Tibia ansetzt. Durch Vergrößerung des Ansatzwinkels eines der vorderen Oberschenkelmuskeln kann mehr Kraft erzeugt werden. Der Knorpel der Kniescheibe verläuft über den Knorpel des Femur, was bedeutet, daß Verletzungen oder Schäden der Kniescheibe Auswirkungen auf die Kniegelenkfunktion haben können. Schmerzen, Funktions- und Kraftverlust können die Folge sein. Das Kniegelenk ist ein Scharniergelenk und kann daher gebeugt und gestreckt werden. Auch eine geringe Rotation in der gebeugten Position ist möglich.

Konsequenzen für den Taekwondo-Trainer

Da es sich um ein Scharniergelenk handelt, hat die Anatomie des Kniegelenks sehr wichtige Konsequenzen für die Ausführung von Taekwondo-Tritten. Wenn der Fuß des Stützbeins beim Tritt fest auf dem Boden steht, wird das Kniegelenk gedreht, was zu schweren Knieverletzungen führen kann. Um dies zu vermeiden, muß der Stützfuß auf dem Boden rotieren, was auf dem Fußballen erfolgen sollte. Konsequenterweise führt das Ausführen von Tritten mit Laufschuhen oder auf einer weichen Oberfläche wahrscheinlich zu Knieverletzungen, da es für den Fuß schwieriger ist, sich zu drehen.

Die Streckung des Kniegelenks während des Tritts wird durch die Bänder und Muskeln gebremst. Tritte in die Luft führen zu ernsthaften Reißbelastungen dieser Bänder. Die Folge können Mikroverletzungen sein und, falls diese Mikroverletzungen sich häufen, Beeinträchtigungen der Kniegelenkstabilität. Dieser Effekt ist vor allem offensichtlich, wenn der Sportler gegen ein Kissen treten will, das dann plötzlich weggezogen wird. Diese Aktion führt zu einem starken Schlag gegen die Kniegelenkkapsel. Daher ist es bei Tritten in die Luft ratsam, auf die wiederholte Streckung des Kniegelenks zu achten und diese Bewegung mit Hilfe der Hamstrings abzubremsen. Je stärker diese Muskeln sind, desto besser sind sie in der Lage, die Streckung des Beins im Kniegelenk zu durchbrechen und desto geringer ist die Verletzungsgefahr. Eine andere Methode der Vermeidung von Rissen im Bereich der Bänder des Kniegelenks ist, bei Tritten in die Luft nicht maximal, sondern gegen ein Kissen oder einen Tretsack zu treten. Das Wegziehen des Kissens vor dem Aufprall des Fußes nur aus Spaß sollte vermieden werden.

Sprunggelenk und Fuß

Das Sprunggelenk wird von der Tibia und der *Fibula* mit dem *Talus*-Knochen des Fußes gebildet (siehe Abbildung IX.8a). Die Stabilität des Gelenks wird durch die Gelenkkapsel und Bänder erhöht. Die über das Gelenk verlaufenden Muskeln tragen weiter zu seiner Stabilität bei. Das Sprunggelenk ist ein Scharniergelenk und ermöglicht das Beugen (*Plantar*-Flexion) und Anziehen der Zehen (Streckung).

Das Fuß„gelenk" (siehe Abbildung IX.8b) ist eine Kombination mehrerer Gelenke und besteht aus den *Tarsal*- und *Metatarsal*knochen. Diese Gelenke erlauben ein Innendrehung *(Inversion)* und eine Außendrehung des Fußes *(Eversion)*.

Konsequenzen für den Taekwondo-Trainer

Bei Ausführung eines Halbkreistritts mit dem Fußspann wird die Auftreffkraft zuerst von den Sehnen der Streckmuskeln des Fußes übertragen und dann von den Mittelfußknochen (Metatarsalknochen). Wie beim Fauststoß führt dies zu einer Reizung der Sehnen. Schwellungen, Schmerzen und Funktionsverlust sind das Ergebnis, wobei zusätzlich das Risiko besteht, daß diese Verletzung chronisch wird, wenn sie nicht richtig ausheilt. Daher ist es sehr empfehlenswert, *Sicherheitspolster für den Fußspann einzusetzen.*

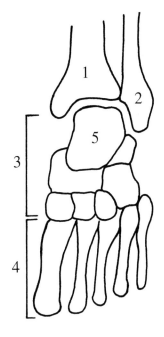

1 = Tibia
2 = Fibula
3 = Tarsal-Knochen
4 = Metatarsalknochen
5 = Talus-Knochen

Abbildung IX.8a: Sprunggelenk

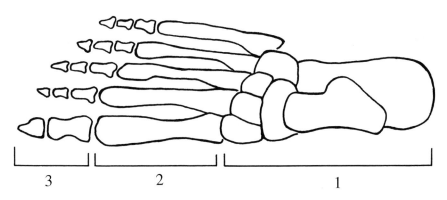

1 = Tarsal-Knochen
2 = Metatarsalknochen
3 = Zehenglieder

Abbildung IX.8b: Fußgelenk

KAPITEL X

Verletzungen im Taekwondo

Einleitung

Für jeden Taekwondo-Sportler ist es sehr wichtig, daß er sein Training das ganze Jahr über fortsetzen kann. Die Kontinuität eines Trainingsprogramms ist ein wesentlicher, den Erfolg eines Sportlers beeinflussender Faktor. Eine Verletzung ist daher unerwünscht und stört das Trainingsprogramm des Sportlers, kann einen Rückschlag im Programm bedeuten, oder - noch schlimmer - kann dazu führen, daß der Sportler eine ganze Saison verliert.

Einige dieser Verletzungen, wie z.b. eine Kontusion oder eine Verletzung im Bereich des Ansatzes der Hamstrings an der Hüfte, hätten verhindert werden können, wenn der Sportler, der Trainer, die Kampfrichter und der Turnierdirektor Einblick in ihren Entstehungsmechanismus gehabt hätten. Obwohl die Information über Verletzungen und Richtlinien zur Ersten Hilfe bei bestimmten Verletzungstypen in diesem Kapitel vorgestellt werden, sollte die folgende Empfehlung beherzigt werden: SPORTLER UND TRAINER SOLLTEN DARAN DENKEN, DASS DIE DIAGNOSE UND, JE NACHDEM, WELCHE VERLETZUNG VORLIEGT, DIE BEHANDLUNG DER VERLETZUNG SACHE EINES ARZTES IST. Unter keinen Umständen sollten der Trainer oder unqualifizierte Personen entscheiden, was für den verletzten Sportler am besten ist, vor allem dann nicht, wenn es sich um eine ernsthafte Verletzung handelt, wie z.b. eine Gehirnerschütterung oder eine Fraktur.

Die Unfallforschung bei Junior- (6 bis 16 Jahre) und Senior- (17 Jahre und älter) Taekwondo-Kämpfern hat gezeigt, daß etwa 36% aller zu Bericht gelangten Verletzungen ernsthaft genug sind, um einen Tag oder länger mit dem Training auszusetzen (46). Etwa 25% und 45% der gemeldeten Verletzungen bei Senioren- bzw. Junioren-Wettkämpfen sind Verletzungen, die einen Zeitverlust bedeuten. Dieser Unterschied kann daran liegen, daß die Ärzte bei ihren Empfehlungen zum zeitweiligen Verzicht auf sportliche Belastungen bei Kindern und Jugendlichen konservativer vorgehen als bei erwachsenen Sportlern. Die Verteilung der Verletzungen auf den Kopf und die Beine ist mehr oder weniger gleich (jeweils 40%). Die verbleibenden 20% der gemeldeten Verletzungen betreffen die oberen Extremitäten und den Rumpf.

In den folgenden Abschnitten werden Verletzungsarten und Körperteile, die beim Taekwondo-Training und -Wettkampf vorwiegend von Verletzungen betroffen sind, erörtert. Darüber hinaus behandelt dieses Kapitel auch noch die Verletzungsprophylaxe, das Aufwärmen und Dehnübungen, das Abwärmen und die Auswirkungen von Dehydrationstechniken zur Gewichtsreduktion auf die Leistung. Ein alternatives Trainingsprogramm für verletzte Taekwondo-Sportler, das darauf abzielt, den Trainingsverlust gering zu halten, wird vorgestellt.

Verletzungsarten

Kontusion (Prellung)

Prellungen werden durch den plötzlichen, festen Schlag eines harten Objektes auf eine weichere Körperstelle hervorgerufen. So kann z.B. der Tritt mit dem Fußspann gegen den Ellenbogen des Gegners zu einer Prellung des Spanns führen. In den meisten Fällen ist die Haut noch intakt, obwohl sie aufgeschürft sein kann. Es kommt zu einer Schwellung und, in Abhängigkeit von der Ernsthaftigkeit der Verletzung, zu einem inneren Bluterguß, was zu einer schnelleren Ausbildung der Schwellung führt. Je nachdem, wie schwer die Verletzung ist, kann es zu einem kompletten oder teilweisen Funktionsverlust kommen.

Eine schwere Prellung des Schienbeins kann zu einer Komplikation führen, die unter dem Namen *inneres Kompartiment-Syndrom* bekannt ist. Dieses Syndrom wird durch einen Schlag gegen das Schienbein oder die Beinmuskeln hervorgerufen und kann eine ausgeprägte Schwellung bewirken. Da die Muskeln in einem Kompartiment liegen, führt der aufgrund der Schwellung erhöhte Druck dazu, daß die Muskeln „ersticken". Folglich sollte der Sportler im Falle einer ausgeprägten Schwellung, starker Schmerzen und eines progressiven Funktionsverlustes des Fußes ein Krankenhaus aufsuchen.

Die Verletzungskomponente des OTRP ergab, daß Prellungen zu den häufigsten Verletzungen im Wettkampf zählen (z.B. 31). Tatsächlich kommt es im Taekwondo-Training und -Wettkampf oder in verwandten Kampfsportarten, wie z.B. im Karate, am häufigsten zu Prellungen (2).

Distorsion

Eine Distorsion ist eine Verletzung des Gelenkbandes. Es gibt mehrere Schweregrade einer derartigen Verletzung, von einer leichten Distorsion, aufgrund einer Überstreckung des Gelenks mit fast keinerlei Konsequenzen, bis zu einer völligen Distorsion. Die Symptome variieren entsprechend dem Schweregrad, von einer bloßen Empfindlichkeit, über Schmerzen, eine Schwellung, einem Funktionsverlust bis hin zu Abweichungen des betroffenen Gelenks aufgrund eines kompletten Risses und einer kompletten Distorsion. Die Sprunggelenke sind z.b. sehr distorsionsempfindlich.

Distorsionen und Zerrungen (siehe nächsten Abschnitt) sind häufige Verletzungen im Taekwondo-Training (2) und -Wettkampf (2; 31). Sie werden sehr häufig zusammen in der sportmedizinischen Literatur erwähnt und können als Verletzungen angesehen werden, die sowohl im Taekwondo als auch im Karate-Training und -Wettkampf sehr häufig auftreten (z.B. 2; 4; 21). Zwar stehen Prellungen im Hinblick auf die Häufigkeit oft an erster Stelle, aber Zerrungen und Distorsionen sind normalerweise auch stets unter den zehn häufigsten Verletzungen zu finden, zusammen mit Schürfwunden und Nasenbluten (siehe unten) (z.B. 4; 30; 41).

Zerrung

Eine Zerrung ist ein Riß des Muskels oder der Sehne, mit der der Muskel am Knochen befestigt ist. Zu Zerrungen kommt es aufgrund eines plötzlichen, kräftigen Dehnens des betroffenen Muskels oder Muskel-Sehnen-Übergangs, wobei der Muskel dieser Dehnung nicht nachgibt. Ein teilweiser oder völliger Riß der betroffenen Gewebe kann das Ergebnis dieser Aktion sein. Ein kompletter Abriß der Sehne vom Knochen ist auch möglich, vor allem bei extrem kräftigen Kontraktionen dieser Muskeln. Risse treten sehr häufig als Folge eines unzureichenden Aufwärmens und Dehnens auf, vor allem, wenn die Umgebungstemperatur niedrig ist. Die Risse können von einem kleineren Riß, der nur einige Muskelfasern betrifft, bis zu einem teilweisen oder kompletten Muskelriß oder Riß des Muskel-Sehnen-Übergangs variieren. Schmerzen sind das am häufigsten auftretende Symptom. Oft kommt es im Falle eines teilweisen oder kompletten Risses zu Schwellungen. Die Schmerzen, die selbst bei kleineren Rissen auftreten, können den Sportler zwingen, seine Aktivitäten einzuschränken. Die Stellen, an denen der Muskel in die Sehne übergeht, sind verletzungsanfällig. Meistens sind diese Bereiche nicht so gut durchblutet. Die Folge ist, daß Verletzungen nur langsam heilen und wieder auftreten können, d.h., sie können chronisch werden.

Ein Beispiel für eine Muskelzerrung oder eine Zerrung im Bereich des Muskel-Sehnen-Übergangs ist die Zerrung am Ansatz der Hamstrings am Hüftknochen. Aufgrund einer plötzlichen, kräftigen Dehnung der Muskeln oder der impulsiven Abwärtsbewegung des Tretbeins (z.B. bei Ausführung eines Axttritts) kann es ziemlich leicht zu Verletzungen in diesem Bereich kommen. Ein unzureichendes Aufwärmen und ungenügende Dehnung sowie ein offensichtliches Ungleichgewicht zwischen den Quadrizeps-Muskeln und den Hamstrings erhöhen das Verletzungsrisiko.

Tendinitis/Bursitis

Die Tendinitis ist eine Entzündung der Sehnen, während die Bursitis eine Entzündung der Schleimbeutel ist. Die Schleimbeutel sind spezielle, mit Flüssigkeit gefüllte Säckchen zwischen den Sehnen, Bändern, Knochen und der Haut an Stellen, an denen es z.b. zu einer erhöhten Reibung kommt. Diese Strukturen können sich hauptsächlich im Falle von Überlastungen und/oder einem falschen Einsatz der involvierten Gelenke entzünden. Wenn diese Entzündungen einmal aufgetreten sind, neigen sie dazu, lange Zeit bestehen zu bleiben. Zu den Symptomen von Tendinitis und Bursitis gehören Empfindlichkeit, Schmerzen, Kraftverlust und eine Schwellung.

Obwohl Tendinitis und Bursitis als Ergebnis von Taekwondo-Wettkämpfen in der Literatur erwähnt werden (30), lassen die Untersuchungen keine definitiven Schlußfolgerungen hinsichtlich der exakten Häufigkeitsraten dieser Verletzungen zu. Es scheint logisch anzunehmen, daß diese Art von Verletzung im Taekwondo ziemlich häufig auftritt, da die Erfordernisse der Sportart die Sehnen einer großen Belastung aussetzen, was letztendlich zu einer Tendinitis/Bursitis führen kann. Im Training kann es im Bereich der Sehne der Streckmuskeln der Finger zu einer Tendinitis kommen (siehe vorangegangenes Kapitel zur Gelenkanatomie). Im Karate wird z.B. von Tendinitis als Ergebnis des Konditionstrainings der Hand berichtet (10). Ein derartiges Training kann sogar zu Schädigungen der Blutgefäße der Hand führen (43).

Erste Hilfe

Obwohl bestimmte Verletzungen von qualifiziertem Personal behandelt werden sollten, können der Trainer und der Sportler zum Heilungsprozeß beitragen, indem sie im Falle leichterer Prellungen, Distorsionen, Zerrungen und Tendinitis/Bursitis die ICE-R-Regel befolgen. Auf diese Weise werden der Trainer und der Sportler aktiv in den Rehabilitationsprozeß nach einer Verletzung einbezogen, und diese Vorgehensweise trägt auch zu einem Verständnis der Wichtigkeit der Verletzungsprophylaxe bei. Wenn man sich nicht bewußt ist, was es bedeutet, sich von einer Verletzung zu erholen, kann die Tendenz entstehen, die Auswirkungen einer Verletzung für das Trainingsprogramm des Sportlers und seine folgende Leistung zu unterschätzen.

Die Behandlung einer Kontusion, Distorsion, Zerrung und Tendinitis/Bursitis wird nach der ICE-R-Regel durchgeführt (1). *I* steht für *Ice* (Eis). Die Verletzung sollte mit kaltem Wasser oder Eispackungen 10 bis 20 Minuten lang gekühlt werden, um die Schwellung wie auch den Entzündungsprozeß zu reduzieren. Diese Prozedur sollte alle vier bis sechs Stunden wiederholt werden. Die verletzte Stelle sollte durch Reiben eines Eiswürfels gekühlt werden, bis sie sich taub anfühlt, was etwa fünf bis zehn Minuten dauert. Halten Sie den Eiswürfel nicht an einer Stelle fest, denn dies kann zu Erfrierungen und dauerhaften Gewebeschäden führen. Seien Sie vorsichtig, wenn Sie Kältesprays verwenden, denn es besteht die Gefahr, sie zu übermäßig einzusetzen, was ebenfalls zu Erfrierungsstellen führen kann.

C steht für *Compression* (Druck). Kompression kann mittels einer von einem Physiotherapeuten angelegten Bandage oder eines Tapeverbandes ausgeübt werden. Der Kompressionsverband verhindert auch ein weiteres Anschwellen der verletzten Stelle. Ferner bewirkt ein derartiger Verband die Immobilisation des verletzten Körperteils und erleichtert somit den Heilungsprozeß.

E steht für *Elevation* (Hochlagerung). Die Hochlagerung des verletzten Körperteils verhindert das Versacken des Blutes und eine Schwellung, wodurch der Heilungsprozeß verbessert wird.

R steht für *Rest* (Ruhe). Eine vollständige Ruhe für 24 bis 48 Stunden ist im Falle von schweren Kontusionen, Distorsionen, Zerrungen sowie einer ausgeprägten Tendinitis/Bursitis notwendig. Je nach Schweregrad der Verletzung sind die Ruheperioden entweder kürzer oder noch länger. Der Sportler muß selbst entscheiden, wann die Verletzung völlig ausgeheilt ist. Im Falle einer Tendinitis/Bursitis muß dem Tapen zur Immobilisation und der Ruhe zur Erleichterung des Heilungsprozesses besondere Aufmerksamkeit gewidmet werden.

Wenn ein Training möglich ist, sollte die Kühlung unmittelbar vor und direkt nach der Trainingseinheit erfolgen. Der Sportler sollte auf seinen Körper hören und Techniken meiden, die Schmerzen bereiten. Er sollte in der Verletzungssituation auch auf den Einsatz des verletzten Körperteils verzichten. So sollte der Sportler z.B. bei wundem Fußspann vermeiden, gegen den schweren Sack oder gegen ein Tretpolster zu treten. Auch auf Partnerübungen, bei denen die Gefahr eines Kontakts besteht, sollte verzichtet werden, bis der Spann völlig ausgeheilt ist, denn andernfalls ist es möglich, daß sich der Heilungsprozeß hinauszögert und die Verletzung chronisch wird.

Aufwärm- und Stretching-Übungen sind sehr hilfreich und können zum aktiven Heilungsprozeß beitragen. Die durch die Verletzung (z.B. eine Zerrung) verursachten Schmerzen bestimmen die Grenze, die bei den Aufwärm- und Stretchingübungen einzuhalten ist.

Frakturen

Eine Fraktur ist der plötzliche Bruch eines Knochens. Frakturen kommen sowohl im Taekwondo-Training (3) als auch -Wettkampf (34; 46) vor. Tatsächlich kommen Frakturen in Taekwondo-Wettkämpfen, unabhängig von den verletzten Körperteilen, dreimal so häufig vor wie im amerikanischen College-Football, wenn man sie zu den Wettkampfminuten in Relation setzt. (46) Die Frakturrate bei Taekwondo-Wettkämpfen ist ein Minimalwert, denn es gab mehrere Fälle von Frakturverdacht, die erst nach dem Wettkampf mittels Röntgendiagnostik bestätigt werden konnten. Es war aus logistischen Gründen den im Rahmen des OTRP tätigen Wissenschaftlern nicht möglich, die Entwicklung dieser Verletzungen weiter zu verfolgen. Folglich wurden Fälle von Frakturverdacht am Wettkampfort, wo die Datenerhebung stattfand, entweder als Kontusion oder als Distorsion kategorisiert.

Es existiert die Hypothese, daß Frakturen der Hände und Finger im Taekwondo mit dem häufigen Einsatz offener Hände statt von Fäusten im Wettkampf zusammenhängt (46). Wie im Karate (9; 23; 29) können Handfrakturen während des Taekwondo-Trainings das Ergebnis von Konditionstraining der Hände, Durchbrechen von Gegenständen oder ausgeteilten bzw. erhaltenen Schlägen, wie beim Abblocken eines Tritts mit den Knöcheln, sein (3). Angesichts des häufigen Fußeinsatzes im Taekwondo dürfte es nicht überraschen, daß es auch zu Frakturen im Bereich der Füße und Zehen kommt. Eine wichtige Sorge im Hinblick auf Frakturen bei jungen Taekwondo-Sportlern ist die Möglichkeit von Wachstumshemmungen im Bereich der betroffenen Körperregion, obwohl die meisten Frakturen scheinbar nicht zu Wachstumsdeformitäten führen (28). Dennoch ist bei jungen, noch im Wachstumsalter befindlichen Taekwondo-Sportlern besondere Vorsicht angebracht.

Muskelkater

Muskelkater nach dem Training ist ein Zeichen für eine Überlastung. Wenn es nach einer Trainingseinheit zu Muskelkater kommt, war die Trainingseinheit vermutlich zu hart. Muskelkater wird durch die Stoffe bewirkt, die geschädigte Muskelzellen in die Muskelfasern freisetzen (siehe Abbildung X.1).

Muskelkater tritt am häufigsten bei Anfängern oder zu Beginn einer neuen Trainingssaison (unabhängig vom Fertigkeitsniveau) auf. Die Ursache ist eine zu intensive oder zu langdauernde Trainingseinheit, die Einführung neuer oder unterschiedlicher Übungen (z.B. Krafttraining, Laufen) oder eine beginnende Grippeerkrankung. Wenn der Sportler Muskelkater verspürt, sollte die Trainingsbelastung der nächsten Einheit reduziert werden, so daß der Körper sich allmählicher an gesteigerte Belastungen anpassen kann. Beim Muskelkater wird der stärkste Schmerz am zweiten oder dritten Tag erreicht, dann geht er zurück. Während dieser „schmerzhaften" Tage sind leichte Trainingseinheiten mit Betonung von Aufwärm- und Dehnübungen zu empfehlen.

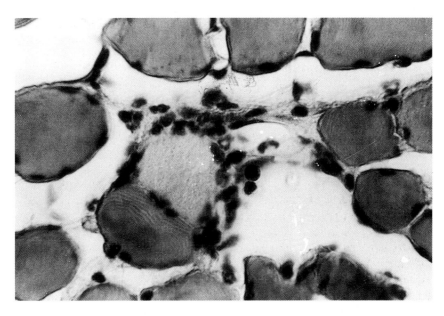

Mit freundlicher Genehmigung von Prof. Dr. H. Kuipers, Physiologische Abteilung des Biomedizinischen Zentrums der Universität von Limburg in Maastricht, Niederlande.

Abbildung X.1: Geschädigte Zellen in den Muskelfasern

Verletzungen der Körperteile

Kopfverletzungen

Schläge gegen den Kopf im Taekwondo können zu Gehirnerschütterungen führen, die ihrerseits chronische Hirnschädigungen bewirken können. Der Sportler braucht nicht k.o. geschlagen zu werden, um einen Dauer-Gehirnschaden zu erleiden, denn es ist eher die Anzahl der Kämpfe, die einen engen

Bezug zu Hirnschädigungen aufweist, als die Anzahl der K.o.-Schläge per se (z.B. 6; 25). Tatsächlich führen gelegentliche Knockouts weniger häufig zu Dauerschäden als wiederholte, nicht direkt zu Gehirnerschütterungen führende Schläge gegen den Kopf (22). Die Rate der Gehirnerschütterungen im Taekwondo ist dreimal so hoch wie im amerikanischen College-Football, und wenn sie in bezug zur Wettkampfzeit dargestellt wird, ist sie sogar achtmal so hoch (46).

Von den folgenden Mechanismen wird angenommen, daß sie zu Hirnschädigungen oder Gehirnerschütterungen führen können (22):

1. Drehbeschleunigung
2. Linearbeschleunigung
3. Abbremsung beim Aufschlag
4. Schläge gegen die Halsseite (diese werden im nächsten Abschnitt untersucht).

Drehbeschleunigung. Ein Drehschlag gegen den Kopf erzeugt eine größere Beschleunigung des Gehirns als ein geradliniger Schlag (22; 37; 45). Zusätzlich spielt auch die Dauer des Schlags eine Rolle (24): Je länger die Auftreffzeit des Schlags ist, desto größer ist die Chance einer Gehirnerschütterung. Untersuchungen haben gezeigt, daß der Kopf nach Rotationsschlägen derart beschleunigt wird, daß es sehr wahrscheinlich zu Gerhirnerschütterungen kommt (16; 37; 38). Es wurde festgestellt, daß im Boxen Schlaggeschwindigkeiten von 8 m/s den Kopf derart beschleunigen, daß dies ausreicht, um Gehirnnerschütterungen zu bewirken (16). Wie in Kapitel VI gezeigt, erzeugte der Halbkreistritt als Beispiel für eine Rotationstechnik eine Durchschnittsgeschwindigkeit über 8 m/s, mit einer Spannbreite von 13 bis 16 m/s. Diese Geschwindigkeit ist viel höher als die des eher linearen Tritts. Es sollte klar sein, daß die Chance, nach einem Halbkreistritt gegen den Kopf einen Gehirnschaden zu erleiden, größer ist, als die Gefahr einer Gehirnschädigung nach einem Seittritt.

Linearbeschleunigung. Geradlinige Schläge gegen den Kopf können zu Schäden in Gehirnteilen führen, die sich einige Tage nach dem Schlag entwickeln und die nach weiteren wiederholten, nicht unmittelbar zu einer Gehirnerschütterung führenden Schlägen schwerwiegender werden (22). Eine plötzliche Linearbeschleunigung kann auch zu einer Überstreckung der Halswirbelsäule führen, wodurch es zu einer Schädigung von dort liegenden Nerven und als Ergebnis zu einem Knockout kommt.

Abbremsung beim Aufschlag. Nach einem Knockout oder Schlag gegen die Stirn kann der Sportler auf den Hinterkopf fallen, wodurch es zu einer schnellen Abbremsung des Kopfes kommt, was zu einer sogenannten *Contrecoup-Gehirnerschütterung* im Bereich des vorderen Gehirnteils führen kann (22). Dies bedeutet schlicht, daß die Prellung im vorderen Teil des Gehirns das Ergebnis eines Aufpralls auf der entgegengesetzten Seite, dem hinteren Teil des Gehirns, ist (Contrecoup), der ebenfalls zu einer Verletzung führt. Zusätzlich zur Gehirnverletzung kann die plötzliche Abbremsung auch den Bruch der Halswirbelsäule bewirken (18). Contrecoup-Gehirnerschütterungen treten auch als Sekundärerscheinung von Linear- und Rotationsbeschleunigungen auf.

Eine heimtückische Komplikation bei Kopfverletzungen ist die langsame innere Blutung aus den Gehirnblutgefäßen. Diese Verletzung kann beispielsweise zunächst als Gehirnerschütterung mit Bewußtseinsdepression diagnostiziert werden. Nach einiger Zeit erholt sich der Sportler scheinbar wieder, und es folgt eine beschwerdefreie Zeit, die die Beteiligten täuscht. Aufgrund der langsamen, durch das beschädigte Blutgefäß verursachten Ansammlung des Blutes kommt es zu einer zweiten und progressiven Phase der Bewußtseinsdepression. Wenn man keinen Arzt aufsucht, kann es als Folge dieses progressiven Verfalls zum Tod kommen.

In der (sport)medizinischen Literatur gibt es keine allgemein akzeptierte Klassifikation von Gehirnerschütterungen (33). Im Oregon Taekwondo-Forschungsprojekt wurde das von Nelson et al. vorgeschlagene Klassifikationssystem (26) verwendet.

Gehirnerschütterung des Grades 0. Nach einem Schlag gegen den Kopf oder nach einer schnellen Beschleunigung des Kopfes ist der Sportler zu Beginn betäubt und benommen. Er beklagt sich in der Folge über Kopfschmerzen und hat Konzentrationsstörungen.

Gehirnerschütterung des 1. Grades. Der Sportler ist betäubt oder benommen und beklagt sich, „die Glocken läuten zu hören". Es gibt keinen Verlust des Bewußtseins oder des Erinnerungsvermögens, und das normale Empfinden stellt sich in weniger als 1 Minute wieder ein.

Gehirnerschütterung des 2. Grades. Der Sportler klagt über Kopfschmerzen und ein „benebeltes" oder wirres Bewußtsein. Dieser Zustand hält länger als 1 Minute an. Es kommt nicht zur Bewußtlosigkeit, aber dem Sportler klingen die Ohren, und er erleidet einen Erinnerungsverlust. Der Sportler kann auch erregbar, reizbar, verwirrt sein und Schwindelgefühle haben.

Gehirnerschütterung des 3. Grades. Der Sportler verliert das Bewußtsein für kürzere Zeit als 1 Minute, ohne jedoch in ein Koma zu fallen, in dem die psychologischen und physiologischen Reaktionen auf Reize gestört sind. Nach Erholung kann er Symptome von Gehirnerschütterungen der Stufe 2 zeigen, wie z.B Reizbarkeit, Verwirrtheit und Schwindel.

Gehirnerschütterung des 4. Grades. Der Sportler verliert das Bewußtsein für längere Zeit als 1 Minute, ohne in ein Koma zu fallen. Nach Erholung zeigt er Symptome von Gehirnerschütterungen der Stufe 2.

Sawa (33) hat folgende Empfehlungen für Trainer im Falle von Gehirnerschütterungen vorgeschlagen:

Grad 0 und 1: Wenn der Sportler wieder klar bei Sinnen ist, kann er das Training oder den Wettkampf wieder aufnehmen. Im Verlaufe des weiteren Trainings oder Wettkampfs sollte er im Hinblick auf weitere Symptome untersucht werden. Wenn sich Symptome entwickeln, sollte der Sportler aus dem Training oder Wettkampf genommen werden.

Grad 2: Der Sportler soll mindestens eine Woche weder trainieren noch an Wettkämpfen teilnehmen. Nach Abklingen der Symptome sollte der Sportler weiterhin mindestens eine Woche auf das Training oder Wettkämpfe verzichten.

Grad 3: Der Sportler sollte aus dem Training bzw. Wettkampf genommen werden. Ziehen Sie sofort einen Neurologen zu Rate, und erlauben Sie dem Sportler die Wiederaufnahme des Trainings bzw. Wettkampfs nicht eher, bis der Neurologe den Sachverhalt geklärt hat.

Grad 4: Der Sportler sollte sofort zu einer neurologischen Ambulanz oder zur Notfallaufnahme des nächsten Krankenhauses gebracht werden.

Obwohl das OTRP die oben erwähnte Klassifikation für Gehirnerschütterungen zu Forschungszwecken verwandt hat, sollte man sich bewußt sein, daß Krankenhäuser eine andere Kategorisierung verwenden können, um z.B. sehr ernste Verletzungen bei Verkehrsunfällen einordnen zu können. Wie oben angedeutet, zeigten die Ergebnisse der Verletzungskomponente des OTRP, daß die Rate von Gehirnerschütterungen, unabhängig vom Schweregrad, im Taekwondo dreimal so hoch ist wie beim American College-Football und daß sie unter Berücksichtigung der Wettkampfminuten sogar etwa achtmal so hoch ist (46). Unter Berücksichtigung der Schweregrade der Gehirnerschütterungen sind die Schweregrade 0 bis 1 ebenfalls etwa dreimal so hoch, und was den

Grad 4 angeht, sind sie noch höher (mehr als das Achtfache!), vor allem bei männlichen Senioren- und Junioren-Taekwondo-Kämpfern (29). Unabhängig vom Grad der Gehirnerschütterung kam in einem vierjährigen Zeitraum der Datensammlung etwa eine Gehirnerschütterung auf 100 Taekwondo-Kämpfer.

Gronwall und Wrightson (11) zeigten, daß die Fähigkeit der Informationsverarbeitung bei Sportlern mit Gehirnerschütterung sofort nach der Verletzung nachläßt und daß diese Reduktion bei den Sportlern, die bereits vorher einmal eine Gehirnerschütterung erlitten hatten, nicht nur größer ist, sondern daß es auch länger dauert, bis wieder ein Normalzustand erreicht wird. Die reduzierte Fähigkeit der Informationsverarbeitung war besonders ausgeprägt bei komplexen Aufgaben, wie z.b. dem Autofahren, dem Studium, der Arbeit etc. Die betroffenen Sportler hatten auch Probleme hinsichtlich der Erinnerungsfähigkeit oder des Speicherns von Informationen im Gedächtnis zum späteren Wiederabruf (13). Neuere Ergebnisse zeigen, daß Boxer sogar nach einem Kampf eine verringerte Gehirnfunktion aufwiesen, wenn sie nicht k.o. geschlagen worden waren (14). Personen, die einmal eine Gehirnerschütterung erlebt hatten, klagten in der Regel über Konzentrationsprobleme, Reizbarkeit, ein schlechtes Gedächtnis und leichte Ermüdbarkeit (12).

Ein Helm, wie er von Taekwondo-Kämpfern getragen wird, mindert eher die Wucht des Schlags (32), statt die Beschleunigung des Kopfes zu reduzieren (37). Andererseits schützt er aber auch den Kopf, wenn er beim Sturz auf die Matte prallt (19). Das Tragen von Schutzkleidung hat jedoch auch Nachteile. Zunächst einmal ist die Lebensdauer von Faust- und Fußpolstern nur begrenzt (z.B. 39; 42), was ein regelmäßiges Überprüfen der Schutzkleidung nötig macht. Ferner wurde herausgefunden, daß die höheren Beschleunigungen des Kopfes nach einem Treffer mit der gepolsterten Faust oder dem gepolsterten Fuß auftraten (37; 39). Es wurde also geschlußfolgert, daß die Polster den Träger mehr schützen als den Getroffenen.

Eine Kopfverletzung kann mehr bedeuten als das, was mit dem bloßen Auge wahrzunehmen ist. Abbildung X.2 zeigt den Querschnitt eines Gehirns mit einer inneren Blutung nach einer Erschütterung.

Die weißen Flecken in der oberen rechten Hälfte des Gehirns stellen die Blutung als das Ergebnis eines Kopftraumas dar und sollten mit der linken Hirnhälfte verglichen werden, die ein normales Hirngewebe zeigt. Zu beachten ist auch die auf die Verletzung zurückzuführende Schwellung an der Außenseite des Schädels (Schlag gegen den Kopf). Im Falle einer Kopfverletzung ist eine optimale ärztliche Betreuung angeraten.

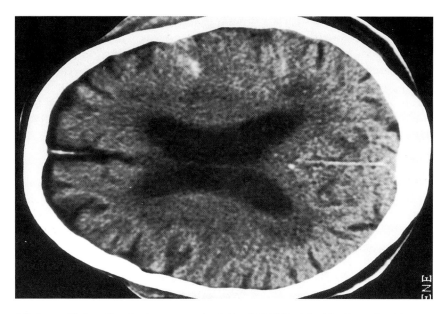

Mit freundlicher Genehmigung von Prof. Dr. J.F. Wilmink, Abteilung für Diagnostische Radiologie, Universitätskrankenhaus Maastricht, Maastricht, Niederlande

Abbildung X.2: Computertomographische Aufnahme einer Gehirnerschütterung

Halsverletzungen

Zu Halsverletzungen kann es leicht nach einem Tritt oder Fauststoß gegen die Kehle kommen. Die Gefährlichkeit einer Verletzung der Kehle ist in der Tatsache begründet, daß der Larynx Teil der oberen Atemwege ist. Aufgrund einer inneren Schädigung, wie z.B. einer Blutung, Schwellung bzw. Deformation des weichen Gewebes, kann die Luftzufuhr behindert und die Atmung zum Problem werden. Wenn der Sportler nicht mehr richtig atmen kann, stellen die behinderten Atemwege eine lebensbedrohliche Situation dar. In diesem Fall haben offene Luftwege oberste Priorität, und eine sofortige medizinische Behandlung ist nötig. Es kann länger dauern, bis die Anhäufung von Flüssigkeit (Schwellung) so ernst wird, daß sie die Luftzufuhr unterbindet, wodurch es notwendig wird, den verletzten Sportler nach Auftreten der Verletzung längere Zeit zu beobachten.

Ein Bruch der Halswirbelsäule als Begleiterscheinung eines Schlags wurde bereits oben erwähnt (siehe den Abschnitt zu den Kopfverletzungen). Dort wurde ebenfalls festgestellt, daß ein Schlag gegen die Seite des Halses zu einem Gehirnschaden führen kann. Ein Taekwondo-Tritt gegen die Halsseite kann zu einer Verletzung in diesem Bereich führen, die ihrerseits eine Minderdurchblutung des Gehirns bewirkt (22; 27). Es kann zum Riß eines Blutgefäßes an der Halsseite kommen, das zum Gehirn führt, oder es kann sich ein Blutpfropf bilden, der den Blutfluß zum Hirn bremst. Obwohl die exakte Häufigkeit von Halsverletzungen im Taekwondo nicht eigens bestimmt wurde, wurde doch festgestellt, daß Kopf- und Halsverletzungen in Taekwondo-Kämpfen ziemlich häufig sind (31).

Augenverletzungen

Ein Schlag gegen das Auge kann das weiche Gewebe direkt unter der Haut verletzen und zu einer Blutung führen. Diese Verletzung führt zu der typischen Erscheinung des sogenannten „blauen Auges". Diese Verletzung braucht lediglich gekühlt zu werden.

Im Falle einer ernsthafteren Augenverletzung können der Augapfel oder die Augenhöhle verletzt werden. Die Basis der Augenhöhle besteht aus einem sehr dünnen Knochen, der leicht brechen kann. Bei einem Bruch kann der Augapfel nach unten wandern, und der Sportler klagt über Schmerzen, Doppelsehen, Deformation und Blutung. Diese Verletzung bedarf der sofortigen medizinischen Behandlung. Zwischen 1988 und 1991 wurden nur wenige gebrochene Augenhöhlen im Rahmen des OTRP registriert (W. Pieter, unveröffentlichte Daten), obwohl keine eigenen Verletzungsraten für Frakturen pro Körperteil errechnet wurden. „Blaue Augen" wurden andererseits häufiger im Taekwondo beobachtet.

Ringer- oder Boxerohr

Ein Schlag oder Tritt gegen das Ohr kann eine Blutung des äußeren Ohres bewirken. Wenn die Blutung schwer ist und keine medizinische Versorgung in Anspruch genommen wird, kann dies zu einer ernsthaften Komplikation werden, es kommt zum sogenannten Ringer- oder Boxerohr. Das Ringerohr ist eine Verletzung des äußeren Ohres, die häufig im Boxen und Ringen auftritt und die auf einen Schlag gegen das Ohr zurückzuführen ist. Die Komplikation ist in der Blutung begründet, die im Laufe der Zeit zu einer blumenkohlartigen Deformation des äußeren Ohres führen kann. Vor Inspruchnahme ärztlicher Versorgung sollte die verletzte Stelle als erstes mit Eis behandelt werden. Während des Schreibens dieses Manuskripts (1994) wurden im OTRP keine Ringerohren registriert. Es ist jedoch zu berücksichtigen, daß diese Verletzung sich erst viel später zeigen kann.

Nasenbluten

Im Sport kommt es im allgemeinen sehr leicht zu Nasenbluten. So kann im Taekwondo ein Schlag oder Tritt gegen die Nase sehr leicht zu Nasenbluten führen. Die Nase ist als Teil des Kopf-Gesicht-Hals-Bereiches ein Körperteil, der in Taekwondo-Wettkämpfen sehr häufig verletzt wird. Neben Nasenbluten wurden sehr häufig Nasenbeinbrüche sowie Nasenprellungen registriert (W. Pieter, unveröffentlichte Daten).

Erste Hilfe

Der Sportler sollte seine Nasen ausblasen, seinen Kopf leicht nach vorne beugen (ähnlich der Kopfhaltung beim Schreiben) und seine Nase unmittelbar vor dem knöchernen Teil mit Zeigefinger und Daumen zusammendrücken. Der Sportler wird in der Lage sein, mit der Belastung fortzufahren, sollte jedoch während der nächsten beiden Stunden das Ausblasen seiner Nase vermeiden. Im Falle einer starken Blutung können Wattepolster in der Nase plaziert werden. Untersuchen Sie die Nase auf Schwellungen, Deformationen und Abweichungen von der Mittellinie, denn es kann sein, daß die Nase gebrochen ist. Wenn dies so ist, sollte ein Arzt zu Rate gezogen werden (1).

Zahnverletzungen

Ein Tritt oder Fauststoß gegen die Zähne kann zu einem Bruch oder Verlust eines oder mehrerer Zähne führen. Wenn ein Zahn ausgeschlagen wird, sollte der Zahn wieder in den Kiefer eingesetzt werden, bevor der Zahnarzt aufgesucht wird. Wenn dies nicht möglich ist, sollte der Sportler den Zahn bis zur Ankunft beim Zahnarzt unter der Zunge tragen. Die beste Methode zur Verhütung von Zahnverletzungen ist das Tragen eines Mundschutzes sowohl im Training als auch im Wettkampf. Der Mundschutz reduziert Fleischwunden im Bereich des Mundes, Verletzungen des Oberkiefers, und er stellt auch einen begrenzten Schutz vor Unterkieferbrüchen dar (33). Daten belegen, daß ein Mundschutz auch das Risiko einer Gehirnerschütterung nach einem Schlag gegen den Unterkiefer im Rugby reduziert (7). Der Mundschutz stellt einen Stoßdämpfer dar, beugt Zahnfrakturen vor und verhindert, daß die Kiefer nach einem Schlag kräftig gegeneinander gepreßt werden (33). Wenn ein Mundschutz getragen wurde, wurden im OTRP keine Zahnverletzungen registriert. Wurde jedoch auf den Mundschutz verzichtet, kam es zu Schnittverletzungen der Lippen, gebrochenen Zähnen und weiteren Verletzungen im Mund- bzw. Unterkieferbereich.

Solar Plexus

Der Solar plexus liegt unmittelbar unter dem Punkt, wo die Rippenbögen auf das Brustbein stoßen. Der Solar plexus ist ein Punkt, dem viele Nerven ausgehen. Ein Schlag gegen den Solar plexus kann zu einer zeitweisen Lähmung des Zwerchfells führen (1). Es kommt in der Folge zu einem zeitweisen Aussetzen der Atmung, einer gesteigerten Schweißentwicklung, einem sofortigen Blutdruck- und Herzfrequenzabfall. Der Sportler kann auch verwirrt sein, und es besteht ein erhöhtes Risiko, daß er in Panik verfällt, weil er einige Sekunden nicht atmen kann.

Wenn die Bauchschmerzen nach dem Schlag nicht aufhören, der Bauch empfindlich bleibt und/oder hart wird, der Sportler bleich aussieht, ihm übel ist, er sich schwach fühlt und er einen hohen und schwachen Puls hat, kann etwas anderes vorliegen, und er kann unter Schock stehen. Ein harter Schlag gegen den Bauch kann zu einer Blutung innerer Organe, wie der Milz, führen. In diesem Fall muß der Sportler so schnell wie möglich in ein Krankenhaus transportiert werden. Milzverletzungen können manchmal sogar zum Tod führen (36).

Im OTRP wurden keine Schläge gegen den Solar plexus registriert, aber dies kann an der Tatsache liegen, daß im Rahmen des Projekts nur Wettkampfverletzungen registriert wurden und daß die Auswirkungen eines Schlags gegen den Solar Plexus vorübergehend sind. Während des Trainings kann dieser Körperteil öfter verletzt werden, da der Brustschutz im Training nicht immer getragen wird.

Erste Hilfe

Beruhigen Sie den Sportler, indem Sie ihn auffordern, sich zu entspannen. Bringen Sie ihn in Rückenlage und lockern Sie seine Kleidung im Bereich von Bauch und Brust. Heben Sie die Beine des Sportlers über Kopfhöhe an, um den Blutzufluß zum Gehirn zu erleichtern. Fordern Sie den Sportler auf, entspannt zu atmen, indem er kurz und kräftig einatmet und langsam und stetig ausatmet.

Leiste

Ein Tritt in die Leiste ist sehr schmerzhaft und bewirkt Übelkeit. Je nachdem wie schwer der Tritt ist, kann es zu einer Schwellung, Blutung, Flüssigkeitsproduktion und zu einem Muskelkrampf kommen (1). Diese Symptome können durch eine innere Verletzung oder eine innere Blutung verursacht weden. Ein Tritt in die Leiste ist auch bei einer Frau sehr schmerzhaft und führt zu

Übelkeit. Wie bei männlichen Sportlern kann es auch bei Frauen zu Kurzatmigkeit etc. führen. Eine Schwellung kann auch durch eine innere Blutung ausgelöst werden. Im Rahmen der Verletzungskomponente des OTRP wurden nur wenige Leistenprellungen registriert, was darauf hindeutet, daß es möglicherweise aufgrund des Einsatzes von Leistenpolstern nur selten zu Verletzungen in diesem Körperbereich kommt.

Erste Hilfe

Bringen Sie den Sportler in Rückenlage, beugen Sie seine Beine und bringen Sie sie an seine Brust. Es wird angenommen, daß diese Lage die Muskelkrämpfe reduziert. Untersuchen Sie die Leiste auf eine Schwellung oder Blutung. Die Schwellung kann durch Eisanwendung reduziert werden. Bei starken Schwellungen, einer inneren oder äußeren Blutung sollte der Sportler ins Krankenhaus gebracht werden.

Gewichtsverlust, Dehydration

Wie bei anderen Sportarten, in denen nach Gewichtsklassen kategorisiert wird, unterziehen sich Taekwondo-Sportler manchmal ziemlich harten Diätmaßnahmen, um Gewicht zu verlieren, so daß sie in einer tieferen Gewichtskategorie kämpfen können. Ähnlich wie die Athleten anderer Sportarten, z.B. Ringen, Boxen, Judo, Turnen oder Eiskunstlauf, versuchen Taekwondo-Sportler durch sogenannte Dehydrationstechniken „Gewicht zu machen". Zu diesen Techniken gehören Saunabesuche, das Training in Plastikanzügen oder mit doppelter Bekleidung, Einschränkung der Flüssigkeitszufuhr und sogar Nahrungsverzicht. Leider sind diese Methoden potentiell riskant und gesundheitsgefährdend. Bei Sportlerinnen kann es durch diese Techniken zu Menstruationsstörungen kommen.

Ein Leistungsabfall ist vor allem bei einem Turnier offensichtlich, wenn auch nicht notwendigerweise bei einem einzelnen Kampf (40). Es wurde z.B. festgestellt, daß eine erzwungene Gewichtsreduktion um 5% durch Dehydration verheerende Auswirkungen auf die Kraft, die anaerobe Maximal- und Durchschnittskapazität sowie auf die aerobe Kapazität hatte (44). Rehydrationsmaßnahmen von mehreren Stunden Dauer vermochten den Körper nicht auf das Niveau vor der Dehydration zu bringen. Ein deutlicher Abfall der Muskelglykogenkonzentration und ein begleitender Rückgang der dynamischen Kraft wurden nach einem viertägigen Verlust von 8% des Körpergewichts durch Flüssigkeits- und Nahrungseinschränkung festgestellt (15). Da Glykogen die

Energiequelle ist, die bei dominant anaeroben Sportarten, wie Taekwondo, die wichtigste Rolle spielt, ist es offensichtlich, daß es zu Leistungseinbußen kommt. Der Taekwondo-Sportler, der die Maßnahmen der Gewichtsreduktion wählt, ist auch verletzungsanfälliger, denn aufgrund der Glykogenentleerung ermüdet er leichter.

Wenn man mit jungen Taekwondo-Sportlern zu tun hat, sind Dehydrationsmethoden zur Gewichtsreduzierung aufgrund ihrer negativen Auswirkungen auf den Wachstums- und Entwicklungsprozeß (35) ein Thema, das besondere Aufmerksamkeit verdient. Turnier-Direktoren und Trainern wird geraten, sicherzustellen, daß dem Sportler reichlich Gelegenheit geschaffen wird, vor und während des Wettkampfs zu essen und zu trinken. Die Sportler sollten nicht in einer WARTEZONE ohne Nahrung und Getränke gehalten werden, so daß sie dehydrieren, was nicht nur die Leistung negativ beeinflußt, sondern auch gesundheitsgefährdend ist und zu (ernsthaften) Verletzungen führen kann. Allgemein ist dem Sportler, der „Gewicht machen" will, zu empfehlen, weniger zu essen und sich entsprechend sportlich zu betätigen. Weniger essen bedeutet, die Kalorienaufnahme relativ zum Energieverbrauch durch körperliche Aktivität zu reduzieren. Es bedeutet nicht, daß der Sportler gar nichts mehr ißt oder trinkt, wie es manchmal praktiziert wird! Es bedeutet jedoch, daß man Schokoladenriegel und „Fast Food" aus der Nahrung verbannt. Aktiven Personen, die Körperfett verlieren wollen, werden in der Regel aerobe Trainingseinheiten von einer bestimmten Dauer und Intensität empfohlen. Der Fettverlust kann anhand der Summe der Hautfalten kontrolliert werden. Typischerweise wird angeraten, dreimal in der Woche mindestens 15 Minuten mit einer Herzfrequenz von 70% der HF_{max} zu trainieren, um Fett abzubauen, ohne gleichzeitig Magermasse (Muskulatur) zu verlieren (5).

Alternatives Trainingsprogramm für verletzte Sportler

In einem Kontaktsport wie Taekwondo ohne Verletzungen über die Runden zu kommen, ist Wunschdenken. Wenn ein Sportler eine Verletzung erleidet, bedeutet dies einen Rückschlag in seinem Trainingsprogramm. Die Verletzung braucht Zeit zur Ausheilung, und der Sportler kann sein geplantes Training nicht durchführen. Wenn der Ausheilung nicht genügend Zeit gelassen wird, kann die Verletzung chronisch werden, was den Trainingsfortschritt noch mehr stört oder den Sportler zwingt, in der laufenden Saison ganz auf das Training zu verzichten. Um diese Zeit wettzumachen, werden im folgenden einige alternative Trainingsmöglichkeiten vorgeschlagen. Wir hoffen, daß dies den Sportler davon abhält, sein reguläres Trainingsprogramm durchzuführen, bis die Verletzung völlig ausgeheilt ist, während er gleichzeitig sein tägliches Training fortsetzen kann. In Abhängigkeit von der Art und der Schwere der Verletzung sowie der Trainingsetappe, in der der Sportler sich im Moment seiner Verletzung befindet, kann der Trainer ein neues oder alternatives Programm entwerfen.

Ausdauertraining

Wenn der Sportler nicht imstande ist, sein Training zur Verbesserung der aeroben, anaeroben oder taekwondospezifischen Ausdauer fortzusetzen, muß er nach alternativen Aktivitäten suchen, um seine Arbeit an diesen Trainingskomponenten fortzusetzen. Zu diesen alternativen Aktivitäten gehören Radfahren (auf der Straße oder auf einem Standrad), Armkreisen auf einem modifizierten Standrad, Schwimmen, Aquajogging usw. Wie bereits zuvor erwähnt, muß man, um die Ausdauer zu verbessern, die tatsächlichen Wettkampfaktivitäten ausführen oder Aktivitäten, die der Wettkampfaktivität so weit wie möglich ähneln. Jetzt haben wir es allerdings mit einer anderen Situation zu tun, und es wird als wichtiger eingeschätzt, sich zu entscheiden, das Trainingsprogramm überhaupt fortzusetzen, als an einem taekwondospezifischen Plan festzuhalten. Das Ausführen nicht-taekwondospezifischer Aktivitäten oder von Aktivitäten, die keinen optimalen Transfer im Hinblick auf die eingesetzten Muskelgruppen bedeuten, ermöglichen dem Sportler, genau dies zu tun.

Ein alternatives Trainingsprogramm zur Verbesserung der anaeroben Ausdauer könnte beispielsweise folgendermaßen aussehen: Angenommen, das reguläre Programm für die Vorsaison würde am Dienstag, Donnerstag und Samstag 4 x 400 m mit einer Intensität von 95% der HF_{max} mit entsprechenden Erholungsintervallen vorsehen. Die ungefähre Zeit für den 400 m-Lauf wird mit beispielsweise 80 Sekunden festgesetzt. Folglich muß das alternative Trainingsprogramm aus einer Aktivität bestehen, die auch viermal 80 Sekunden lang mit einer Intensität von 95% der HF_{max} durchgeführt wird. Wenn Schwimmen die Trainingsart für das alternative Programm ist, muß der Sportler dienstags, donnerstags und samstags eine Strecke von beispielsweise 100 m schwimmen, wozu er etwa 80 Sekunden bei einer Intensität von 95% benötigt. Das gleiche Prinzip kann auf die anderen Aktivitäten, die im ersten Absatz dieses Abschnitts erwähnt wurden, angewandt werden. Als Ausgangspunkt für die Aktivitäten des alternativen Trainingsprogramms werden die Dauer, Intensität und die Erholungsintervalle der ursprünglich geplanten Aktivität, die in diesem Fall Laufen war, genommen.

Beweglichkeit

Während der Zeit der Inaktivität nach einer Verletzung sollte der Sportler wie vor der Verletzung an seiner Beweglichkeit arbeiten, vorausgesetzt, die Aktivität ermöglicht dem Sportler dies. Ein gutes Aufwärmen ist entscheidend, was ein Problem darstellen kann, da der Sportler verletzt ist.

Krafttraining

In Abhängigkeit von der Art der Verletzung und ihrem Schweregrad sollte der Sportler wieder versuchen, die Kraftübungen fortzusetzen, die er ausführen kann. Ein Wechsel der Intensität, des Gewichts, der Anzahl der Wiederholungen etc. sind einige Möglichkeiten, das Trainingsprogramm anzupassen. Wenn es um spezielle Rehabilitationsübungen geht, ist der Ratschlag eines Physiotherapeuten nötig, um das vorherige Trainingsniveau wieder zu erreichen.

Taekwondo-Übungen

Es gibt einige Taekwondo-Techniken, die unter Berücksichtigung der jeweiligen Verletzung in einer modifizierten Version ausgeführt werden können. So kann der Sportler z.B. Armtechniken im Sitzen oder sogar Liegen ausführen. Er kann auch Tretübungen im Sitzen oder Knien absolvieren (siehe Abbildung X.3).

A B

Abbildung X.3: Alternative Taekwondo-Übungen

Psychologisches Training

Psychologisches Training ist Bestandteil des regulären Trainingsprogramms des nicht-verletzten Sportlers (siehe Kapitel VII). Im Falle einer Verletzung kann dem psychologischen Training mehr Zeit gewidmet werden.

Evaluation

Zusätzliche Zeit sollte zur Besprechung von Wettkämpfen, Strategie, Taktik, langfristiger Zielsetzung etc. mit dem Trainer oder den Sportkameraden zur Verfügung stehen. Es sollte auch Zeit vorhanden sein für das Studium dieses Buches und anderer Bücher über Taekwondo und verwandte Disziplinen.

Zeit sollte auch eingeplant werden zur Evaluation der eigenen Leistung mittels Videoaufzeichnungen. Die folgenden Fragen können als Richtschnur für das Erfassen der eigenen Leistung dienen: Wie war Ihre eigene Leistung? Wann erreichten Sie einen Punkt und wann erreichten Sie nach einem Angriff, Gegenangriff oder in einer anderen Situation keinen Punkt? Sie sollten auch Ihre Gegner analysieren können: Was sind seine Stärken und Schwächen? Welches Bein ist sein Lieblingsbein? Welches sind seine Lieblingstechniken? Die Anworten auf diese Fragen können dem Sportler helfen, den Gegner daran zu hindern, Punkte zu erzielen, oder Punkte zu machen. Die Analyse der eigenen Technik oder der des Gegners kann auch bei der Verletzungsprophylaxe helfen. Wenn man z.B. dazu neigt, mit dem Spann gegen den Ellenbogen des Gegners zu treten, kann man diesen Tritt entweder bei der nächsten Tretgelegenheit oder während des nächsten Wettkampfs durch einen anderen Tritt ersetzen.

Testdaten

Basisdaten zum Profil des verletzten Sportlers, die zu Beginn der Vorsaison und vielleicht auch noch bei späteren Messungen gesammelt wurden, können verwandt werden, um die Leistungsverbesserung nach der Verletzung zu evaluieren. Wenn seine Leistung unter dem Nennwert ist, ist der Sportler möglicherweise noch nicht auf dem Stand von vor der Verletzung. Zweitens bedeutet dies, daß der Sportler noch nicht bereit ist, mit seinem regulären Trainingsprogramm fortzufahren. Als Ergebnis werden die Trainingseinheiten zu hart sein und werden sehr wahrscheinlich zu einem gesteigerten Verletzungsrisiko führen.

Verletzungsprophylaxe

Aufwärm- und Dehnübungen

Jede Trainingseinheit sollte mit Aufwärm- und Dehnübungen beginnen. Sie sind sehr wichtig, um den Körper auf die Anforderungen vorzubereiten, denen er in der folgenden Trainingseinheit ausgesetzt sein wird, und sie ermöglichen ihm, auf hohem Niveau zu arbeiten. Ferner tragen sie zur Verletzungsprophylaxe bei (17). Diese Vorbereitung dient auch der psychologischen Einstimmung auf das bevorstehende Training.

Aufwärm- und Dehnübungen können entsprechend ihrer Spezifität unterteilt und folgendermaßen kategorisiert werden:

1. allgemeines Aufwärmen
2. allgemeines Dehnen
3. spezifisches Aufwärmen
4. spezifisches Dehnen.

Allgemeines Aufwärmen. Der Zweck des allgemeinen Aufwärmens ist die Aktivierung der Muskeln, des Herzens und der Lunge (siehe Abbilduung X.4). Alle Hauptmuskelgruppen sollten eingeschlossen werden, und alle Arten von Übungen können zum allgemeinen Aufwärmen eingesetzt werden, wie z.B. Laufen, Kniehebeläufe, Anfersen oder Armkreisschwünge. Die Übungen sollten mit geringer Intensität begonnen werden (etwa 35 bis 50% der HF_{max}), und die Intensität sollte langsam gesteigert werden (bis etwa 65 bis 75% der HF_{max}). Ballspiele oder Aufwärmübungen mit Musikbegleitung sind eine willkommene Abwechslung der Alltagsroutine.

Allgemeines Dehnen. Der Zweck des allgemeinen Dehnens ist die Dehnung aller Hauptmuskelgruppen. Hierzu können auch alle Arten von Übungen verwendet werden, wie z.B. Dehnungen der Waden, Hamstrings und der Trizepsmuskeln. Die Dehnübungen sollten statischer Art und nicht dynamisch oder ballistisch sein, so daß es nicht zu Muskelverletzungen kommt. Jede Dehnung sollte etwa acht bis zehn Sekunden gehalten werden. Beispiele allgemeiner Dehnübungen sind in Abbildung X.5A-D dargestellt.

Spezifisches Aufwärmen. Das spezifische Aufwärmen besteht aus Taekwondo- und taekwondospezifischen Übungen, wie z.B. das Anheben des Beines bis auf Brusthöhe, um die Muskeln aufzuwärmen, die bei den Taekwondo-Tritten eingesetzt werden. Sie sollten auch mit niedriger Intensität ausgeführt werden. Andere Beispiele für spezifische Aufwärmübungen sind: tiefer Frontaltritt, tiefer Seittritt und Fauststöße (siehe Abbildung X.6).

Abbildung X.4: Beispiel für ein allgemeines Aufwärmen

Abbildung X.5: Beispiele für allgemeine Dehnübungen

A

B

C

D

A   B

Abbildung X.6: Beispiele für spezifische Aufwärmübungen

Spezifische Dehnübungen. Spezifische Dehnübungen betreffen die Muskelgruppen, die beweglich sein müssen, um die Taekwondo-Techniken richtig ausführen zu können. Beispiele für spezifische Dehnübungen sind: Frontal- oder Seit-Spagat und das Üben mit einem Partner, der das Bein in einer Seittrittposition anhebt (siehe Abbildung X.7).

A   B

Abbildung X.7: Beispiele spezifischer Dehnübungen mit Partner

Beim Absolvieren der Aufwärm- und Dehnübungen sollten die folgenden Punkte berücksichtigt werden:

1. Steigern Sie die Intensität allmählich. Solange die Sportler z.B. in der Lage sind, sich beispielsweise beim Laufen zu unterhalten, ist das Intensitätsniveau genau richtig. Wenn man zu schwitzen beginnt, die Atemfrequenz sich leicht erhöht und das Gesicht eine leicht rötliche Farbe annimmt, deutet dies darauf hin, daß der Körper warm wird. Eine andere Methode der Kontrolle des Intensitätslevels ist das Messen der Herzfrequenz des Sportlers.
2. Wenn Sie zwischen den Aufwärm- und Dehnübungen abwechseln, sollten Sie darauf achten, daß die Dehnübungen nicht zu lange dauern, so daß der Sportler nicht zu sehr abkühlt und die Effekte des Aufwärmens wieder verlorengehen. Dies kann die Muskeln belasten und zu Verletzungen führen.
3. Die empfohlene Zeit für Aufwärm- und Dehnübungen beträgt mindestens 20 Minuten bis zu 60 Minuten, je nachdem, wie lang die geplante Trainingseinheit ist.

Abwärmen

Das Abwärmen nach dem Training oder nach dem Wettkampf ist genauso wichtig wie das Aufwärmen. Das Abwärmen kann aus ähnlichen Übungen und Dehnungen wie das Aufwärmen bestehen. Wie beim Aufwärmen wird davon ausgegangen, daß das Abwärmen der Verletzungsprophylaxe dient (17). Es ermöglicht den Muskeln, ihre Vorbelastungstemperatur wieder zu erreichen, und die Kontraktionsgeschwindigkeit der Blutgefäße verringert sich allmählich. Auf diese Weise wird einer eventuellen Ohnmacht als Ergebnis des Versackens des Bluts in den Beinmuskeln nach Beendigung des Trainings vorgebeugt. Es wird auch angenommen, daß die Abwärmübungen und das Stretching nach Beendigung der Belastung einen Muskelkater verhindern.

Schwerer Sack

Der schwere Sack wird im Taekwondo-Training häufig eingesetzt. Ein zu schwerer und zu harter Sack kann allerdings zu Verletzungen führen. Wenn der Sack zu schwer ist, kann der Sportler sich z.B. eine Sprunggelenkdistorsion zuziehen, wenn er einen Halbkreistritt ausführt. Ist der Sack zu hart, kann er sich seine Füße oder Handgelenke aufscheuern oder auf andere Weise verletzen. Diese Verletzungen können vermieden werden, indem man einen nicht so harten bzw. schweren Sack verwendet. Dies kann erreicht werden, indem man den Sack beispielsweise mit Lumpen oder alten Kleidern füllt. Beim Ausführen von Techniken mit maximaler Intensität am Sack sollte es zu keinerlei Verletzungen kommen.

Brustschutz *(Hogu)* und Polsterung

Eine wichtige Verletzungsquelle wie auch Maßnahme der Verletzungsprophylaxe ist die im Taekwondo eingesetzte Ausrüstung: der *Hogu* sowie die Arm- und Schienbeinpolster. Untersuchungen zu Hand- („safe-T punch") und Fußpolstern („safe-T kicks") (38; 39; 42), wie oben erwähnt, haben gezeigt, daß die Lebensdauer des verwandten Materials ziemlich begrenzt ist. So wurde festgestellt, daß z.B. nach nur wenigen Schlägen die Kräfte der Stöße mit den Handpolstern in der Zone lagen, die zu Gehirnerschütterungen führen kann. Obwohl die Fußpolster (sogenannte „safe T-kicks") eine längere Lebensdauer hatten (42), wäre es sicherlich klug, sie regelmäßig zu erneuern, wenn sie Bestandteil der Ausrüstung sind.

Zum *Hogu* und Kopfschutz liegen bislang keine Forschungsergebnisse vor. In einer Untersuchung (8) wurde vermutet, daß der *Hogu* den Träger nur gegen bestimmte Trittarten, aber nicht gegen andere schützt. Wenn der Kopfschutz aus dem gleichen Material hergestellt ist wie die Handpolster, dürfte es nicht überraschend sein, daß Gehirnerschütterungen im Taekwondo auch weiterhin an der Tagesordnung sind. Um dem Auftreten von ernsthaften sowie leichteren Verletzungen, wie z.B. Schürfwunden, vorzubeugen, ist es sicherlich ratsam, die Ausrüstung regelmäßig zu erneuern. Schließlich ist, wie bereits im vorigen Kapitel erwähnt, das Polstern des Fußspanns sehr zu empfehlen. Zum Zeitpunkt des Schreibens dieses Textes (1994) ist eine Polsterung für den Fuß (noch) nicht vorgeschrieben. Dennoch wird der Fußspann bei Tritten, vor allem beim Halbkreistritt, nur zu häufig verletzt. Es ist daher nur logisch, diesen Bereich zu schützen.

Ringmatten

Der Einsatz von Ringmatten trägt sicherlich dazu bei, die Anzahl von Gehirnerschütterungen als Konsequenz von Stürzen zu reduzieren. Ein Schlag gegen den Kopf führt nicht notwendigerweise zu einer Gehirnerschütterung, aber der Sportler kann auf seinen Kopf fallen und dabei das Risiko einer Gehirnerschütterung oder Verletzung der Halswirbelsäule eingehen. Die Matten sollten bevorzugterweise aus einem Stück sein, und die Abdeckung sollte keine Falten werfen. Stellen Sie ferner sicher, daß die Matten den Boden des gesamten Rings bedecken und daß sie auch noch weit über die Grenze des Rings hinausreichen. Verwenden Sie KEINE Teppiche oder andere Ersatzmaterialien. Die Matten sollten nicht zu weich sein, denn dies könnte zu Sprunggelenk- oder Knieverletzungen führen.

Literaturhinweise

1. Arnheim, D.D. (1985): *Modern Principles of Athletic Training*. St. Louis etc.: Times Mirror/Mosby College Publishing.

2. Birrer, R.B./Birrer, C.D. (1982): Martial Arts Injuries. In: *Physician and Sportsmedicine,* 10, 6: 103-108.

3. Birrer, R.B./Birrer, C.D./Son, D.S./Stone, D. (1981): Injuries in Taekwondo. In: *Physician and Sportsmedicine,* 9, 2: 97-103.

4. Birrer, R.B./Halbrook, S.P. (1988): Martial Arts Injuries. The Results of a Five Year National Survey. In: *American Journal of Sports Medicine,* 16, 4: 408-410.

5. Brownell, K.D. (1988): Weight Management and Body Composition. In: S.N. Blair/P. Painter/R.R. Pate/L.K. Smith/C.B. Taylor (Hrsg.): *Resource Manual for Guidelines for Exercise Testing and Prescription*: 355-361. Philadelphia: Lea & Febiger.

6. Casson, I.R./Sham, R./Campbell, E.A./Tarlau, M./Didomenico, A. (1982): Neurological and CT Evaluation of Knocked-out Boxers. In: *Journal of Neurology, Neurosurgery and Psychiatry*, 45, 2: 170-174.

7. Chapman, P.J. (1989): Players' Attitudes to Mouthguards and Prevalence of Orofacial Injuries in the 1987 U.S. Rugby Football Team. In: *American Journal of Sports Medicine*, 17, 5: 690-691.

8. Chuang, T.Y./Lieu, D.K. (1991): A Parametric Study of the Thoracic Injury Potential of Basic Taekwondo Kicks. In: K. Min (Hrsg.): *USTU Instructors Handbook*. 3. Auflage, Berkeley: USTU Instructors Certification Committee: 118-126.

9. Crosby, A.C. (1985): The Hands of Karate Experts. Clinical and Radiological Findings. In: *British Journal of Sports Medicine*, 198, 1: 41-42.

10. Gardner, R.C. (1970): Hypertrophic Infiltrative Tendinitis (HIT Syndrome) of the Long Extensor. In: *JAMA*, 211, 6: 1009-1010.

11. Gronwall, D./Wrightson, P. (1975): Cumulative Effect of Concussion. In: *Lancet*, II, 7943: 995-997.

12. Gronwall, D./Wrightson, P. (1974): Delayed Recovery of Intellectual Function after Minor Head Injury. In: *Lancet*, II, 7881: 605-609.

13. Gronwall, D./Wrightson, P. (1981): Memory and Information Processing Capacity after Closed Head Injury. In: *Journal of Neurology, Neurosurgery and Psychiatry*, 44, 10: 889-895.

14. Heilbronner, R.L./Henry, G.K./Carson-Brewer, M. (1991): Neuropsychologic Test Performance in Amateur Boxers. In: *American Journal of Sports Medicine*, 19, 4: 376-380.

15. Housten, M./Marrin, D./Green, M. et al. (1981): The Effects of Rapid Weight Loss on Physiological Functions in Wrestlers. In: *Physician and Sportsmedicine*, 9, 11: 73-78.

16. Johnson, J./Skorecki, J./Wells, R.P. (1975): Peak Accelerations of the Head Experienced in Boxing. In: *Medical and Biological Engineering*, 13, 3: 396-404.

17. Jones, B.H./Rock, P.B./Moore, M.P. (1988): Musculoskeletal Injury: Risks, Prevention, and First Aid. In: S.N. Blair/P. Painter/R.R. Pate/L.K. Smith/C.B. Taylor (Hrsg.): *Resource Manual for Guidelines for Exercise Testing and Prescription*. Philadelphia: Lea & Febiger: 285-294.

18. Jordan, B.D./Zimmermann, R.D./Devinsky, O./Gamache, Jr., F.W./Folk, F.S./Campbell, E.A. (1988): Brain Contusion and Cervical Fracture in a Professional Boxer. In: *Physician and Sportsmedicine*, 16, 6: 85-88.

19. Jorritsma, L.S.M. (1987): *Veiligheid Boksen. Rapport van de Commissie Veiligheid Boksen*, Rijswijk: Ministerie van WVC.

20. Kelly, D.W./Pitt, M.J./Mayer, D.M. (1980): Index Metacarpal Fractures in Karate. In: *Physician and Sportsmedicine*, 8, 3: 103-105.

21. Kurland, H.L. (1980): Injuries in Karate. In: *Physician and Sportsmedicine*, 8, 10, 80-85.

22. Lampert, P.W./Hardman, J.M. (1984): Morphological Changes in Brains of Boxers. In: *JAMA*, 251, 20: 2676-2679.

23. Larose, J.H./Kim, D.S. (1968): Knuckle Fracture. In: *JAMA*, 206, 4: 893-894.

24. Lissner, H.R./Lebow, M./Evans, F.G. (1960): Experimental Studies on the Relation between Acceleration and Intracranial Pressure Changes in Man. In: *Surgery, Gynecology and Obstetrics*, 111, 3: 329-338.

25. McCunney, R.J./Russo, P.K. (1984): Brain Injuries in Boxers. In: *Physician and Sportsmedicine*, 12, 5: 52-67.

26. Nelson, W.E./Jane, J.A./Gieck, J.H. (1984): Minor Head Injury in Sports: A New System of Classification and Management. In: *Physician and Sportsmedicine*, 12, 3: 103-107.

27. Nyst, M./Laundly, P. (1987): Injuries Incurred in the Practice of Karate. In: *Sport Health*, 5, 2: 7-10.

28. Pappas, A.M. (1983): Epiphyseal Injuries in Sports. In: *Physician and Sportsmedicine*, 11, 6: 140-148.

29. Pieter, W./Taaffe, D. (1992): The Oregon Taekwondo Research Project. Results and Recommendations. In: *Journal of Asian Martial Arts*, 1, 1: 73-85.

30. Pieter, W./Zemper, E. (1994): Injury Rates in Children Participating in Taekwondo Competition. Zur Veröffentlichung eingereicht.

31. Pieter, W./Zemper, E. (1990): The Oregon Taekwondo Research Project: Part II - Preliminary Injury Research Results. In: *Taekwondo USA*, 3, 1: 24-26.

32. Ryan, A.J. (1983): Eliminate Boxing Gloves. In: *Physician and Sportsmedicine*, 11, 12: 49.

33. Sawa, D.L. (1990): Head Injury in Sports: Classification and Management of Concussion. In: *Sports*, 10, 6.

34. Siana, J.E./Borum, P./Kryger, H. (1986): Injuries in Taekwondo. In: *British Journal of Sports Medicine*, 20, 4: 165-166.

35. Saris, W. (1986): Nutritional Concerns for the Young Athlete. In: R. Rutenfranz/R. Mocellin/F. Klint (Hrsg.): *Children and Exercise XII*. Champaign, IL: Human Kinetics Publishers, Inc.: 11-18.

36. Schmidt, R.J. (1975): Fatal Anterior Chest Trauma in Karate Trainers. In: *Medicine and Science in Sports*, 7, 1: 59-61.

37. Schwartz, M.L./Hudson, A.R./Fernie, G.R./Hayashi, K./Coleclugh, A.A. (1986): Biomechanical Study of Full-contact Karate Contrasted with Boxing. In: *Journal of Neurosurgery*, 64, 2: 248-252.

38. Smith, P.K./Hamill, J. (1985a): Karate and Boxing Glove Impact. In: J. Terauds/J.N. Barcham (Hrsg.): *Biomechanics in Sport II. Proceedings of ISBS 1985*, Del Mar, CA: Academic Publishers: 114-122.

39. Smith, P.K./Hamill, J. (1985b): Karate and Boxing Glove Impact Characteristics as Functions of Velocity and Repeated Impact. In: J. Terauds/J.N. Barcham (Hrsg.): *Biomechanics in Sport II. Proceedings of ISBS 1985*, Del Mar, CA: Academic Publishers: 123-133.

40. Steen, S.N./McKinney, S. (1986): Nutrition Assessment of College Wrestlers. In: *Physician and Sportsmedicine*, 14, 8: 100-116.

41. Stricevic, M.V./Patel, M.R./Okazaki, T./Swain, B.K. (1983): Karate: Historical Perspective and Injuries Sustained in National and International Tournament Competitions. In: *American Journal of Sports Medicine*, 11, 5: 320-324.

42. Thomas, M./Prince, P. (1987): Capacité d'atténuation d'impact et durée de vie des protecteurs de pied utilisés dans la pratique de sports de combat. In: *Canadian Journal of Sport Sciences*, 12, 3: 136-143.

43. Vayssairat, M./Priollet, P./Capron, L./Hagege, A./Housset, E. (1984): Does Karate Injure Blood Vessels of the Hand? In: *Lancet, II*, 8401: 529.

44. Ebster, S./Rutt, R./Weltman, A. (1990): Physiological Effects of a Weight Loss Regimen Practiced by College Wrestlers. In: *Medicine and Science in Sports and Exercise*, 22, 2: 229-234.

45. Whiting, W.C./Gregor, R.J./Finerman, G.A. (1988): Kinematic Analysis of Human Upper Extremity Movements in Boxing. In: *American Journal of Sports Medicine,* 16, 2: 130-136.

46. Zemper, E.D./Pieter, W. (1991): A Two-Year Prospective Study of Taekwondo Injuries at National Competitions, Presented at the International Congress and Exposition on Sports Medicine and Human Performance. Vancouver, BC, Canada, April 16-20.

Sport-Handbücher
im Meyer & Meyer Verlag

Hermann Aschwer – Handbuch für Triathlon
Klaus Bischops/Heinz-Willi Gerards –
Handbuch für Kinder- und Jugendfußball
Klaus Bös – Handbuch für Walking
Bernd Brüggenjürgen/Markus Kürschner –
Handbuch für Mountain-Biking
Wolfgang Fritsch – Handbuch für das Rennrudern
Wolfgang Fritsch – Handbuch für den Rudersport
Dom Gambril/Alfred Bay – Handbuch für den Schwimmsport
Heiner Haass – Handbuch für den Segelsport
Stefan Hömberg/Athanasios Papageorgiou –
Handbuch für Beach-Volleyball
Sandra Kirch – Handbuch für Rock'n'Roll
Klaus Dieter Lemke/Ulrich Meseck – Handbuch für Badminton
Jay Mikes – Handbuch für Basketball
Barbara und Klaus Moegling – Handbuch für Tai Chi Chuan
Dieter Niedlich – Handbuch für Baseball
Athanasios Papageorgiou/Willi Spitzley – Handbuch für Volleyball
Athanasios Papageorgiou/Willi Spitzley –
Handbuch für Leistungsvolleyball
Christiana Rosenberg – Handbuch für Jazz Dance
Christiana Rosenberg – Handbuch für Gymnastik und Tanz
Hans-Joachim Schemel – Handbuch Sport und Umwelt
Achim Schmidt – Handbuch für Radsport
Edgar Unger – Handbuch für Kraftsport und Bodybuilding
Edgar Unger – Handbuch für Muskeltraining

Meyer & Meyer – Der Sportverlag
Von-Coels-Straße 390, 52080 Aachen, Telefon 0241/55 60 33-35, Telefax 0241/55 82 81

Sporttitel von Meyer & Meyer

zu den Themen:

Laufsport
Van Aaken - Das van Aaken Lauflehrbuch
Van Aaken - Das Laufbuch der Frau
Lüchtenberg - Laufen in Schule, Verein
Lydiard - Jogging mit Lydiard
v.d. Laage - Jetzt kommen die Chinesen
Diem - Tips für Laufanfänger
von Schablowsky - Hilfe – mein Mann läuft
von Schablowsky - Zur Strecke gebracht
Kuhlmann - Das LaufLESEbuch
Bös - Handbuch Walking

Langlauf
Sonntag - Mehr als Marathon Bd. 1
Sonntag - Mehr als Marathon Bd. 2
Thiemer - Langlauf ist unser Leben
Kleine - Langlauf in der Kritik
Jung - Schweizer Waffenläufe

Edition Leichtathletik
Bd. 1   Rahmentrainingsplan Grundlagentraining
Bd. 2   Aufbautraining-Sprint
Bd. 3   Aufbautraining-Lauf
Bd. 4   Aufbautraining-Sprung
Bd. 5   Aufbautraining-Wurf
Bd. 6   Aufbautraining-Mehrkampf
Bd. 7   Aufbautraining-Grundprinzipien
Bd. 8   Leichtathletik im Lebenslauf

Gymnastik/Körperarbeit
Kirch - Handbuch Rock'n'Roll
Schwabowski - Rhythmische Sportgymnastik
Rosenberg - Handbuch Gymnastik und Tanz
Schmidt - Dehn- und Kräftigungsgymnastik
Schmidt - Rücken- und Rumpfgymnastik
Ott/Schmidt - Aquagymnastik
Blume - Akrobatik
Pieter/Heijmans - Taekwondo
Moegling - Handbuch Tai Chi Chuan
Polet-Kittler - Yoga
Polet-Kittler - Tips für Yoga
Jung - Gymnastik als Therapie
Unger - Handbuch Kraftsport und Bodybuilding

Baseball
Niedlich - Handbuch Baseball
Voss - Regelheft Baseball

Basketball
Neumann - Basketballtraining
Mikes - Handbuch Basketball
Sahre - Basketball spielnah und situationsgerecht

Fußball
Kollath - Fußballtechnik in der Praxis
Sneyers - Fußballtraining
Bischops/Gerards - Handbuch Kinder- u. Jugendfußball
Bischops/Gerards - Tips Spiele m.d. Fußball

Handball
Grage - Handballtraining

Volleyball
Fraser - Volleyball
Hergenhahn/Neisel - Volleyball
Papageorgiou - Handbuch Volleyball
Papageorgiou - Handbuch Leistungsvolleyball
Papageorgiou - Handbuch Beach-Volleyball

Tennis
Steinhöfel - Trainingsformen im Leistungstennis

Tischtennis
Fellke/Östh - Nr. 1 im Tischtennis
Groß - Tips fürs Tischtennis
Hotz/Muster - Tischtennis

Badminton
Lemke/Meseck - Handbuch Badminton

Squash
Haymann/Meseck - Handbuch Squash

Golf
Flanagan - Golf – Spiel mit Kopf

Radsport
Brüggenj./Kürschner - Handb. Mountain-Biking
Heßler - Radsport in Schule und Verein
Schmidt - Handbuch Radsport

Sporttitel von Meyer & Meyer
zu den Themen:

Rudern
Fritsch - Handbuch Rudersport
Fritsch - Handbuch Rennrudern

Segeln
Haass - Handbuch Segelsport

Triathlon/Schwimmen
Aschwer - Handbuch Triathlon
Aschwer - Mein Abenteuer – Hawaii-Triathlon
Aschwer - Triathlontraining
Gambril/Bay - Handbuch Schwimmsport

Adventure Sports
Köppern - Bungee-Springen
Krohn - Beach Volleyball
Niedlich - Streetball
Schädle-Schardt - Klettern

Athleten und Trainer der Welt
Coe - Running Free
Castella - Laufen – mein Leben
Galloway - Richtig laufen mit Galloway
Lydiard - Laufen mit Lydiard
Waitz - Grete Waitz – Worldclass
Hinault - Eine Radsportkarriere
Sleamaker - Systematisches Leistungstraining
Martin/Coe - Mittel- und Langstreckentraining

Leistungstraining
Radcliffe/Farentinos - Sprungkrafttraining
Pampus - Schnellkrafttraining
Geese/Hillebrecht - Schnelligkeitstraining
Edwards - Leitfaden Trainingskontrolle
Neumann - Alles unter Kontrolle

Taping
Kennedy - Taping im Sport

Bewegungserziehung
Zimmer - Bewegung, Sport und Spiel mit Kindern
Zimmer - Kinder brauchen Bewegung
Zimmer - Sport und Spiel im Kindergarten
Blume - Akrobatik mit Kindern
Komar - Schwimmtraining für Kinder

Bewegungserziehung
Diem - Auf die ersten Lebensjahre kommt es an
Bischops/Gerards - Tips für Sportspiele
Bischops/Gerards - Tips für neue Wettkampfspiele
Bischops/Gerards - Tips für Sport in der Lebensmitte
Bischops/Gerards - Tips für Gesundheit durch Sport
Bischops/Gerards - Tips fürs Aufwärmen im Sport
Dombrowski - Leichtathletik mit Grundschulkindern
Kapustin - Familie und Sport
Kapustin - Sport für Erwachsene mit geistiger Behinderung
Kapustin - Schule und Sportverein
Rheker - Spiel und Sport für alle
Dietrich - Die Großen Spiele
Stein - Kleinkinderturnen ganz groß

Ernährung/Gesundheit
van Aaken - Programmiert für 100 Lebensjahre
Baumann - Psychologie im Sport
Jung - Sport und Ernährung
Meyer - Schlank
Shangold - Sportmedizin für Frauen
Williams - Rekorde durch Doping?
Hoberman - Sterbliche Maschinen
Rausch - Fit bis zum Umfallen

Edition Sport und Umwelt
Schemel - Handbuch Sport und Umwelt
Strasdas - Auswirkung neuer Freizeittrends auf die Umwelt

DER SPORTVERLAG
Von-Coels-Straße 390 • D-52080 Aachen
Telefon 0241/55 60 33-35
Telefax 0241/55 82 81

EDITION LEICHTATHLETIK

Folgende Titel sind bisher erschienen:

Band 1
Rahmentrainingsplan
für das Grundlagentraining
ISBN 3-89124-097-X

Band 2
Rahmentrainingsplan
für das Aufbautraining
Sprint
ISBN 3-89124-140-2

Band 3
Rahmentrainingsplan
für das Aufbautraining
Lauf
ISBN 3-89124-141-0

Band 4
Rahmentrainingsplan
für das Aufbautraining
Sprung
ISBN 3-89124-142-9

Band 5
Rahmentrainingsplan
für das Aufbautraining
Wurf
ISBN 3-89124-143-7

Band 6
Rahmentrainingsplan
für das Aufbautraining
Mehrkampf
ISBN 3-89124-145-3

Band 7
Rahmentrainingsplan
für das Aufbautraining
Grundprinzipien
ISBN 3-89124-159-3

Band 8
Leichtathletik im Lebenslauf
ISBN 3-89124-200-X

MEYER & MEYER - DER SPORTVERLAG
Von-Coels-Straße 390, 52080 Aachen - Telefon 0241/55 60 33/34/35, Fax 55 82 81

EDITION SPORT & WISSENSCHAFT

Folgende Titel sind bisher erschienen:

Band 1
Hans-Jürgen Schulke
Sport - Alltag - Kultur
ISBN 3-89124-089-9

Band 2
Kleine/Fritsch (Hrsg.)
Sport und Geselligkeit
ISBN 3-89124-087-2

Band 3
Leichtathletikverband Nordrhein
Leichtathletik und Freizeitsport
ISBN 3-89124-091-0

Band 4
Kleine/Hautzinger (Hrsg.)
Sport und psychisches Wohlbefinden
ISBN 3-89124-088-0

Band 5
Schulke/Fietze (Red.)
Sport - Ernährung - Gesundheit
ISBN 3-89124-090-2

Band 6
Jürgen Schröder
Jugendarbeit im Sportverein 2000
ISBNM 3-89124-099-6

Band 7
Schiele u.a. (Hrsg.)
Leichtathletik in Schule und Verein auf dem Prüfstand
ISBN 3-89124-098-8

Band 8
Helmut Digel (Hrsg.)
Wettkampfsport
ISBN 3-89124-113-5

Band 9
Eckhard Meinberg
Die Moral im Sport
ISBN 3-89124-119-4

Band 10
Karl-Heinrich Bette
Theorie als Herausforderung
ISBN 3-89124-128-3

Band 11
Dieckert u.a. (Hrsg.)
Sportwissenschaft im Dialog
ISBN 3-89124-139-9

Band 12
Schulke u.a.
Gesundheit in Bewegung
ISBN 3-89124-130-5

Band 13
Zimmer/Cicurs (Red.)
Kinder brauchen Bewegung
ISBN 3-89124-144-5

Band 14
Digel u.a.
Turn- und Sportvereine
ISBN 3-89124-114-3

Band 15
Winfried Joch
Das sportliche Talent
ISBN 3-89124-154-2

Band 16
Sven Güldenpfennig
Der politische Diskurs des Sports
ISBN 3-89124-166-6

Band 17
Helmut Digel (Hrsg.)
Talente im Handball
ISBN 3-89124-190-9

Band 18
Spitzer/Treutlein/Delaplace
Sport und Sportunterricht in Frankreich und Deutschland
ISBN 3-89124-229-8

Band 19
Baur/Brettschneider
Der Sportverein und seine Jugendlichen
ISBN 3-89124-265-4

Band 20
Christian Wopp
Entwicklungen und Perspektiven des Freizeitsports
ISBN 3-89124-289-1

Meyer & Meyer - Der Sportverlag, Von-Coels-Straße 390, D-52080 Aachen
Telefon 0241/55 60 33/34/35, Telefax 0241/55 82 81